PENZING

WIENER HEIMATKUNDE

Herausgegeben von Felix Czeike

HERTHA WOHLRAB

Penzing

GESCHICHTE DES 14. WIENER GEMEINDEBEZIRKES
UND SEINER ALTEN ORTE

MIT DEM BEITRAG:
GEOLOGISCHER AUFBAU UND ERDGESCHICHTE
DES 14. WIENER GEMEINDEBEZIRKS, PENZING
von Friedrich Brix

J&V

2. Auflage 1991

ISBN 3-224-16209-0 Jugend und Volk Wien

Umschlaggestaltung: Haimo Lauth
Abbildung: Hackinger Furt in der ersten Hälfte des 19. Jahrhunderts mit Steg (heute Zufferbrücke) über die Wien.
Lithographie von Tobias Raulino

INHALTSVERZEICHNIS

*„Wieder ist es, ach! kein Ganzes,
Sträußlein nur statt eines Kranzes,
Ohne Rundung, Schluß und Naht,
Nur ein loses Aggregat ...“*

Nikolaus Lenau

VORWORT

Die Abfassung einer Bezirksgeschichte wird jeden Autor, je nach Beschaffenheit des Bezirkes, vor eine andere Aufgabe stellen. Der 14. Bezirk ist seiner Ausdehnung nach der viertgrößte Wiens und besteht erst seit dem Jahre 1938. Vier ehemalige Wiener Vororte, u. zw. Baumgarten, Breitensee, Hütteldorf, Penzing, und die alte Wienerwaldsiedlung Hadersdorf-Weidlingau wurden zu einem Bezirk zusammengeschlossen. Und doch hat jeder Bezirksteil bis heute seine Eigenart beibehalten. Da Penzing bis 1938 ein Teil des 13. Bezirkes war, ist es für den Historiker nicht immer leicht, auf Grund der Quellenlage Vergleichsstatistiken zu erstellen. Auch die Literatur ist oft keine Hilfe bei der Forschungstätigkeit, da sie in ihrer Wertigkeit und Aussagekraft sehr unterschiedlich ist. Trotzdem möge diese Arbeit dazu beitragen, das Interesse an der Heimatkunde anzuregen und zu vertiefen.

Bei dieser Arbeit, die nicht immer leicht war, fand ich stets Hilfe und Unterstützung beim Leiter des Bezirksmuseums Penzing, Herrn Ing. Karl Koller, dem ich dafür ganz herzlich danke. Danken möchte ich auch Herrn Dr. Friedrich Slezak für seine stete Hilfsbereitschaft. Mein besonderer Dank gilt meinem Mann, Norbert Wohlrab, der durch seine Mithilfe und Unterstützung wesentlichen Anteil an der Arbeit hat.

H. W.

I. DIE GESCHICHTE DER ALTEN ORTE DES BEZIRKES

1. Baumgarten

Baumgarten ist jener Teil des 14. Bezirkes, der von seiner ursprünglichen dörflichen Charakteristik nicht mehr viel bewahrt hat. Zinshäuser und Fabriken haben das einstige Ortsbild verändert. Die erste urkundliche Erwähnung der kleinen Ortschaft stammt aus dem 12. Jahrhundert (Poungarten). Die ersten geschichtlichen Zeugnisse über das Entstehen dieses Ortes sind jedoch verworren. Das mag auf die Tatsache zurückzuführen sein, daß das Dorf aus zwei grundherrschaftlich verschiedenen Besitzen entstanden ist. Aus dem Franziszeischen Steuerkataster von 1819/20 ist zu ersehen, daß eine Grenzziehung zwischen einem Oberen Gut und einem Unteren Gut besteht. Damit ist eine Zweiteilung der Siedlung gegeben, die bis in ihre Anfänge zurückreicht und heute noch grundbücherlich durch die beiden Katastralgemeinden Ober- und Unterbaumgarten in Erscheinung tritt. Die Grenze liegt in Nord-Süd-Richtung in der heutigen Guldengasse und Waidhausenstraße.

Aus Urkunden des 12. Jahrhunderts ist zu ersehen, daß das bayrische Stift Formbach im Gebiet des Wienflusses ausgedehnten Besitz hatte. Der Historiker Karl Lechner spricht von einem Machtbereich der Formbacher an der Wien. Der Besitz kam durch eine Reihe von Schenkungen zustande. So schenkte um 1130 ein Gefolgsmann des Stiftes, genannt Bruno de Pusinberge (Bisamberg), der bayrischen Abtei ein landwirtschaftliches Gut, auf dem sich der Stall- oder Viehhof „Uviennencort" befand. Die Schreibung dieses Namens erfährt um 1160 eine Änderung in Wiennenvorte bzw. Wienvurt, wie aus einer Schenkung des Werinhard de Otendorf (Hütteldorf) hervorgeht, der dem Stift Formbach das „predium (Gut) in Wienvurt" vermachte. Zu dieser Zeit machte auch ein Verwandter des Werinhard, Odelricus de Traeheschirchen (Traiskirchen), der Abtei eine Schenkung. Er stiftete „Sancte Marie Formbach" einen Weingarten „in loco, qui dicitur Wienenvörte (in der Gegend, Wienvurt genannt)". Auch Markgraf Leopold soll in diesem Gebiet dem Kloster ein „predium" (Gut) geschenkt haben. Diese vielen Zuwendungen führten dazu, daß sich die Besitzungen der bayrischen Abtei in diesem Teil des Wientales mehrten und letztlich das Kloster Formbach die Grundherrschaft über Oberbaumgarten bis zum Ende des 18. Jahrhunderts ausübte.

Was nun die Lage des Gutshofes „Wienvurt“ betrifft, so weisen zwei Besitznotizen im Salbuch des Klosters Formbach darauf hin, daß sich die Liegenschaft in der Nähe Baumgartens befunden haben muß. Zu diesem Besitz sollen auch noch eine Wiese im Wienerwald und Weingärten gehört haben. Wo die „Wienvurt“ selbst den Übergang über den oft launischen Fluß bildete, kann bis heute nur hypothetisch erklärt werden. Zwischen Purkersdorf und Penzing — Hietzing gab es im Mittelalter zwei Furten, die eine Überquerung des Wienflusses ermöglichten, und zwar die „Hartlesfurt“ oberhalb von Purkersdorf und die „Wienenvurt“. Letztere dürfte sich zwischen Oberbaumgarten und dem am rechten Wien-Ufer gelegenen Ort Hacking befunden haben. Der Besitzbereich Hackings reichte weit über das linke Wien-Ufer hinaus. Dies ist durch den alten Namen „Hackinger Mühle“ für die Vereinigten Färbereien in der Deutschordenstraße beweisbar. Sie sowie der Gasthof „Zum Deutschen Orden“ und die Wohnanlage der Bundesbahnbediensteten in dieser Straße sind noch heute der Katastralgemeinde Hacking zugehörig. Hacking dürfte demnach der eine Brückenkopf der „Wienvurt“ gewesen sein.

Der Zubringer zur Furt am linken Ufer des Wienflusses ist im Gebiet zwischen Oberbaumgarten und Hütteldorf zu suchen. Es dürfte sich um den „Flötzersteig“ gehandelt haben. Schon der Historiker Friedrich Kenner erwähnt eine römische Straße, die vom Militärlager Vindobona über das Gebiet des später so genannten Flötzersteiges in den Bereich von Hütteldorf führte. Von diesem Straßenzug zweigte eine Vicinalstraße ab, die über das Gebiet von Ober-St.-Veit und Speising nach Atzgersdorf führte. Auch im Mittelalter waren diese Verkehrswege von besonderer Bedeutung. Es handelte sich um sogenannte Grenz- und Sichtwege, die mit einer harten Decke versehen waren. Sie tauchen als „pleckende“ Wege auf. Der Flötzersteig hieß damals „Pleckhundenweg“. Oberhalb seiner Trasse findet man noch im Flurnamen „Spiegel“ den Hinweis auf die aussichtsreiche Lage des Weges. „Spiegel“ kommt von „specula“, das heißt Warte, Sicht- oder Sicherungshöhe. Die Aussicht vom Flötzersteig ist auch heute noch sehr umfassend. Erst im 18. Jahrhundert erhielt der auch als „Gebirgsweg“ bezeichnete Steig den Namen „Flötzersteig“, weil auf ihm die Donauflößer in ihre westliche Heimat zurückkehrten. Seine Richtung zur „Wienvurt“ verlief im 12. Jahrhundert wahrscheinlich über den Schuttkegel des Rosenbaches zwischen Oberbaumgarten und Hütteldorf zum Wienfluß, wo die Voraussetzungen für eine Furt gegeben waren.

Ende des 12. Jahrhunderts verschwindet mit einem Male der Name „Wienvurt“, und es taucht der Herkunftsname „de Pomerio“ auf, in dem die Wurzel der späteren Ortsbezeichnung zu suchen ist. Herimanus de Pomerio war der Zeuge, der im Jahre 1195 den Bestand Baumgartens bestätigt. Das Wort „pomerium“ steht für die lateinische Bezeichnung Obstgarten; das deutet auf einen fortgeschrittenen Besiedlungsstand hin, wobei allerdings nicht bekannt ist, ob sich das Wort „Pomerium“ auf das Formbachische Obere Gut oder auf das Untere Gut bezog.

Sicher ist, daß das Stift Formbach im Gebiet des Oberen Gutes, der ehemaligen „Wienvurt“, auch viele Weingärten besaß, die in Riednamen zum Ausdruck kommen, wie zum Beispiel in der Ried „Absbergen“ (Abtsbergen), die bis ins 18. Jahrhundert im Besitz der Formbacher verblieb. Der geistliche Name „Abt“ weist auf den klösterlichen Besitz hin. Die Weingärten erstreckten sich auf den der Sonne zugekehrten Hängen nördlich der Linzer Straße. Daher ist auch mit Bestimmtheit anzunehmen, daß sich die ehemaligen Güter der „Wienvurt“ oberhalb der Hütteldorfer Straße zwischen Hochsatzengasse und Baumgartner Spitz befanden. Der Ertrag der ausgedehnten Weingärten des Stiftes Formbach wurde im sogenannten „Preßhaus“ (Hoff-Pres) gekeltert. Dieses Objekt befand sich laut grundbücherlicher Eintragung an der Ecke der heutigen Kefergasse — Linzer Straße. Wie aus dem Grundbuch von 1726 zu entnehmen ist, befand sich in unmittelbarer Nähe die „curia nostra“, das „Herrschaftshauß“ des Klosters Formbach, genannt „Münnichshof“ (Mönchshof). Als karger Rest war das noch vor kurzem hier vorhandene alte Schulhaus Nr. 21 anzusehen. Diesen Besitzungen waren ausgedehnte landwirtschaftliche Gründe angeschlossen, wie aus einer der Grundbuchsnotizen hervorgeht. Es ist von „52 Joch Acker- und Wiesengrund“ die Rede, die jedoch am 8. Oktober 1651 der Gemeinde des Oberen Guts Baumgarten an der Wien teilweise überlassen wurden. Das Stift Formbach besaß im 18. Jahrhundert in diesem Gebiet nur mehr 31 Joch Grund, die von der Stiftsherrschaft am 27. Mai 1790 um 2 480 Gulden an die Gemeinde verkauft wurden. Im Jahre 1790 war es auch, daß die Gemeinde Baumgarten Oberes Gut die in der Kefergasse gelegene „Hof-Preß“ um 200 Gulden kaufte (Haus Nr. 20, Zugehör zum

Herrschaftshof „Münnichshof"): Westlich vom „Münnichshof" bis an die Ortsgrenze zur Deutschordenstraße und südlich bis an die Wien dehnte sich das sogenannte „Herrschaftsfeld" des Stiftes Formbach aus, auf dessen Areal sich heute auch eine weitläufige Wohnhausanlage der Gemeinde Wien, der Hugo-Breitner-Hof, befindet. In der Kefergasse zwischen Linzer Straße und Baumgartenstraße erbaute man im Jahre 1961 eine Wohnhausanlage. An die Vergangenheit erinnert eine an der Fassade des Hauses Kefergasse (an der Ecke des Gebäudekomplexes Linzer Straße 285—287) angebrachte Mosaikinschrift, die besagt, daß sich hier einst der von Weinbergen umgebene Münichshof des Stiftes Formbach befand. Das Mosaik wurde auf Anregung des Penzinger Heimatforschers Anton Scheiblin von Georg Samwald ausgeführt und zeigt außerdem noch Wappen und Symbole des Bauhandwerks und eine Weintraube. Am Haus Kefergasse Nr. 7 schuf Georg Samwald das Mosaik einer Weinpresse. In einer erläuternden Inschrift wird darauf hingewiesen, daß an dieser Stelle einst die Hofpresse des Stiftes Formbach ihren Platz hatte.

Die Grundherrschaft des Stiftes Formbach wurde über Oberbaumgarten bis 1790 ausgeübt. Für Unterbaumgarten galten andere, bis ins 14. Jahrhundert zurückzuverfolgende Besitzverhältnisse.

Die erste Urkunde stammt vom 1. Jänner 1321: ein Verkaufsbrief Greiffes, des Zollers von Rodaun, der mit Wernher von Staerein an Gerunge von Traebense (Trübensee) unter anderem „ein Viertel (Flächenmaß) an dem Weinzehenten zu Hütteldorf und ein Viertel an neun Hofstätten zu Baumgarten" veräußerte. Diese neun Hofstätten waren zwischen der heutigen Zehetnergasse und Pachmanngasse gelegen und konnten als ein Teil eines entstehenden Zeilendorfes angesehen werden. Es ist damit der Beweis erbracht, daß die ersten Siedler das tiefste Teilstück der Linzer Straße im Gebiet von Baumgarten aufgesucht und die durch den Wienfluß nicht gefährdete Lage des Wagram genützt hatten. Im Gegensatz zur Dichte der oberen Häuserzeile erscheint lange Zeit die untere als lückenhaft und offen. Zwischen den einzelnen Häusern sind oft auffällig große Zwischenräume bis zur Grenze des Oberen (Formbachischen) Gutes hin. Siedlungsmäßig liegt auch der Schwerpunkt der Ortschaft „Baumgarten" im Unteren Gut, wo sich bereits 1321 die neun Hofstätten befanden. Von dem genannten Gerung von Trübensee geht der Besitz im Jahre 1347 an Wernhard Schenk von Ried über. Das war jener Mann, der die

Hütteldorfer Pfarrkirche gründete. Als Forstmeister Herzog Albrechts brachte er es zu großem Ansehen. Der Baumgartner Besitz kam dann testamentarisch an die Landesfürsten von Österreich. Unterbaumgarten war daher bereits im 14. Jahrhundert dem als Verwaltungszentrale aufgebauten Landesfürstlichen Waldamt Purkersdorf unterstellt. Wie aus den Aufzeichnungen eines umfangreichen Purkersdorfer Waldamt-Urbars vom Jahre 1572 hervorgeht, befanden sich in diesem Jahr in Baumgarten 19 Häuser. Die dort eingetragenen Leistungen an die Grundherrschaft sind noch im 19. Jahrhundert als sogenannte „Hausdienste" grundbücherlich völlig unverändert festgehalten. Mit Hilfe dieser genauen Unterlagen sowie der Konskriptions- und Orientierungsnummern können die Häuser lagemäßig eruiert werden. Es sollte aber noch lange dauern, bis Baumgarten Oberes Gut und Baumgarten Unteres Gut sich zu einer Ortschaft vereinigten. Was den Formbachischen Besitz, also Baumgarten Oberes Gut, anbelangt, so wurde er in den Jahren 1790 bis 1813 vom „Religionsfonds" verwaltet. Erst 1813 kam das Gut durch Kauf an den ersten Privatbesitzer, nämlich an Jakob Bärnklau, der auch Besitzer von Hetzendorf war. In der Folge wechselten dann die Eigentümer. Klara von Horst (1817 bis 1819), Vinzenz Sturm (1819), Michael Hengelmüller (1819 bis 1836) und dessen Erben (1836—1842) und schließlich Carl Imini (1842—1846) waren die Besitzer. Im Jahre 1846 erwarb den Besitz Johann Freiherr von Sina. Er verwaltete ihn nur zwei Jahre, bis zur Aufhebung der Grundherrschaft im Jahre 1848. Auch die landesfürstliche Grundherrschaft des Waldamtes Purkersdorf über Unterbaumgarten fand 1848 ihr Ende. Von den Grundherrschaften erfolgte die Einsetzung von Ortsrichtern, die der Gemeinde vorstanden. Die beiden letzten Ortsrichter Baumgartens waren Leopold Hernstorfer und Georg Moßbacher.

Die beiden Teile Baumgartens hatten all die Jahrhunderte hindurch auch die Fährnisse der historischen Ereignisse zu spüren bekommen. Interessanterweise wurde das erste Gotteshaus nicht unter dem Einfluß des Stiftes Formbach etwa auf den Besitzungen des Oberen Gutes errichtet, sondern die der hl. Anna geweihte Kirche fand ihren Platz im 15. Jahrhundert in Baumgarten Unteres Gut. Nach der Überlieferung soll Pankraz Höritzer der Stifter der kleinen Kapelle gewesen sein, die nunmehr vom ausgehenden Mittelalter bis weit in die Neuzeit hinein der Pfarre Penzing unterstand. Zweimal wöchentlich kam ein Penzinger Priester und feierte hier das hl. Meßopfer. Die Kosten für die Aufrechterhaltung der kleinen Kapelle wurden von einer Bruderschaft getragen, die den Ertrag von zwei Weingärten dafür spendete. Die Erste Türkenbelagerung mit ihren Schrecknissen richtete auch in Baumgarten großen Schaden an. Es wird berichtet, daß die Kirche sich noch 1562 in einem elenden Zustand befand. Auch die Reformation hatte in Baumgarten ihre Spuren hinterlassen. Erst im Jahre 1666 konnte das Fest der hl. Anna wieder feierlich begangen werden. 1679 wurden auch die Bewohner des Wientales von der Beulenpest heimgesucht. Wenige Jahre später, 1683, erfolgte die zweite Türkenbelagerung. Im Bereich von Baumgarten lagerten die Janitscharen, die die Ortschaft völlig zerstörten. Nach dem Ende der Belagerung und der Vertreibung der Türken soll nur ein einziger Hausbesitzer in sein Baumgartner Anwesen zurückgekehrt sein. Es brauchte fast ein Jahrhundert, bis das Ortsbild wieder so war, wie es vor dem Türkensturm ausgesehen hatte. Für den langsamen Wiederaufbau mag auch die Katastrophe von 1713 mit beigetragen haben, als auch in diesem Teil des Wientales wieder die Pest wütete. In Baumgarten selbst, das damals aus 44 Häusern bestand, waren jedoch nur vier Tote zu beklagen. Aus Dankbarkeit für das gnädige Schicksal gelobten die Baumgartner, alljährlich zur Gnadenmutter nach Mariabrunn zu wallfahren. Dieses Gelübde wird bis heute gehalten.

Die Reformen Kaiser Josephs II. sollten auch für Baumgarten von einschneidender Bedeutung sein. Im Zuge der Neuschaffung von 640 Pfarren erhob der Kaiser Baumgarten zur Lokalkaplanei. Damit ist die Lostrennung Baumgartens von der Pfarre Penzing am 18. Dezember 1784 endgültig vollzogen worden. Anton Müller, der bisher am St.-Johannes-Spital (dem späteren Invalidenhaus auf der Landstraße) als Kurat wirkte, wurde zum ersten Lokalkaplan von Baumgarten bestellt. Jedoch erst Franz Wasmer, der am 16. August 1874 als zehnter Lokalkaplan zu Baumgarten installiert wurde, führte als erster Seelsorger der Gemeinde den Titel „Pfarrer". Bis dahin war ein weiter Weg. Während der Besetzung Wiens durch französische Truppen unter Napoleon in den Jahren 1805 und 1809 war auch Baumgarten in Mitleidenschaft gezogen. Im Zuge der Plünderungen kamen in der Kirche ein silberner Kelch, Ölkapseln und silberne Borten der Paramente abhanden.

Wie es zu Beginn des vorigen Jahrhunderts in Baumgarten ausgesehen hat, geht aus einer zeitgenössischen „Darstellung des Erzherzogtums Österreich unter der Enns" hervor: „Baumgarten, oberen und unteren Guts, ein Dorf — wovon der erstgenannte Antheil 27 und der andere 30 Häuser zählet — an der Poststraße nach Linz, zählt zusammen 94 Familien, uzw. 177 männliche und 195 weibliche Personen. Den Viehbestand machen 7 Pferde, 104 Kühe, 55 Schafe und 3 Schweine aus. Der Ort genießt eine gute, gesunde Lage, unfern des Wienflusses, der bei trockener Witterung so seicht ist, daß man sein Bett trockenen Fußes durchschreiten kann, bei starken Regengüssen aber oft so ungeheuer und zu einem reißenden Wasser anschwillt, daß er die Viehweide bis an die Obstgärten rückwärts der Häuser überschwemmt. Dessen ungeachtet hat Baumgarten in trockenen Jahren Mangel an Brunnenwasser. Diesem wird aber durch eine im gräflichen Esterhazyschen Garten . . ." — dieser Garten gehörte zum Baumgartner Schloß — „. . . entspringende Quelle abgeholfen, welche das reinste, klarste Wasser auch bei der größten Dürre reichlich spendet und sich am Ende des Dorfes mit dem Wienfluß vereinigt. Die Nahrungszweige der Einwohner sind Weinbau und Milchhandel." Das Gotteshaus von Baumgarten wird in dieser Darstellung auch genannt. Es ist „nach alter Art gebauet und noch in gutem Stande mit einem hölzernen Thurme, in welchem vier Glocken hängen". Doch die finanzielle Lage der Pfarre war denkbar schlecht. Das geht aus den von den Seelsorgern zahlreich eingebrachten Ansuchen um Erhöhung von Zuwendungen aus dem Religionsfonds hervor. Hinzu kamen noch die Unbilden des Wetters. Es wird z. B. überliefert, daß im Jahre 1838 der Winter derart streng gewesen sein soll, daß sogar Wölfe bis ins Dorf vordrangen.

Die Gegend von Baumgarten Oberen und Unteren Gutes wurde bereits zu Beginn des 18. Jahrhunderts von einzelnen Adeligen besucht, die hier ihre Sommersitze errichteten. Einer der schönsten Landsitze war das sogenannte „Baumgartner Schloß". Im Westen von Baumgarten, dem Oberen Gut zugehörig, befand sich zu Beginn des 18. Jahrhunderts ein Rustikalbesitz von geringem Umfang, der nach seinem Eigentümer „beim Messerschmidt" genannt wurde. Im Jahre 1736 gelangte der Besitz des Mathias Messerschmidt durch Heirat seiner Tochter Anna Maria an Matthäus Ladner. Diese Liegenschaft kaufte 1772 Freiherr Johann Ferdinand von der March, der eine Zusammenlegung mit seinen nahegelegenen Rustikalgründen im Sinn hatte. Er wollte wahrscheinlich den ganzen Komplex zur Herstellung eines Landhauses mit einem dazugehörigen Meierhof verwenden und einen großen Garten anlegen. Dieses Vorhaben dürfte er verwirklicht haben, denn als seine Witwe Rosa von der March den Besitz im Jahre 1779 an den Feldmarschall und Hofkriegsratspräsidenten Andreas Graf Hadik von Futak verkaufte, scheint die Anlage bereits vollendet gewesen zu sein. Der Reichsgraf Andreas Hadik von Futak weilte auf seinem Landsitz in Baumgarten bis zu seinem Tode im Jahre 1790, wenige Wochen nach dem Tode Kaiser Josephs II. Nach den Erben Hadiks kam die Liegenschaft durch Kauf an Frau Anna von Tost, die den Besitz im Jahre 1795 an die Grafen Pálffy-Erdödy veräußerte. Aber schon 1796 erfolgte wieder ein Verkauf. Der neue Besitzer war Christian Samuel Lotzbeck von Lahr, der das Schloß erweiterte und verschönerte. Der Besitz wurde schließlich 1807 um 51 600 Gulden an den Fürsten Nicolaus Esterházy verkauft. Er überließ das Gut Frau Louise von Cönnen und Fräulein Therese Schönfeld. Den Besitz übernahm im Jahre 1808 die Witwe des Grafen Franz Esterházy, Elisabeth Esterházy. Nach ihrem Tode im Jahre 1826 werden die Kinder des Grafen Ernst von Wolkenstein als Erben genannt. 1832 gelangte das Gut durch Kauf an Raban Freiherr von Spiegel, einen k. k. Feldmarschalleutnant. Schließlich verkaufte 1843 dessen Witwe Flora, eine geborene Fürstin de Ligne, den Besitz an Johann Freiherrn von Sina, unter dessen Herrschaft er 28 Jahre lang blieb. Seine Witwe Maria verkaufte das Anwesen im Jahre 1871 an Friedrich Steininger. Nun wurde die Liegenschaft Objekt von Spekulationen. Durch Kauf gelangte sie an die „Baugesellschaft zur Herstellung billiger Wohnungen“, kam aber schließlich an die Gläubiger der zugrunde gegangenen Gesellschaft. 1873 scheinen als Besitzer Coloman Grünwald und Marcus Löwendal auf. Der Besitz ging dann in das Eigentum der Gemeinde Baumgarten über und schließlich nach der Eingemeindung 1890 in das Eigentum der Stadt Wien. Auf Gründen des Schlosses, von dem nur mehr karge Reste vorhanden sind, wurde Ecke Linzer Straße 293 — Hochsatzengasse ein stattliches Schulhaus der Stadt Wien gebaut. 1892 wurde in den ausgedehnten Parkanlagen des Schlosses der Bau eines Vergnügungsetablissements, des bekannten Baumgartner Casinos, fertiggestellt. Die Säle wurden für Ballveranstaltungen genützt. Heute befindet sich in dem Gebäude ein kulturelles Kommunikationszentrum.

Baumgarten hat seit der Aufhebung der Grundherrschaft im Jahre 1848 eine große Änderung erfahren. Ab Juli 1851 erfüllten gewählte Ausschußmänner und ein Bürgermeister ihre Amtspflichten in der Baumgartner Gemeindekanzlei, die im Schloß untergebracht war. Wenn man die Berufsbezeichnungen der nun folgenden Bürgermeister in Betracht zieht, so kann man den Strukturwandel Baumgartens vom Agrardorf zum Industrieort genau erkennen. Die ersten drei Bürgermeister (Josef Brustmann 1851—1864, Karl Gulden 1865—1876, Dominik Zehetner 1877 bis 1880) waren Wirtschaftsbesitzer. Bürgermeister Johann von Pachmann (1881—1884) scheint als Oberstleutnant in Ruhe und als Hausbesitzer auf. Der letzte Bürgermeister von Baumgarten, Johann Sauermann, war bereits Fabriksbesitzer.

Auch der Bau der k. k. priv. Kaiserin-Elisabeth-Bahn in den Jahren 1856 bis 1858 brachte für Baumgarten eine umwälzende Veränderung mit sich. Es kam zu einem starken Bevölkerungszuzug. Innerhalb eines Jahrzehnts hatte sich die Einwohnerzahl der kleinen Ortschaft verdoppelt. 1870 gab es bereits 95 Häuser mit etwa 1 150 Bewohnern, im Jahre 1890 zählte man 3 525 Einwohner und 237 Häuser. In der zweiten Hälfte des vorigen Jahrhunderts war ein Niedergang der Land- und Milchwirtschaft festzustellen. Einigen Familien gelang es, sich als Hausbesitzer und Fuhrwerksunternehmer ein neues Vermögen zu schaffen. Vom Gürtel bis zum Baumgartner Spitz wurde eine Dampftramwaylinie betrieben. Die Westbahn hatte eine Bahnhaltestelle mit der Bezeichnung „Baumgarten an der Wien" eingerichtet. All dies führte zur verkehrstechnischen Erschließung des Ortes. 1890 wurde Baumgarten mit anderen Gemeinden als 13. Bezirk zusammengefaßt und der Stadt Wien eingegliedert, erst seit 1938 ist der einstige Vorort zu einem Teil des 14. Bezirks geworden.

Schematische Darstellung des Ortes Baumgarten im Jahre 1572

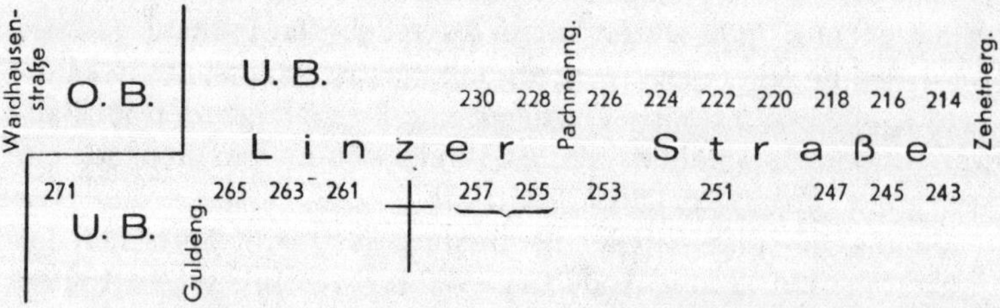

2. Breitensee

Bei der Betrachtung einer alten Ansicht des Ortes Breitensee aus dem Jahre 1810 entsteht ein Gefühl von Wehmut um etwas Unwiederbringliches. Ein unbekannter Maler hat der Nachwelt mit diesem Aquarell ein anschauliches Bild des Dorfes Breitensee zu Beginn des 19. Jahrhunderts übermittelt. Er wählte jene Stelle, wo sich heute die Breitenseer Straße westlich des Laurentiusplatzes erweitert.

Hier befand sich der Ortskern des Dorfes Breitensee. Das Aquarell vermittelt die ländliche Atmosphäre, die für die Wiener Vororte zu jener Zeit charakteristisch war. Das Bild wird vom Angerteich beherrscht, um den sich eine Reihe niedriger malerischer Häuser schart. Auf der rechten Seite kann man ein ansehnliches Gebäude wahrnehmen, das später von Graf Anton von Collalto erworben und von ihm zu einem Museum ausgestaltet wurde. An seiner Stelle befindet sich heute das sogannte „Josefinum", eine Volksschule für Knaben und Mädchen.

Was ist vom einstigen Dorf Breitensee noch übriggeblieben? Die alten Häuser stehen längst nicht mehr, verschwunden ist die ländliche Idylle. Die alte Laurentiuskapelle, von der noch später die Rede sein soll, ist schon lange abgetragen. Der Angerteich wurde bereits im Jahre 1873 endgültig zugeschüttet.

Als Quelle für die früheste Geschichte des einstigen Ortes Breitensee ist wieder die Siedlungsformenkunde heranzuziehen. Adalbert Klaar weist ausdrücklich darauf hin, daß die verschiedenen Siedlungstypen ganz bestimmte Zeitabschnitte kennzeichnen.

Breitensee liegt in einer von Natur aus begünstigten Bodenmulde, im Westen und Nordwesten geschützt gegen die das Gebiet bestimmende Wetterseite. Aus dem Lageplan des Franziszeischen Steuerkatasters von 1819 ist die zungenförmige Bodenschwelle, die von Osten nach Westen abfällt und sich in der sogenannten Schmelz-Platte verliert, deutlich erkennbar. Das Dorf nimmt den Platz in der nach Süden offenen schützenden Krümmung der Bodenschwelle ein.

Verkehrstechnisch hatte der Ort unmittelbaren Anschluß an den Vorläufer der heutigen Kendlerstraße. Dieser Verkehrsweg war die einzige Verbindung zwischen den beiden „ing-Dörfern" Ottakring und Penzing und muß spätestens vor der Mitte des 8. Jahrhunderts angelegt worden sein.

Der Anlage nach war Breitensee ein „typisches linsenförmiges Angerdorf" (nach Karl Lechner), das nach Adalbert Klaar eine „Gründungssiedlung" ist, nach Plänen eines Grundherrn errichtet. Adalbert Klaar nimmt an, daß die Entstehung der Angerdörfer nicht über das 10. Jahrhundert hinausreicht.

Die erste urkundliche Erwähnung des Ortes Breitensee findet sich um 1195 im Traditionskodex des Stiftes Formbach.

Dieses bayrische Stift war damals in einen langwierigen Streit um die Besitzverhältnisse eines Weingartens in der Wiener Umgebung verwickelt. Im Rahmen eines Ausgleiches tritt eine Reihe von herzoglichen Ministerialen als Zeugen in diesem Verfahren auf. Neben dem Erchenbret de hekkin (Hacking), Marquardus de Vtelndorf (Hütteldorf), Herimanus de Pomerio (Baumgarten) scheint auch der Name Wichpoto de Prantense auf. Hier werden wir zum ersten Male mit dem Ortsnamen Breitensee (Prantense) konfrontiert.

Bei der Frage nach dem Gründer von Breitensee bieten sich geradezu die Grafen von Formbach-Ratelnberg an. Das bayrische Stift Formbach war das Hauskloster der Grafen von Formbach-Ratelnberg, die nachweislich zwischen Ottakringer Bach und Wienfluß und auch jenseits der Wien ausgedehnten Besitz hatten. Auch in der Bräunerstraße in Wien besaßen die Formbacher ein Haus.

Wenn man bedenkt, daß die erste Nennung von Breitensee im Traditionskodex des Hausklosters der Formbacher aufscheint und daß die in der Urkunde angeführte Zeugenreihe fast durchwegs aus Gefolgsleuten des Formbacher Grafen besteht, darf angenommen werden, daß die erste Besiedlung durch Bayern erfolgte.

Die Forschungsergebnisse der Siedlungsformen- und Siedlungsnamenkunde von Adalbert Klaar, Ernst Klebel und Karl Lechner lassen einhellig den Schluß zu, daß die Gründung von Breitensee in das 11. Jahrhundert fallen muß. Es ist die Zeit der zweiten Kolonisationsperiode, die im letzten Drittel des 10. Jahrhunderts beginnt und bis über das Jahr 1200 andauert.

In dieser zweiten Kolonisationsperiode ist die Form des Angerdorfes vorherrschend. Der Anlage und Form nach zählen diese Dörfer, laut Adalbert Klaars Erkenntnissen, „zu den be-

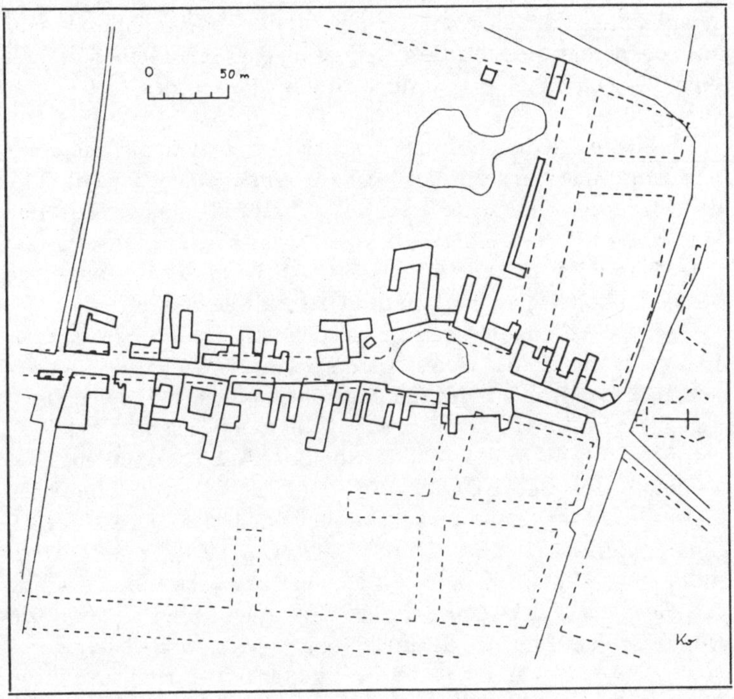

Der Ortskern Breitensees im Jahre 1819

deutendsten siedlungstechnischen Erfindungen des Mittelalters".

Was nun den Ortsnamen Breitensee betrifft, so ist seine Deutung nicht so einfach, wie es auf den ersten Blick scheinen mag. Die einfachste Auslegung, die bereits im Jahre 1846 für manche feststand und auch noch heute von vielen angenommen wird, besagt: „Ein breiter, seeartiger Teich" gab dem Ort den Namen. Schon 40 Jahre später heißt es aber: „. . . daß der Name von einem See herrührte, ist bei des Ortes heutiger Physiognomie kaum glaublich."

Und doch hat es tatsächlich einen Teich gegeben, der das Ortsbild bestimmte. Im Jahre 1828 soll dieser sogenannte „See" noch so tief gewesen sein, „daß ein Wiener Fiaker, der ihn zur Reinigung seines Gefährtes benützen wollte, in Gefahr kam, samt den Pferden zu ertrinken". Der Ortsteich dürfte auch von der heutigen Breitenseer Straße her, von Westen also, einen kleinen Zufluß gehabt haben. Im Jahre 1853 spricht man nur mehr von einer „Wasseranhäufung", die sich verloren hat. Da der Teich mehr und mehr austrocknete, wurde mit Beschluß des Breitenseer Gemeinderates vom 29. Juli 1873 die „Pfütze" in der Mitte des Ortsplatzes zugeschüttet.

Die Frage um die Herkunft des Ortsnamens wird auch in unserem Jahrhundert diskutiert. 1933 hat Heinrich May ganz entschieden wieder die Meinung eines großen „breiten Teiches" vertreten. Und noch 1952 schreibt Wilfried Ctyroky in seiner Dissertation: „Der Name Breitensee dürfte sich wirklich auf einen breiten See beziehen, der sich ehemals in der Ortschaft befand."

Gegen die Annahme eines ausgedehnten breiten Sees spricht aber die Hanglage des Ortes. Anderseits muß man in Betracht ziehen, daß man früher jedes stehende Gewässer, so z. B. auch einen Teich, eine Lache oder einen Sumpf, als See bezeichnet hat.

Eine andere Vermutung hat Anton Scheiblin zum Ausdruck gebracht. Er meinte, daß sich im Gemeindegebiet von Breitensee viele Grundwasseransammlungen befanden. Das Charakteristikum der Streulage dieses Grundwassers mag vielleicht die Bestimmung „breit" geformt haben. Scheiblin hat auch eine Deutung dargelegt, die der Bedeutung des Ortsnamens eher entsprechen würde. Er geht hier auf die erste Nennung des Ortes in der Form von „Prantense" zurück. Das Wort Pranten hat die Bedeutung von Brandrodung. Wenn man bedenkt, daß der Wienerwald bis zum Flötzersteig, der alten Gemeindegrenze von Breitensee, reichte und sich gegen Süden eine breite Zone von Buschwald anschloß, den man abbrannte und rodete, kann auf die Wortwurzel „Pranten" geschlossen werden. Durch die Rodung, den „Brand", entstand eine große Aussicht. Hier kann eine Verknüpfung von „Pranten" und „sehe" (sehen) entstanden sein, wie dies in der Wortwurzel „Prattensehe", die in den Regesten zur Geschichte der Erzdiözese Wien aufscheint, zu erkennen ist.

Die vielen differierenden Meinungen über die Entstehung des Wortes „Breitensee" hat Hans Schinner in seinem Buch „Breitensee — Vom Dorf zur Großstadtpfarre" dargelegt.

Charakteristisch für Angerdörfer ist die Verquickung von Siedlungs- und Wirtschaftsform. Diese glückliche Synthese war für die Entwicklung vieler Orte von entscheidender Bedeutung. Was den wirtschaftlichen Aspekt von Breitensee anlangt, so wurde diese Siedlung bei ihrer Gründung bereits als „Dreifelderdorf" angelegt.

Nördlich und südlich der beiden Häuserzeilen lagen die Hausgärten und -äcker, die „drei Felder“ waren auf die Fluren „Gern“ im Osten, auf die „Schmelz“ und „Altenbergen“ im Westen und auf die „Teuf“ im Norden aufgeteilt. Scheiblin kommt in diesem Zusammenhang zu folgender Feststellung: „Damit ergibt sich zwischen der Hütteldorfer Straße und dem Flötzersteig, der einstigen Feldmarkgrenze zwischen Ottakring und Breitensee, das Schema eines früheren Dreifelderdorfes.“

Das wesentliche Merkmal der Dreifelderwirtschaft war der Flurzwang. In einem dreijährigen Zyklus wurde jedes Jahr abwechselnd ein Drittel mit Winterfrucht und ein Drittel mit Sommerfrucht bebaut, während das letzte Drittel des Bodens als Brachland ungenützt blieb. Man wollte damit eine gewisse Erholung des Bodens erreichen.

Die Feldfluren, die den Ortskern des Dorfes Breitensee umgaben, wiesen entsprechend der geographischen Beschaffenheit die bereits erwähnten Riedbezeichnungen auf, wobei die im Westen von Breitensee gelegene Ried „Schmelz“ nicht mit dem ehemaligen berühmten Exerzierfeld identisch war. Dieses Exerzierfeld war der Katastralgemeinde Rustendorf zugehörig und lag östlich von Breitensee.

Die Bezeichnung der Ried „Altenbergen“ stammt aus späterer Zeit, als der Weinbau in der Breitenseer Gegend einsetzte. Der Name lebt noch heute in der „Altebergenstraße“ fort. Der „Gern“ oder „Geren“, das zweite Feld aus dem ehemaligen Dreifeldersystem, ist seiner Form nach ein keilförmiges Grundstück. Dieses Aussehen findet auch in der sprachlichen Terminologie eine Erklärung, nämlich in der Ableitung von Ger, worunter ein Wurfspieß zu verstehen ist. Das einstige Grundstück „Ger“ ist trotz restloser Verbauung auch noch heute als das Dreieck zwischen Schanzstraße und Hütteldorfer Straße zu erkennen.

Mit dem Aufkommen des Weinbaues um 1100 vollzog sich eine Umwandlung auf landwirtschaftlichem Gebiet. Viele der Dreifelderdörfer wurden zu Weinbaudörfern.

Der Ausgangspunkt des Weinbaues war in den „Altenbergen“ gelegen. Erst in späterer Zeit wurden im Süden die „Neubergen“ und im Norden der „Hinterberg“ mit dem vorgelagerten „Mitterberg“ dem Weinbau nutzbar gemacht. Im 14. Jahrhundert war die Umwandlung von Ackerland in Weingartenfluren zum großen

Teil vollzogen. In diese Zeit fällt auch der Höhepunkt des Weinbaues im Gebiet der Wiener Vororte.

Heute kann man sich gar nicht mehr vorstellen, daß Breitensee zu den berühmten Weinorten um Wien gezählt worden ist. Zu Beginn des 14. Jahrhunderts hatten die Herren von Toppel das Bergrecht über die Fluren Altenbergen, Schmelz und Gern inne.

Bis zum Beginn des 16. Jahrhunderts kann eine größtmögliche Entwicklung des Weinbaues beobachtet werden. Im Jahre „1499 gedieh der Wein so reichlich, daß man nicht Fässer und Geschirre genug dafür auftreiben konnte. Die Weinlese dauerte Tag und Nacht, bis in den Spätherbst hinein, daß es bereits zu schneien anfing. In Wien kostete die Mass Gebirgswein 2 Pfennige, der Landwein gar nur 1 Pfennig das ganze Jahr hindurch ... Wegen der Wohlfeilheit des Weines, so melden die Chronisten, missbrauchen ihn viele so sehr, daß sie sich zu Tode tranken".

Der Weinbau wurde zu einer ganz wichtigen Erwerbsquelle für die Bevölkerung in den Orten um Wien. Von seiten der Regierung erfuhr diese Entwicklung eine weitgehende Förderung; war doch damit die Grundlage des bürgerlichen Wohlstandes gegeben.

Im Zusammenhang mit der expansiven Entwicklung des Weinbaues war es bald notwendig, Weingartenordnungen zum Schutz des Hauers zu erlassen. Arbeitslohn und Arbeitszeit wurden festgelegt. Aber auch das moralische Verhalten des Hauers erfreute sich der Fürsorge des Gesetzgebers.

Diese Maßnahmen waren nicht von ungefähr erlassen worden. Machte sich doch mehr und mehr eine gewisse Zügellosigkeit bemerkbar, welche auf den übermäßigen Weinkonsum zurückzuführen war. Es kam sogar so weit, daß im Jahre 1552 Trinkgelage verboten werden mußten.

Neue Verordnungen geben davon Zeugnis, daß nicht nur moralische Belange, sondern vor allem auch wirtschaftliche Notwendigkeiten für die Überwachung des Weinbaues maßgebend waren.

So war es zum Beispiel Handwerksleuten untersagt, zu den bereits in ihrem Besitz befindlichen Weingärten neue hinzuzukaufen; wenn sie sich nicht daran hielten, mußten sie das Handwerk „quittieren" und nur vom Weinbau leben.

Der Weinbau wurde wohl von der Regierung gefördert, es wurde jedoch auch darauf Bedacht genommen, ihn in bestimmten Grenzen zu halten. Um einer Überproduktion vorzubeugen, wurde schließlich behördlich verboten, neue Weingärten, insbesondere auf Äckern und Weiden, anzulegen.

Die Erkenntnis, daß in den Weinbaugebieten zuviel Wein, jedoch im Gegensatz dazu viel zuwenig Getreide angebaut wurde, war nicht zuletzt der Grund für Verbote dieser Art. Ab dem 16. Jahrhundert setzte der Rückgang im Weinbau ein, der auf eine Reihe von symptomatischen Faktoren zurückzuführen ist. Bald machten sich nämlich Absatzschwierigkeiten bemerkbar. Dazu kam die durch politische Wirren, durch Religionsstreitigkeiten und verheerende Kriege entstandene ungünstige wirtschaftliche Lage. Es trat auch eine Verschlechterung der klimatischen Verhältnisse ein. Die Türkeneinfälle taten noch ein übriges. Die Fluren wurden verwüstet, und zwar derart, daß sich der Weinbau nach dem Jahre 1683 im „Gern" nicht mehr entwickeln konnte.

Wenn man den Nachrichten aus dem 16. und 17. Jahrhundert Glauben schenken darf, zählte qualitätsmäßig der Wein „an dem Fluss Wien . . ." damals zur ersten Klasse. Auch der Wein von den Breitenseer Rieden war von besonderer Güte. Breitensee wurde mit Weinhaus und Währing zu den besten Weinbauorten gezählt.

Die Weinkulturen haben sich am längsten in „Altenbergen" gehalten. Noch Ende des vorigen Jahrhunderts zogen viele Wiener hinaus nach Breitensee, in die Altebergenstraße und in die Nußallee, um dort beim Hauer den „Höchsten Breitenseer Heurigen" zu genießen.

Was die Besitzverhältnisse in Breitensee betrifft, so sind sie ziemlich kompliziert und verlangen eine Unterscheidung zwischen Ortskern und Dorffluren. Bei den Dorffluren ist es verhältnismäßig einfach. Der Weinberggrund rund um das Dorf war bis ins 14. Jahrhundert im Besitz der einzelnen Bergherrenfamilien. Diese Bergherren bezogen ihre Einkünfte (Gülten) aus dem ihnen als Lehen aufgegebenen Bergrecht. Aus mehreren im Wiener Stadt- und Landesarchiv verwahrten alten Grundbüchern können anhand von Aufzeichnungen über den ehemaligen Weingartenbesitz die Bergherren in fast geschlossener Reihe seit dem 14. Jahrhundert bis zur Aufhebung der Grundherrschaft erfaßt werden.

Seit der Mitte des 14. Jahrhunderts verkauften die Herren von Toppel nach und nach ihren gesamten Rentenbezug von den Breitenseer Weinbergen. Die Gründe wurden von wohlhabenden Wiener Ratsbürgern erworben, so von dem Wiener Münzmeister Dietreichen Urbetscher und seiner Frau Elspethen, die den Besitz an den angesehenen Wiener Erbbürger Niklas Dratlauf weitergaben. Im 15. Jahrhundert ist festzustellen, daß es meist Berggenossenschaften waren, die Interesse an Grund- und Bodenerwerbungen zeigten. Sie setzten sich aus geistlichen Stiftungen und kirchlichen Einrichtungen zusammen und waren durch Jahrhunderte die Besitzer der Fluren und Weingärten von Breitensee. Den besten Beweis liefert ein Verzeichnis um 1800 „aller im Feldfried Breitensees bestehenden auswärtigen Grundbücher", worin als Besitzer neun größtenteils geistliche Bergherren aufscheinen: das Stift Dorothea, das Jesuitenkollegium, das Erzbistum in Wien, das „Tausend Maydl-Stift", das Bürgerspital in Wien, das Stift Heiligenkreuz, das Dominikanerkloster, der „Schöffertisch" im Mauerbacher Hof und das Zornische Grundbuch.

Was den Ortskern betrifft, so lassen sich mit Bestimmtheit erst zu Beginn des 15. Jahrhunderts Grundherren aus der Familie Thumbritzer feststellen. Hans Thumbritzer verkaufte das freie Eigengut zu Breitensee im Jahre 1415 an Hans Missingdorfer. Damit gelangte der Besitz in die Hände eines sehr bedeutenden Geschlechtes. Sein Stammsitz lag in Missendorf in der Nähe von Horn. Die ersten Missingdorfer hatten bereits im 12. Jahrhundert den Vorzug, als „milites" (= ritterliche Dienstmannen) im Dienste der Grafen von Plain zu stehen. Als Herren von Breitensee scheinen dann ab 1423 Stefan und ab 1445 Wolffgang Missingdorfer auf. Die Missingdorfer hatten auch Besitz in Dobra im Waldviertel. An die Gemeinde von Alt-Pölla vergaben sie viele Stiftungen. So kam es, daß einige Mitglieder dieses Geschlechtes in der malerischen Kirche von Alt-Pölla ihre letzte Ruhestätte gefunden haben. Aber auch im Schottenkloster zu Wien befinden sich mehrere Grabdenkmäler der Familie Missingdorf. Hier liegt auch der Herr von Breitensee, Wolffgang Missingdorfer, begraben. Bis zum Jahre 1462 haben die Missingdorfer ihre Herrschaft über Breitensee ausgeübt. In diesem Jahr verkaufte Stefan Missingdorfer den Besitz an Erasmus Feuchter.

Die Familie Feuchter gehörte zu den angesehenen Rittergeschlechtern dieser Zeit. Erasmus Feuchter zu Leiben und Friedau war Pfleger und Pfandinhaber der Herrschaft Persenbeug.

Nach seinem Tod im Jahre 1478 belehnte Kaiser Friedrich III. 1480 Otto und Veit Feuchter mit der Herrschaft Breitensee. Noch im gleichen Jahr erwarb jedoch diesen Besitz ein interessanter

Mann, der nicht nur reich begütert war, sondern auch einen gewissen Weitblick besaß. Er legte den Grundstein für ein Besitztum, das sich über Jahrhunderte erhalten sollte. Es war dies Stephan von Uttendorfer. Er entstammte einem Geschlecht, das als niederösterreichischer Uradel bis ins 12. Jahrhundert zu verfolgen ist. Stephan von Uttendorfer war Herr von Goldegg, einem Besitztum bei St. Pölten im Dunkelsteiner Wald. Außerdem besaß er Forsthof und Ebersdorf. Er war verheiratet mit Anna, der Tochter des Sigmund Steinpöck auf Steinbach. Entscheidend dafür, daß Stefan Uttendorfer in den Besitz von Breitensee kam, war jedoch seine Verwandtschaft zu dem Rittergeschlecht der Feuchter; Erasmus, Otto und Veit Feuchter waren seine Vettern.

Stephan Uttendorfer setzte nun in seinem Testament im Jahre 1495 eine sogenannte Stiftung ein.

Die Menschen jener Zeit stellten ihr Seelenheil in den Mittelpunkt ihres Lebens. Ihr Streben galt einem glücklichen jenseitigen Leben. Um es zu erreichen, mußte man in dieser Welt des Jammers und der Not Taten der christlichen Nächstenliebe setzen. Diese Voraussetzung glaubte man unter anderem auch mit der Errichtung von frommen Stiftungen zu erfüllen. Mit diesem Verlangen nach „zeitlichem Fried und aller Wohlfahrt des Leibes und der Seelen“ wollte man ewige Glückseligkeit erreichen. Die geistlichen Stiftungen nahmen von Jahr zu Jahr zu.

Uttendorfer verfügte neben dem bestimmten Bergrecht auf 24 Joch Weingarten und dem Areal von Penzing eine Meßstiftung vor dem Elftausendmaidenaltar zu Maria am Gestade. Darüber hinaus stiftete er 1495 eine ewige Messe „in Unserer Lieben Frauen Kirchen zu den Schotten in Wien auf Sanct Katharina Altar“. Über dieses fromme Werk setzte Stephan Uttendorfer einen Vogt- und Lehensherrn ein, dessen Aufgabe vor allem im administrativen Bereich lag. Der Lehensherr konnte die Stiftung einem Priester, einem Benefiziaten, verleihen.

Die von Stephan Uttendorfer ins Leben gerufene Stiftung war aus besten ideellen Absichten geschaffen worden. Für die Entwicklung des Dorfes Breitensee bedeutete das Jahr 1496 eine entscheidende Wende. Es bestand in jener Zeit aus 23 Häusern.

Die Uttendorfer-Stiftung zeigte aber bald einen deutlichen Niedergang. Schon 20 Jahre nach dem Tod des Stifters begannen die Vögte nur mehr an ihre persönliche Bereicherung zu denken. Sie zeigten sich der neuen lutherischen Lehre sehr aufgeschlossen.

Lange Zeit gab es unerquickliche Rechtsstreitigkeiten zwischen den adeligen Vogtherren und den Benefiziaten. Freilich ging es am Anfang noch ziemlich problemlos zu, als Stephan Uttendorfer seinen Vetter, Herrn Ulrich Stainböck zu Edlau, als ersten und obersten Vogt- und Lehensherrn einsetzte. Ihm folgte Wolfgang Stainböck zu Edlau, der die Vogtei und Lehenschaft seinem Schwager Christoph Grabmer zu Zäckhing und dessen Gemahlin Afra überließ. Kaiser Maximilian I. hatte diese Übergabe bestätigt. Doch schon im selben Jahr begannen die persönlichen Interessen überhandzunehmen. Als der Sohn der Genannten, Georg Grabmer, die Vogtei um 1550 übernahm, zählte das Geschlecht bereits zu den protestantisch gewordenen Landherren in Niederösterreich. Ein Leopold Grabmer — „kühn und tapfer im Bekenntnis zur reinen Lehr" — nahm an der berühmt gewordenen Hochzeit am 8. August 1557 im St. Pöltner Herrenhaus zwischen einem Katholiken und einer protestantischen Verwandten der Familie Grabmer teil.

Als typisch für die rechtlichen Verhältnisse dieser Zeit ist das Faktum anzusehen, daß Jörg Grabmer als Vogt- und Lehensherr das Bergrecht zu Breitensee und den Hof zu Goldegg der Stiftung entzogen hatte und zu seinem Nutzen verwendete. Noch schlimmer wurden die Verhältnisse unter den Vögten aus dem Geschlecht der Jörger, welche die Stiftung von den Grabmern durch Heirat erbten.

Nach dem Tod des Hofkaplans Casteleins im Jahre 1628 präsentierten die Jörger keinen Benefiziaten mehr, vielmehr hatten diese Vögte das gesamte Benefizium (mit einer Pfründe verbundenes Kirchenamt) mit den dazugehörigen Gütern eingezogen und „wider besseres Wissen (mala fide) genossen". Man nannte dies in der Rechtssprache „vertuschen". Die Jörger waren in der Wiener und niederösterreichischen protestantischen Bewegung das führende Adelsgeschlecht. Es bedurfte schließlich eines durch Abt Augustin zu den Schotten und dessen Nachfolgern in den Jahren 1616 bis 1631 geführten Prozesses, um wieder ordentliche Rechtsverhältnisse zu schaffen. Auf Vermittlung des Kardinals Khlesl konnten schließlich die Jörger im Jahre 1628 Marcus Antonius, einen Kanonikus zu St. Stephan, als Benefiziaten einsetzen.

Doch die Rechtsstreitigkeiten zwischen den Vogt- bzw. Lehensherren und den Benefiziaten als Grundherren setzten sich unvermindert auch unter den Nachfolgern der Jörger fort.

Im 18. Jahrhundert zeichnete sich jedoch eine Wandlung in der Grundherrschaft von Breitensee ab. Neben den Vögten und den Benefiziaten, die ständig in Rechtsstreitigkeiten verwickelt waren, entstand in den ersten Dezennien des 18. Jahrhunderts ein neuer Herrschaftsbegriff: Es kam nämlich der größten Grundherrschaft die Ortsobrigkeit zu, die aber im Jahre 1739 einem im Ort Breitensee reich begüterten kaiserlichen Beamten übertragen wurde. Es handelte sich um Ludwig Sampo, einen ehemaligen Offizier beim Zahlamt des königlich-spanischen Konziliums. Dieser für Breitensee äußerst bedeutende Mann kam im Gefolge Kaiser Karls VI. von Spanien nach Österreich. Bereits im Jahre 1726 erwarb er ein Haus im Ortsbereich (heute Breitenseer Straße 53). Gleichzeitig kaufte er auch vom Wiener Bürgerspital Weinberggründe auf den Altenbergen. Damit dürfte auch das Berg- und Burgrecht an Ludwig Sampo gefallen sein. Das Breitenseer Haus baute er zu einem Herrensitz aus, das schließlich zu einem ansehnlichen Schloß umgestaltet wurde. In diesem Schloß befand sich eine Kapelle, die dem hl. Laurentius geweiht war. Den Hochaltar schmückte Sampo mit einer Kopie des Marienbildes aus der Kathedrale von Barcelona. Erst im Jahre 1740 wurde diese Kapelle der Öffentlichkeit zugänglich gemacht. Sie war als Ortskirche von Breitensee anzusehen, unterstand aber noch immer der Pfarre Penzing.

Ludwig Sampo verkaufte 1736 das Breitenseer Schloß samt Kapelle an den hochangesehenen Bürger Johann Michael Kienmayer, der in den Jahren 1740 bis 1742 als Herrschaftsbesitzer von Breitensee fungierte, wohlgemerkt neben den Vogtherren und Benefiziaten, die weiter im Streit um die Kompetenzen lagen. So wird über den im Jahre 1748 eingesetzten Benefiziaten Joseph Weinhart berichtet, daß er wegen der dauernden Rechtsstreitigkeiten „sein Leben voll der Betrübnis hat enden müssen". Johann Michael Kienmayer hatte von Ludwig Sampo in Breitensee viele Gründe erworben. Er erhielt im Jahre 1713 das Bürgerrecht in Wien und gründete eine Handelsfirma. Kienmayer betrachtete es als seine Pflicht, sich für die soziale Wohltätigkeit einzusetzen. Er unternahm einen Versuch, auf seinen Gründen auf der Landstraße (heute Rennweg Nr. 89 bis 93) eine Spinnfabrik ins Leben zu rufen, die sich jedoch als unrentabel erwies. Auf Anregung des Dompfarrers Anton Franz Marxer, der übrigens in den Jahren 1751 bis 1757 Pfarrer von Hütteldorf war, stiftete Kienmayer 1742 auf diesem Areal ein Waisenhaus für 20 Mädchen aus dem Leopoldstädter Armenhaus. Später fanden in dieser Anstalt auch Knaben Aufnahme. Schließlich erwarb Maria Theresia diese „Humanitätsanstalt".

Kienmayer pflegte aber auch das religiöse Leben in seinem Herrschaftsbereich Breitensee. Er machte 1740, dem Jahr des Regierungsantritts von Maria Theresia, die Laurentiuskapelle der Öffentlichkeit zugänglich. Besonderen Wert legte Kienmayer auf den würdigen Ablauf des Laurentiusfestes, das jeweils am 10. August gefeiert wurde. Es wird berichtet, daß dieses Fest von Kienmayer mit „erdenklicher Pracht und jährlichen Unkosten erhoben" wurde. Schon am frühen Morgen bewegte sich eine Prozession mit Fahnen von der Mutterkirche St. Jakob in Penzing hinauf nach Breitensee. Besonders viele Kinder gingen mit. Der Pfarrer oder ein bestellter Kaplan trug das Allerheiligste. An der Prozession nahmen auf Einladung Kienmayers ein Prediger und namhafte Gäste teil. In der Laurentiuskapelle wurde dann ein Hochamt mit gesungenen deutschen Meßgebeten abgehalten. Der Pfarrer erhielt von Kienmayer zwei Dukaten, die Kapläne mußten sich mit je einem Dukaten zufriedengeben.

Während der Herrschaft des Johann Michael Kienmayer ergab sich zwischen der Vogt- und Lehensherrschaft und dem Benefiziaten eine glückliche Wendung:

Die Tochter der Edlen von Zauner, Maria von Prisigril, gelangte als Universalerbin in den Uttendorferschen Besitz und wurde die Vogtfrau des letzten Benefiziaten Rittler. Sie verkaufte nun ihren Besitz an eine Tochter des Michael Kienmayer, Maria Anna Freyin von Posch.

Nach dem Kauf der Vogt- und Lehensherrschaft über das Benefizium durch die Freyin Maria Anna von Posch dürften von den seltsamen Rechtsverhältnissen in Breitensee auch höchste Stellen Kenntnis erlangt haben. Im November 1777 langte eine kaiserliche Entscheidung beim niederösterreichischen Landmarschall ein, worin an den Benefiziaten Auftrag erteilt wurde, daß er unverzüglich „einen verläßlichen Anschlag über alle seine zu Braitensee besitzenden Unterthanen, Gülten und Realitäten bey dem nö. Ständischen Verordnetencollegio" einzureichen habe. In dem Dekret vom 8. November wird die Ansicht der Monarchin (Maria Theresia) deutlich kundgetan: „... daß, nachdem die Frau von Posch die Dorfherrlichkeit zu Breitensee innehabe und also in diesem Ort eine Vermischung, u. zw. eine der schädlichsten vorhanden sei, indem allda einer die Grundherrschaft und ein anderer die Dorfherrlichkeit im Besitz habe, würden alle politischen Anstalten die größten Hindernisse in den Weg gelegt. Diese zu beseitigen sei es immer besser, daß eine weltliche Obrigkeit statt eines Benefiziaten die Grundherrlichkeit besitze".

Am 18. September 1780 kam nun ein Kaufvertrag zustande, wodurch Maria Anna von Posch in den Besitz der Grundherrschaft von fast ganz Breitensee gelangte. Der letzte Benefiziat Rittler hatte damit alle Grundbuchrechte und Gerechtigkeiten samt den Grundholden, die im Grundbuch von 1776 mit ihren Häusern als zum Uttendorfer Benefizium gehörig aufschienen, an Frau Posch verkauft, die somit Grund- und Dorfobrigkeit in einer Person vereinigte.

Doch für den Benefiziaten Rittler war die Zukunft von Enttäuschungen bestimmt. Anna Maria Posch wollte für Breitensee im Hinblick auf die bestehende Laurentiuskapelle im erwähnten Schloß eine eigene Lokalkaplanei durchsetzen. Doch trotz nicht enden wollender Eingaben und Bittschriften mißlang dieses Vorhaben. Dem ehemaligen Benefiziaten Rittler wurde schließlich „der Defizientengehalt nebst dessen Unterstand zu Klosterneuburg angewiesen". Der Weltpriester Rittler mußte so seine letzten Lebensjahre, enttäuscht und verbittert, im Stift zu Klosterneuburg verbringen.

Die Herrschaft Breitensee erbte nach dem Tode der Anna Maria Posch 1805 ihr Sohn Demetrius. Bereits im Jahre 1806 verkaufte er die Herrschaft an Graf Ferdinand Colloredo-Mansfeld.

In der Reihe der Herrschaftsbesitzer folgten nunmehr 1813 Johann Michael Schwindler, 1822 Gottlieb von Manner, der wiederum 1827 von Dr. Josef Neumann abgelöst wurde. Er hatte die Herrschaft bis 1848 inne. Die Folge der Märzrevolution war die Aufhebung der Rechte der Orts- und Grundherrschaft auch in Breitensee. An die Spitze der Dorfgemeinden wurden nunmehr Bürgermeister gewählt.

Was aber ist aus dem kleinen Dorf, das im Jahre 1496 bereits 23 Häuser aufwies, im Laufe der Jahrhunderte geworden? Kriegsnot, Mißernten, Hunger und Pestilenz machten auch vor ihm nicht halt. 1529 bekam Breitensee die Türkenbelagerung zu spüren. Während des Dreißigjährigen Krieges wurde das im Dorf gehandhabte Recht erstmals 1626 schriftlich festgehalten, im „Praitenßee-ischen Panthattung Bichl". Diese Aufzeichnungen geben uns ein anschauliches Bild jener bewegten Zeit. Im Jahre 1645 brach über Breitensee die Pest herein und forderte auch hier viele Menschenleben. Bald danach aber war für die Existenz der hier lebenden Bewohner eine neue Bedrohung aufgetreten. Die mächtigen Heere der Türken kamen 1683 bis vor die Tore Wiens. Der Raum zwischen Schönbrunn, Gumpendorf, Hernals und Hütteldorf war von einer mächtigen türkischen Streitmacht besetzt. Man kann sich also vorstellen, daß auch Breitensee, am Westrand der Schmelz gelegen, unter den Schrecken und Wirrnissen der Kriegsgeschehnisse zu leiden hatte und völlig zerstört wurde. Nach dem Türkensturm von 1683 schienen sich allmählich wieder normale Verhältnisse durchzusetzen. Doch schon im Jahre 1713 wütete „die Pest grausamer denn je in diesen Gegenden", wie die Pfarrchronik des Nachbardorfes Baumgarten aufzeigt. Von 22 Breitenseer Häusern waren 11 von der entsetzlichen Seuche befallen, die am 8. Mai dieses Jahres ausgebrochen war und erst am 8. November erlosch. Es wird berichtet, daß 24 Personen den Tod fanden, während bei 18 Bewohnern eine Heilung festzustellen war.

Zu Beginn des 19. Jahrhunderts wurde Breitensee in die Wirren der Napoleonischen Kriege mit einbezogen. 1805 zogen französische Truppen durch Hütteldorf und Hacking und suchten auch Penzing heim, wo sie die Pfarrkirche als Stall und Magazin verwendeten; auch in Breitensee nahmen sie Quartier. 1809 hausten die französischen Truppen in den Vororten von Wien noch schlimmer. In einer Beschwerde an die Landesregierung machten Richter und Geschworene Mitteilung, daß „die Bewohner Breitensees fast vollständig geflüchtet wären, nur drei Hausbesitzer seien im Dorf geblieben. Die Soldaten hätten mutwillige Verwüstungen angerichtet, Vieh geraubt oder erschlagen, Leute mißhandelt und die Hoffnung auf die nächste Ernte zunichte gemacht".

Die Bewohner der Dörfer suchten in den Zeiten der Not und Gefahr Zuflucht im Glauben und in der Religiosität. Als Zeugen dieser Gläubigkeit können die allenthalben errichteten Wegkreuze angesehen werden. Wo sich heute die Hütteldorfer Straße und die Schanzstraße gabeln, begann das Breitenseer Gemeindegebiet und endete die Wiener Landgerichtsfreiheit; hier stand seit urdenklichen Zeiten als doppeltes Grenzzeichen das sogenannte Gugel-Kreuz. Der Name dürfte sich vom Aussehen des Sockels herleiten, welcher eine gugel- oder kapuzenförmige Gestalt aufwies.

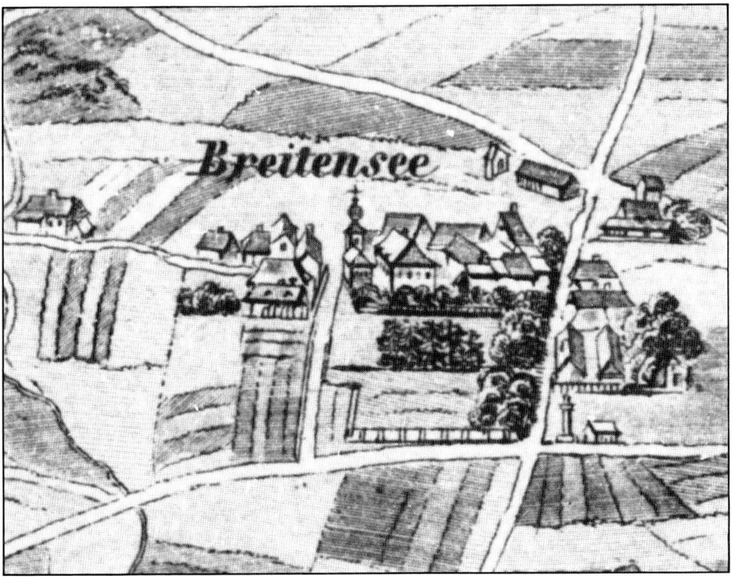

Franz Schweickhardt von Sickingen, Perspektiv-Karte des Erzherzogthums Oesterreich unter der Ens, um 1840 (Ausschnitt Baumgarten)

Franz Schweickhardt von Sickingen, Perspektiv-Karte des Erzherzogthums Oesterreich unter der Ens, um 1840 (Ausschnitt Breitensee)

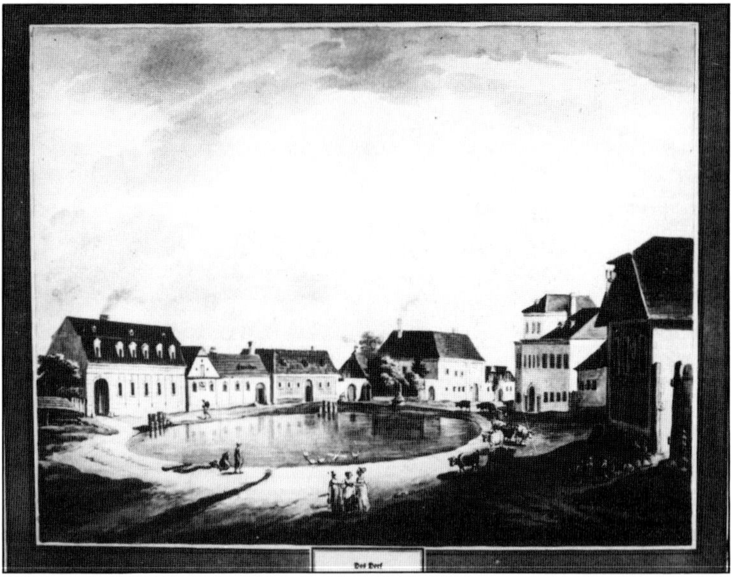

An der Laurentiuskapelle zu Breitensee

Breitensee um ca. 1810

Die Kreuzkapelle außer Breitensee. Lithographie von M. Trentsensky

Station der Dampftramway in Breitensee (heute Hütteldorfer Straße 110)

Grabmal des Pangratz Höritzer von 1511 an der Ostseite der Pfarrkirche von Baumgarten

Näherte sich ein Besucher dem Ortseingang von Breitensee, erblickte er ein weiteres Kreuz, das an der Stelle stand, wo sich die Breitenseer Straße und Kendlerstraße kreuzen.

Es gab auch eine kleine Kapelle, die an der Kreuzung der heutigen Steinbruchstraße mit der Huttengasse stand, die sogenannte Kreuzkapelle. Eine Mariensäule befand sich an der Einmündung der Steinbruchstraße in den Flötzersteig. Am Flötzersteig stand eine Dreifaltigkeitssäule mit der Jahreszahl 1698. Diese beiden Säulen sind heute noch vorhanden, jedoch nicht mehr an den genannten Plätzen: Die Mariensäule hat in einer Grünanlage am Joachimsthalerplatz einen würdigen Standort gefunden. Auf dem Bildstock findet sich die Jahreszahl 1697. Die Dreifaltigkeitssäule hat man in einem Park gegenüber dem Haus Thaliastraße 157 aufgestellt.

Der für alles künstlerische Empfinden aufgeschlossene Kienmayer ließ im Jahre 1741 eine Skulptur des heiligen Johannes Nepomuk aus Salzburger Marmor herstellen. Diese Statue fand ihren Platz in einem heute nicht mehr vorhandenen Bildstock gegenüber der Laurentiuskapelle. In das vertiefte Feld des Sockels war das Relief des Brückensturzes gemeißelt. Statue und Relief wurden später in einer Nische der Straßenfront des neuerbauten Aluminiumfolienwerkes Lois Platz, Breitenseer Straße 76—80, angebracht.

Bis ins 19. Jahrhundert hat sich der ländliche Charakter von Breitensee erhalten. Wenn man so manchem Zeitgenossen Glauben schenken kann, dürfte dieser Ort trotzdem nicht zu den beliebten biedermeierlichen Sommerfrischen gezählt haben, die man in der ersten Hälfte des vorigen Jahrhunderts so gerne aufsuchte.

Wohl berichtet Franz Schweickhardt im Jahre 1831 von einer angenehmen und sehr gesunden Gegend. Doch schon 1835 vertritt hingegen Adolf Schmidl die Ansicht, daß wohl niemand in einem Ort wie Breitensee Sommerwohnungen suche, „der so sehr von Annehmlichkeiten der Ländlichkeit entblößt ist". Diese Feststellung muß doch in gewissem Sinne der Wahrheit entsprochen haben, da auch einem der berühmtesten „Wohnungssucher und Umzieher", nämlich Ludwig van Beethoven, von einem Domizil in Breitensee dringendst abgeraten wurde. Als sich nämlich Beethoven auf Grund einer Annonce im „Intelligenzblatt" für eine Sommerwohnung in Breitensee zu interessieren begann, warnte ihn sein Sekretär und Freund Anton Schindler in vehementer Weise:

„Kennen Sie die Lage von Breitensee? Sie sterben vor Langeweile in Breitensee; um und um kein Schatten auf eine halbe Stunde wenigstens und im Orte selbst auch nicht. ... Sie bedürfen ... doch öfters der Zerstreuung, und solche Orte geben hiezu nicht die mindeste Gelegenheit.“

Aus dem Curiositäten- und Memorabilienlexikon erfahren wir, daß Breitensee zu den „Einöden von Wien“ zu zählen war. Lediglich die Aussicht von einem Wirtshausgarten wird gepriesen. Dieser schönen Aussicht zollte bereits Johann Gabriel Seidl im Jahre 1826 sein uneingeschränktes Lob.

1847 konnte man in der „Allgemeinen Theaterzeitung“ lesen: „Je blühender und besuchter Breitensee nächst Wien sich gestaltet, desto dringender stellt sich für das Publikum das Bedürfnis eines regelmäßig gehenden Stellwagens heraus ... Alles ist schön in Breitensee — die Lage, die Vegetation, die herrliche Flora ..., nur die Pünctlichkeit des dort stationirt sein sollenden Stellwagens ist erbärmlich!“ Wie man sieht, ist hier keine Rede von einer Einöde, und man kann mit gutem Grund annehmen, daß um die Mitte des vorigen Jahrhunderts doch noch die ländliche Atmosphäre dominierend war.

Auch Heinrich May berichtet über die Vorzüge Breitensees: „Die hohe, gesunde Lage hat auch Veranlassung von Sommerhäusern gegeben und manchen Wiener angezogen, hier Aufenthalt zu nehmen. Mit den Schwalben kamen alljährlich auch die ersten Sommerfrischler nach Breitensee. Die Häuschen waren fast durchwegs ebenerdig und hatten große schöne Gärten. Mit einigen Schritten war man schon im Freien. In der herrlichen Nußallee und am Ameisbache konnte man die Freuden eines Landaufenthaltes ungeschmälert genießen.“

Noch 1885 ist in der Topographie von Niederösterreich zu lesen, daß es in Breitensee Landhäuser „zum Sommeraufenthalt“ gibt und daß auch viele Sommerparteien zu vermelden wären, die diese Domizile aufsuchen.

Doch bald war von den alten, malerisch aussehenden Häusern nicht mehr viel übrig. „An ihrer Stelle wuchsen Neubauten empor ..., in ihrer Mehrzahl nüchtern und schmucklos, ohne Liebe gebaut, wie über einen Leisten hergestellt, ... Zinskasernen.“

Die Österreichische Kunsttopographie führt Breitensee zu Beginn des 19. Jahrhunderts als Industrieort mit großen Kasernen und uniformen Zinshäusern an. Breitensee hatte in dieser Zeit einen Zuzug von recht zwielichtigen Personen zu verzeichnen. Es handelte sich um die sogenannten „Abgeschafften“, die aus dem „Wiener Polizei-Rayon abgeschafft“ worden waren. Diese seltsame, zusammengewürfelte Gesellschaft war durch kriminelle Handlungen für den Wiener Bereich untragbar geworden. Die „Ausgewiesenen“ fanden in Breitensee ein willkommenes Domizil. Durch die Erweiterung Wiens und die Eingemeindung des Ortes in den Stadtbereich von Wien (1890) mußten auch die „Abgeschafften“ Breitensee wieder verlassen.

Die zweite Hälfte des 19. Jahrhunderts ist aber auch der Zeitabschnitt der Industrialisierung. May beschreibt die damalige Situation recht anschaulich: „Unweit der großen Schmelz liegt das kleine Dörfchen Breitensee, das sich aus ländlicher Ruhe und Enge reckt und streckt in seine industrielle Zukunft hinein. Eine Fabrik nach der anderen entsteht. Fabriksschlote überragen die Wohngebäude.“

Wie anders ist doch alles innerhalb von wenigen Jahren geworden. Die beschaulichen Tage gehören der Vergangenheit an, als so mancher Breitenseer den Weg nach Wien über die weiten Felder und Fluren zu Fuß eingeschlagen hat; er führte ihn entweder über die Schmelz oder die heutige Hütteldorfer Straße, die damals noch ein kleiner Feldweg war. Erst im Jahre 1864 begann man, diesen Feldweg als Hütteldorfer Straße auszubauen, womit eine gute Straßenverbindung mit Wien geschaffen war.

Lange vor der Eröffnung einer Straßenbahnlinie fuhr ein „Zeiselwagen“ mit Standort in Penzing über mehrere Vororte bis an die Mariahilfer Linie. Außerdem wurde die Strecke von Breitensee zum Westbahnhof von einem Stellwagen befahren. Doch erst der Initiative des Realitätenbesitzers Gustav Dreyhausen Edler von Ehrenreich war es zuzuschreiben, daß das Gebiet von Breitensee durch eine Tramwaylinie erschlossen wurde. 1872 fuhr erstmals eine Pferdetramway vom Neubaugürtel nach Breitensee. 1885 wurde der Betrieb auf Dampf umgestellt. Nach der 1898 erfolgten Übernahme der Straßenbahnlinie durch die Gemeinde Wien konnte sie an das elektrische Straßenbahnnetz angeschlossen werden. Dem Schöpfer dieser Straßenbahn hat man mit der Straßenbenennung „Dreyhausenstraße“ ein Denkmal gesetzt.

Durch diese verkehrstechnische Erschließung verdoppelte sich die Einwohnerzahl von Breitensee innerhalb weniger Jahre. Im Jahre 1870 zählte man 1 327 Einwohner, während 1879 schon 2 800

Bewohner zu verzeichnen waren. Das Anwachsen der Bevölkerung und die intensive Verbauung prägten die Atmosphäre auch in dem kleinen Ort Breitensee. Von den Häusern, die man auf dem Bild aus dem Jahre 1810 wahrnehmen kann, ist bis zum heutigen Tag nur jenes am linken Bildrand erhalten geblieben. Es ist das heute mit Nr. 60 bezeichnete Haus in der Breitenseer Straße, damals Breitensee Nr. 19. In ihm befand sich bis zur Jahrhundertwende die Weinschenke Maisl. Das Gebäude am rechten Bildrand, das heute längst nicht mehr steht, war das bekannte Wirtshaus „Zum Seehafen", eine gewiß hochtrabende Bezeichnung, die mit dem kleinen Teich davor in Verbindung zu bringen ist. Heute erinnert der Sparverein „Alter Seehafen" an dieses Gasthaus. Johann Gabriel Seidl pries schon 1826 die schöne Aussicht, die man von einem Wirtshausgarten in Breitensee genießen konnte. Diese Gaststätte befand sich auf dem Platz der heutigen Laurentius-Pfarrkirche. Im Curiositäten- und Memorabilienlexikon steht zu lesen, daß dieses Wirtshaus schon im Jahre 1843 wegen seiner dort servierten Riesenknödel Berühmtheit erlangte, die das ansehnliche Maß von Kindskopfgröße erreichten. Es handelte sich um das Gasthaus „Zur Riesin", das wegen besagter „Mehlkugeln" großen Zulauf hatte. 1895 demolierte man das Gasthaus, um für die projektierte Pfarrkirche Platz zu schaffen.

Am 22. April 1896 erfolgte die feierliche Grundsteinlegung. Mit der Durchführung des Baues wurde der bekannte Architekt und Baumeister Ludwig Zatzka beauftragt. Er schuf ein Bauwerk im historisierenden Stil, das von gotischen Elementen bestimmt wird.

Die Eröffnung des Gotteshauses fiel in eine von Tragik und Leid umschattete Epoche des Hauses Habsburg. Am 10. September 1898 wurde Kaiserin Elisabeth in Genf von dem Anarchisten Luigi Lucheni ermordet. Die feierliche Einsegnung der Kirche hätte im September dieses Jahres stattfinden sollen. Auf Grund des tragischen Ereignisses wurde schließlich der 8. Oktober bestimmt, ein Tag, der trotz der traurigen Stimmung unter der Bevölkerung doch feierlich begangen wurde. Kaiser Franz Joseph I. wurde von Kardinal Anton Gruscha empfangen. Unter den vielen Festgästen war auch Bürgermeister Dr. Karl Lueger. Am Schluß der Feier drückte der Kaiser dem Baumeister und Stadtrat Ludwig Zatzka Lob und Anerkennung aus: „Sie haben etwas Schönes geschaffen. Ich mache Ihnen mein Compliment."

Die durch Jahrhunderte ergebnislos gebliebene Bemühung zur

Installierung einer eigenen, selbständigen Pfarre hatte endlich Erfolg gebracht.

In der damals bereits baufälligen Laurentiuskapelle wurde am folgenden Tag die letzte heilige Messe gelesen. 1905 wurde die Kapelle gemeinsam mit dem Herrschaftsgebäude vollständig demoliert.

Mehr und mehr gehörte das alte Breitensee der Vergangenheit an. Versunken war eine Welt der Beschaulichkeit und Entrücktheit mit vielen Gebäuden, die mit der Geschichte des kleinen Dorfes aufs innigste verbunden waren. Auch jenes herrschaftliche Haus, welches als drittes Gebäude von rechts auf dem bereits erwähnten Aquarell aus dem Jahre 1810 zu sehen ist, fiel Ende des 19. Jahrhunderts der Spitzhacke zum Opfer. Dieses Objekt hatte Graf Anton von Collalto 1821 erworben. Da der Graf von großer Sammelleidenschaft kostbarer Gemälde und Kunstgegenstände erfüllt war, beherbergte dieses Haus bald eine wertvolle Kunstsammlung, die weithin bekannt war. Auch Adolf Schmidl erwähnt im Jahre 1835 in seiner Schrift „Wiens Umgebung auf zwanzig Stunden im Umkreis“ dieses ausgezeichnete Museum in dem genannten Herrschaftsbesitz. Er schreibt: „In einem ausgedehnten Lokale (in der Villa) findet man eine überraschend reichhaltige Sammlung von Antiken und Kunstwerken . . .“ 1846 erwarb diese Villa Stephan Graf von Draskovich, Angehöriger eines bekannten Adelsgeschlechtes; im Jahre 1849 ging sie in den Besitz von Karl Edler von Kendler (1787—1859) über. In ihm sehen wir einen Vertreter des aufstrebenden Großhandels in der ersten Hälfte des vorigen Jahrhunderts. Karl Edler von Kendler starb im Jahre 1859 hochgeehrt, als k. k. priv. Großhändler und k. k. Rat und Direktor der Nationalbank, im Alter von 72 Jahren.

An der Stelle dieses Herrschaftsbesitzes entstand im Jahre 1907 eine Reihe von Objekten: die berühmte Infanterie-Kadettenschule mit einem Offizierswohngebäude und einem großen Park, eine Volks- und Bürgerschule der Gemeinde Wien in der Spallartgasse sowie das bereits erwähnte Josefinum, eine weithin bekannte Klosterschule, aus der eine Volksschule für Knaben und Mädchen mit Öffentlichkeitsrecht wurde. Mit dem Bau des Josefinums wurde ein großes Bauvorhaben verwirklicht.

In den Jahren 1901 bis 1903 erfolgte der Bau der berühmten Breitenseer Kaserne. In der Monarchie war sie Standort des Dragonerregimentes Nr. 3. Das Kavallerieregiment genoß große

Popularität. Wenn auf dem damaligen Exerziergelände der nahen Schmelz der Kaiser die Frühjahrsparade abnahm, bot das Kavallerieregiment ein farbenprächtiges Schauspiel. Scharen von Breitenseern zogen hinaus, um der Parade beizuwohnen.

Wenn dann die Besucher der Parade in dem kleinen, ebenerdigen Gasthaus „Zur alten Schmiede" Einkehr hielten, fanden sie noch die Atmosphäre des alten Breitensee vor. Das ebenerdige Gasthaus steht heute noch an der Ecke Kendlerstraße – Schanzstraße — ein Stück Erinnerung und gleichzeitig Symbol jener Zeit, als Breitensee noch ein kleines, malerisches Dorf war.

3. Hadersdorf-Weidlingau

Die frühesten schriftlichen Nachrichten über Hadersdorf-Weidlingau erreichen uns aus dem 12. Jahrhundert, und zwar tauchen im Traditionskodex des Stiftes Klosterneuburg um 1130 in einer Urkunde unter sechs Zeugen zwei auf, die den Beinamen „de Hedrichesdorf" führen. Ein weiterer Zeuge ist Adlbero de Purchartesdorf, der Besitzer des Nachbarortes Purkersdorf. Er wird noch öfter im Zusammenhang mit „denen von Hadersdorf" genannt, wobei seine Nennung immer an erster Stelle erfolgt, was die Annahme zuläßt, daß er in höherem Ansehen stand als die Hadersdorfer.

Die Entstehung der Siedlung und ihr Name geben zu einer Reihe von Vermutungen Anlaß. So setzt Ernst Klebel die Entstehung der Orte auf „-dorf" ins 11. Jahrhundert und zu Beginn des 12. Jahrhunderts an. Zöllner vermutet, daß sie schon im 8. Jahrhundert aufgekommen sind, wobei der Großteil jedoch erst im 9. und 10. Jahrhundert entstanden ist. Für Heinrich Weigl und Fritz Eheim handelt es sich um einen Ortsnamen, der sich von einer Siedlungsform ableitet, wobei es zur Verbindung mit einem Personennamen kam, der höchstwahrscheinlich auf den Namen des Gründers oder auch des ersten Besitzers hinweist.

Für Niederösterreich dürfte die Annahme nicht zutreffen, daß Orte, die mit „Haders" oder „Hadrichs" beginnen, auf alte heidnische Opferstätten zurückgehen. Im Zeitwort „hadern", das soviel wie „streiten" bedeutet, hat sich diese Form bis heute erhalten.

In der Gegend von Perchtoldsdorf-Mödling besaßen die Haderichen Land. Nach ihrem Aussterben um 1137 waren es die Herren von Perchtoldsdorf, die in unmittelbarer Nähe von Hadersdorf, in Weidlingau, Besitz aufzuweisen hatten. Verwandtschaftliche Beziehungen der Haderichen bestanden sowohl mit den Babenbergern als auch seit etwa 1075 mit den Formbachern.

Alle diese Gegebenheiten lassen den Schluß zu, daß Haderich (I) für die Namensgebung ausschlaggebend war und die Gründung des Ortes in der 2. Hälfte des 11. Jahrhunderts erfolgte.

Der Ortsname Hadersdorf hat eine Reihe von Wandlungen durchgemacht, wobei die erste Phase stark vom Namen des Gründers beeinflußt wird (Hedrichesdorf), dann tritt der Name in einer Kurzform als „Hedresdorf" auf, und erst im 16. Jahrhundert findet sich jene der heutigen Bezeichnung ähnlichste Form von „Haderstorf". Nach der Zweiten Türkenbelagerung setzt sich dann die heutige Schreibweise endgültig durch.

Bei Weidlingau haben wir es mit einem Ortsnamen zu tun, der seine Bezeichnung aus dem Personenkreis der Siedler ableitet. Wahrscheinlich war es ein „Widunc", später „Weidung" oder „Weiding" genannt. Die erste erhaltene Namensform „Wildungesowe" aus dem Jahre 1226 zeigt das genetivische „es", von dem später nur mehr das „s" bleibt. Karl Lechner reiht diese genetivischen Orte als Zeugen gutsherrlicher Kolonisation zu. Für Weidlingau könnte das 12. Jahrhundert als Entstehungszeit angenommen werden. Ähnlich wie bei Hadersdorf ist im 13. Jahrhundert im Ortsnamen Weidlingau der Name des Dorfherrn vorherrschend (Wildungesowe), im 16. Jahrhundert setzt sich dann die „-ling-Silbe" durch, bis ins 18. Jahrhundert bleibt dann noch das genetivische „-s" erhalten.

Schwierigkeiten ergeben sich bei der Rekonstruktion der Ortsentwicklung von Hadersdorf, da kein historischer Ortskern erhalten ist. Wahrscheinlich war schon von Anbeginn an der Vorläufer des heutigen Schlosses richtungweisend für die Dorfanlage. Die Ansicht, daß „-dorf-Siedlungen" meist aus einem Herrschaftshof und einigen wenigen Häusern als grundherrliche Gründung entstehen, könnte im Fall Hadersdorf zutreffen; knapp östlich des Schlosses liegt an der nördlich gelegenen Straßenseite der eigentliche Kern des Dorfes, von zwei Seiten geschützt.

Auch für die Siedlungsform von Hadersdorf gibt es verschiedene Vermutungen. Nach einer Version wird der Ort als Straßendorf mit offener Bauweise bezeichnet. Anton Scheiblin wieder sieht in der ursprünglichen Anlage des 11. Jahrhunderts ein Zeilendorf, und Helmut Feigl hält die Parkgasse für den ältesten Teil, den Ort selber aber infolge der unregelmäßigen Anlage der Häuser in seiner Frühphase für eine Weilersiedlung.

Weidlingau ist seiner Anlage nach ein Straßendorf, wobei der Wienfluß in seinem unberechenbaren Lauf wohl entscheidend dafür war, daß nur die Seite nördlich der Straße besiedelt werden konnte und der Ort gegen Westen wuchs. Das Vorhandensein der Straße kann für die Mitte des 12. Jahrhunderts angenommen werden.

Die Vermutung, daß Hadersdorf und Weidlingau bis Ende des 13. Jahrhunderts Weinbauorte gewesen seien, läßt sich nicht beweisen. Maßgebend waren immer die Land- und Forstwirtschaft. Gegen Ende des 12. Jahrhunderts gehörte Hadersdorf zu dem ausgedehnten Besitz der Grafen von Formbach und Ratelnberg, nach deren Aussterben die Babenberger die Besitznachfolge antraten. Im ersten Drittel des 13. Jahrhunderts tauchten wieder zwei Vertreter der Familie Hadersdorf auf.

Auch die Erstnennung von Weidlingau fällt in diese Zeit; 1226 werden Albero und Otto Weidlingau (Widvungesove) als Zeugen in einer Schenkungsurkunde über einen Wald in Purkersdorf angeführt.

Die Nachrichten über dieses Gebiet während der Regierungszeit der Babenberger sind nicht sehr ergiebig. Nach dem Aussterben dieses Geschlechtes sind die folgenden Jahre von Auseinandersetzungen zwischen Ottokar von Böhmen und Rudolf von Habsburg gekennzeichnet. Neue Geschlechter tauchen auf. Es war sicher keine sehr ruhige Zeit, da immer wieder von Gewalttätigkeiten und Übergriffen berichtet wird. 1271 erhielt Otto II. von Perchtoldsdorf Weidlingau als Lehen. 1284 belehnte König Rudolf von Habsburg seinen Sohn Albrecht mit den Gütern in „Weidlingowe", damit wurde dieses Gebiet österreichisch-landesfürstliches Lehen und ging in den Besitz der Landesherren aus dem Hause Habsburg über.

1291 hören wir zum ersten Mal von einer Familie des „Perngerus de Weidungesouwe", 1341 wurden die „Brüder von Weidvungsav" das letzte Mal genannt. In den folgenden Jahren fand sich kein Nachkomme mit dem Beinamen „von Weidlingau" mehr, und es entwickelte sich auch keine Herrschaft Weidlingau.

Zu Beginn des 14. Jahrhunderts (1318) schienen erstmals Wiener Bürger als Besitzer auf. Wiener Ratsbürgerfamilien traten nunmehr die Nachfolge der einstigen Ritterbürger an. Bemerkenswert ist dabei, daß beim Kauf des Besitzes durch einen Bürger im Jahre 1318 der im Wiental begüterte Forstmeister Ludwig von Chogel als Zwischenhändler fungierte.

Für Hadersdorf liegt die Zeit nach 1229 im dunkeln, da geeignete Quellen fehlen. Die Annahme, daß Hadersdorf im 13. Jahrhundert im Besitz der Truchsessen von Lengbach war, läßt sich nicht verifizieren. Die Lengbacher fanden sich nämlich um 1300 im oberen Wiental, sie besaßen 1312 Purkersdorf und sind 1313 auch im unteren Wiental nachzuweisen. Von ihnen ging schließlich der Besitz 1333 an die Herren von Wallsee über. Es ist anzunehmen, daß bis 1341 Ulrich von Ingelstadt Inhaber von Hadersdorf war. Ab diesem Zeitpunkt ist Chadolt von Eckartsau urkundlich belegt. 1358 soll Wolfgang von Winden die Besitznachfolge angetreten haben, bis Hadersdorf schließlich in den Besitz des Landesfürsten überging, der es dem jeweiligen Forstmeister als Wohnsitz zuwies. 1318 wurde bereits der erste offizielle Forstmeister, Ludwig von Chogel, als Besitzer des Auhofes genannt.

Einer der bekanntesten Forstmeister war wohl Wernhard aus dem Geschlecht der Schenken von Ried, das im 14. Jahrhundert zu den vier bedeutendsten Adelsgeschlechtern in der Umgebung Wiens zählte. Wernhard mußte im Gebiet um Hadersdorf einen Besitz gehabt haben, denn 1352 verkauften er und seine Gattin Margaretha zwölf Tagwerk Wiese an den Prior Johann II. von Hadersdorf. Wernhard schien auch 1356 als Gründer der Pfarre Hütteldorf auf. Er war bis zu seinem Tod ihr Patronatsherr.

Wenige Nachrichten stehen über den eigentlichen Ort und dessen Bewohner zur Verfügung. Die Einwohnerzahl ist in der Frühzeit unbekannt. Wahrscheinlich bestritten die Einwohner ihren Unterhalt durch Viehzucht, Milchwirtschaft und den Verkauf von Obst. Das Leben der ländlichen Bevölkerung verlief in dieser Zeit bestimmt nicht ruhig, da die Gegend immer wieder von Naturkatastrophen heimgesucht wurde, wie die stets einsetzenden Überschwemmungen des Wienflusses bewiesen. Dadurch entstand beträchtlicher Schaden. Hinzu kamen immer wieder auftretende Seuchen und Epidemien, die für die Bevölkerung stets schwere Belastungen brachten. Für viele bedeuteten sie den Verlust von Gut und Leben. Daher kann man von keiner kontinuierlichen Entwicklung des Ortes sprechen.

Und doch muß diese Gegend für die finanzkräftigeren Wiener Familien mitunter einen gewissen Anreiz geboten haben. Wahrscheinlich galten die dortigen Liegenschaften in jener Zeit als gute Finanzanlage.

Der Wiener Bürger Konrad Wiltwerker, von 1340 bis 1343 Bürgermeister von Wien, übte das Kürschnerhandwerk aus und erwarb 1333 von Ulrich von Trübensee ein Waldstück in Hadersdorf. Konrad II. Urbetsch kam 1364 in den Besitz eines Waldes.

Das 15. Jahrhundert brachte für die Bevölkerung wieder schwere Belastungen durch Kriegseinwirkungen. 1441 hatte Friedrich III.

Hadersdorf an Ulrich von Eyczing, den Hubmeister von Österreich, verpfändet. 1460 gelangte der Besitz an Eleonore von Portugal. Ihr Gemahl übergab ihr das Forstamt und den Ansitz Hadersdorf „mit allen Rechten und aller Zugehörung“. Mit den Einkünften sollte sie ihre Hofstaatsausgaben bestreiten. Ob Eleonore je nach Hadersdorf kam, ist nicht bekannt. Sie nahm ihren Wohnsitz in Wiener Neustadt, wo sie 1467, kaum 30jährig, starb.

Im Jahre 1461 wurde Hadersdorf in den Bruderkrieg zwischen Friedrich III. und Albrecht VI. mit einbezogen. Bei Hadersdorf, „im Feld am Gluthaven“, schlug Albrecht VI. auf dem Marsch nach Wien sein Lager auf und marschierte am 8. August über Hietzing in Richtung Wien.

Nochmals wurde Hadersdorf 1461 wegen Besitzstreitigkeiten zwischen Gamareth Fronauer und Friedrich III. durch Brandschatzung schwer in Mitleidenschaft gezogen, da sich Fronauer um das Erbe nach seinem Bruder Gerhard betrogen glaubte.

Zwei berühmte Namen des 15. Jahrhunderts sind mit Hadersdorf verbunden: Oswald Reicholf, Wiener Bürgermeister, hatte in dieser Gegend großen Grundbesitz. Er war ein Mann, der sich durch Geist und Beredsamkeit hervortat. Unter seiner Amtszeit wurde 1454 die älteste Feuerordnung für Wien erlassen. Da er als Bürgermeister in die Streitigkeiten um Friedrich III. und dessen Bruder Albrecht integriert war, wurde ihm im Jahre 1463 mit fünf anderen Wiener Bürgern und dem Bürgermeister Wolfgang Holzer der Prozeß gemacht. Seine Hinrichtung (durch Enthauptung) erfolgte auf dem Platz „Am Hof“. Der mitverurteilte Holzer wurde gevierteilt. Reicholfs Güter verfielen und wurden 1465 vom Kaiser zum Teil an das Frauenkloster St. Laurenz verkauft.

Sigmund Eizinger, von 1453 bis 1479 Forstmeister, war die zweite Persönlichkeit.

Für kurze Zeit war dem Lande nach der Regierungsübernahme durch Maximilian I. eine ruhigere Zeit beschieden. Maximilian führte längst notwendige Reformen ein, so wurde u. a. eine Neuorganisation der Verwaltung der Wienerwald-Forste in die Wege geleitet. Verfügungen sollten den Wald- und Wildbestand sichern. Für die Instandsetzung und Erhaltung von Wegen war ebenso Sorge zu tragen. Gegen Besitzstörungen und Holzdiebstähle wurden Bestimmungen erlassen. Noch heute kann die Behördenorganisation Maximilians als Grundlage des bestehenden Verwaltungswesens angesehen werden. Die oberste Aufsicht und Verwaltung des Wienerwaldgebietes wurde einem Waldmeister übertragen. Ihm waren ein Waldschaffer, drei Überreiter, 12 Förster und Forstknechte unterstellt. Der Waldmeister hatte seinen Sitz in Purkersdorf, die Überreiter waren in Purkersdorf, Weidlingau und Hütteldorf stationiert.

Das Schicksalsjahr 1529 und die Reformation

In breiter Front rückten die Türken gegen Wien vor. Der spätere Kaiser Ferdinand I. traf Abwehrmaßnahmen, um die der Stadt immer näher kommenden türkischen Truppen aufzuhalten. Trotzdem gelang es nicht, den Türkenstrom abzuwehren. Noch Ende März 1530 wird der Befehl gegeben, „tote Menschen und Tierkadaver" einzugraben. Aber auch noch 1533 wird in einer Instruktion für den Waldmeister immer noch von den argen Verwüstungen durch die Türken gesprochen.

Ein Jahr nach dem ersten Türkensturm gegen Wien, 1530, ging der Besitz von Hadersdorf an eine sehr umstrittene Persönlichkeit über: an Niklas Piti (auch Pity). Er reichte ein Ansuchen ein, um feinverzierte Ledersachen (Corduan) herzustellen. Dazu wollte er auch Arbeiter aus Italien kommen lassen. Außerdem hatte er die Absicht, in Hadersdorf eine Glashütte zu errichten. Diese Glashütte war tatsächlich schon 1531 in Betrieb, aber der erwartete Erfolg blieb aus. Vielleicht war es die Haltung Ferdinands, der am Wienerwald als Jagdgebiet großes Interesse zeigte und einer mit der Industrialisierung zusammenhängenden Abholzung nicht positiv gegenüberstand. 1532 bewarb sich Piti um das Waldmeisteramt und erhielt es auch für ein Darlehen von 4 000 Rhein. Gulden. In einem Bericht des gleichen Jahres über Hadersdorf gab Piti ein wenig erfreuliches Bild über den Ort; er berichtet von 10 armen Holden und beschrieb den Jagdhof als „ödes Gemäur". Das Schloß Hadersdorf aber verdankte ihm den Wiederaufbau, den er mit großer Intensität vorantrieb. Doch nach wenigen Jahren geriet die Leder- und Glasfabrikation ins Stocken. Piti verlor das Interesse sowohl an der Fabrikation als auch am Schloß und bot es 1539 der Kammer zum Kauf an. Auch die Ablösung des Waldamtes wurde versucht. Für Ferdinand schien aber die Forderung zu hoch gegriffen zu sein, denn die über dessen Auftrag beantragte Schätzung lag unter dem geforderten Betrag, sodaß Piti sich selbst um einen geeigneten Nachfolger umschauen mußte, den er in Hans Friesleben fand. Als Entschädigung für die im Jahre 1533 von Piti bereits bezahlten 4 000 Gulden wurde ihm eine Mautstelle angeboten; 1552 wurde er aus dem Waldamt entlassen. Über seine weitere Tätigkeit herrscht Unklarheit. In den Flurnamen finden sich noch heute Hinweise auf die damalige Glasproduktion, wie „Glashütten", „Glasgraben", „Vier Glaskögel".

Pitis Tätigkeit hatte auch auf die wirtschaftliche Situation der Pfarre negativen Einfluß. Um die Verluste seiner beiden Fabrikationsversuche wettzumachen, versuchte er, sich durch unredliche Spekulationen und Verkäufe von Weingärten und Äckern, die der Pfarre gehörten, schadlos zu halten. Damit verlor aber der eingesetzte Pfarrer jeden finanziellen Rückhalt.

Ein übriges zum Ruin der Pfarre trugen dann noch die Herren von Teuffenbach, Nachfahren eines alten steirischen Adelsgeschlechtes, bei, als sie die Herrschaft Hadersdorf übernahmen: Durch die Teuffenbach, die dem Protestantismus zugewandt waren, wurde Weidlingau nicht mehr mit einem katholischen Priester besetzt, ja sogar die Existenz eines katholischen Pfarrers in Hütteldorf unmöglich gemacht, und es fand sich auch kein Pfarrer, der diese Pfarrstelle hätte übernehmen wollen. 1571 realisierten die Teuffenbachs das dem Adel allgemein zustehende Recht, auf ihren Gütern für sich und ihre Untertanen Gottesdienste ihres Glaubens abzuhalten. Hadersdorf-Weidlingau wurde somit zum Zentrum des Protestantismus. 1582 beauftragte der Klosterrat den Hofrichter von Mauerbach und Pfarrer Pesserer von Hütteldorf (er war 1571 eingesetzt worden), sich um das Pfarrgut in Weidlingau zu kümmern; beide Männer kamen diesem Auftrag nur sehr ungern nach, zumal sie mit Teuffenbach sicherlich nicht in Konflikt geraten wollten. 1588 verkaufte aber dann David von Teuffenbach plötzlich die Herrschaft an Sigmund von Hohenberg zu Pranckh.

Im Zuge der Gegenreformation mußte auch Pfarrer Pesserer von Hütteldorf sein Amt verlassen, denn die Klagen über ihn häuften sich; seine Haltung erschien dem Protestantismus gegenüber als zu nachgiebig. So wurde die Betreuung der Pfarre Weidlingau vorerst den Mönchen der Kartause Mauerbach übertragen. Aber auch die Seelsorgetätigkeit der Mönche war nicht von Erfolg gekrönt, da sie selbst mit großen finanziellen Schwierigkeiten zu kämpfen hatten und viele bei einer Epidemie starben. Auch nach den einigermaßen wieder normalisierten Verhältnissen innerhalb des Klosters war an eine pfarrliche Versorgung der Umgebung nicht zu denken. Daher wurde 1593 die Pfarre Hütteldorf wieder neu ausgeschrieben und schließlich Jacob Gremblinger aus fünf Bewerbern ausgewählt. Kardinal Khlesl versuchte im Jahre 1598, die Pfarre Weidlingau wiederherzustellen, da er vom neuen katholischen Herrschaftsbesitzer keine Schwierigkeiten erwartete. Aber in diesem Punkt irrte Khlesl, da Sigmund von Hohenberg das Patronat und die Herrschaftsrechte in Anspruch nahm.

Nach seinem Ableben kam es zwischen seiner Witwe Lucretia, geb. Concin, und der Kammer zu einem Besitzstreit. Der Tod Hohenbergs hatte erst die Voraussetzung geschaffen, daß Jacob Gremblinger auch in Weidlingau als Pfarrer eingesetzt werden konnte. Er machte die Marienkapelle zu Mariabrunn zum Zentrum des Katholizismus; das Wallfahrtswesen erlebte einen neuen Aufschwung. Gremblingers Interesse wandte sich immer mehr der Weidlingauer Pfarre zu, und er versuchte, das Eigentum der Pfarre zurückzuholen. Aber die Herrschaftsinhaber von Hadersdorf-Weidlingau beharrten weiter auf den Pfarrgütern.

In der „Viertelbeschreibung" der Landesbereitung von 1590/91 findet sich nun die erste erhaltene Aufzählung der Weidlingauer und Hadersdorfer Häuser. Für Weidlingau wurden 20, für Hadersdorf 14 Wohnstätten gezählt. Im Vergleich mit anderen Orten des Wientales waren beide kleine Ortschaften; Penzing hatte zu dieser Zeit 88, Hütteldorf 82 und St. Veit 92 Häuser.

1607 verkauften Ferdinand und Jakob von Concin die Herrschaft an Christoph Strauß. Er war Kammerdiener des Erzherzogs Maximilian gewesen, hatte 1587 einen Adelsbrief erhalten und war 1607 zum Rat Kaiser Rudolfs II. und schließlich zum niederösterreichischen Vicedom und Salzamtmann ernannt worden. Er war mit der Verwaltung aller Güter betraut, die dem Herrscherhaus gehörten. Gegen diesen neuen Herrschaftsinhaber hatte Pfarrer Gremblinger nun den langersehnten Erfolg: Mit einer Vereinbarung von 1612 mußten alle der Pfarre gehörenden Grundstücke an sie zurückgegeben werden. Für solche Grundstücke, die bereits veräußert waren, sollten je 10 Klafter Buchenholz als Abgeltung geliefert werden, eine Verpflichtung, der sich der Nachfolger von Christoph Strauß bald entzog.

Als Pfarrer Gremblinger 1613 starb, vermachte er die Kapelle zu Mariabrunn den Kartäusern in Mauerbach. Diese Letztverfügung stieß aber auf den Widerstand des Passauer Konsistoriums. Ursprünglich wollte man Mariabrunn dem Hütteldorfer Pfarrer Kaspar Großspitz übertragen, 1615 aber wurde Offizial Stredele mit der Pfarre Weidlingau und dem Beneficium Mariabrunn betraut, der nur bis 1618 in diesem Amt tätig war; für ein Jahr war Dr. Hieronymus Widmer sein Nachfolger in Weidlingau. Nach dessen Tod stellte Großspitz als Pfarrer von Hütteldorf nochmals das Ansuchen, das Beneficium Mariabrunn der Pfarre Hütteldorf anzuschließen. Diesem Ersuchen kam man nach, und so wurde ihm Mariabrunn provisorisch übergeben. Allerdings dauerte dieses Provisorium bis 1784.

Daß für Großspitz die Vereinigung dieser beiden Aufgaben doch zu schwierig geworden sein muß, schließt man aus der Tatsache, daß er sich in die Pfarre Roschitz versetzen ließ. 1621 starb Christoph Strauß, Herrschaft und Schloß fielen der Witwe Sophie Strauß, geborene Hutstocker, zu; von den vier Kindern aus ihrer Ehe mit Christoph überlebte nur Wolfgang Jakob, der 1614 Eva Pirckhaimer von Pirkenau ehelichte. Die Hochzeit fand im Dom zu St. Stephan in Wien statt. Wolfgang Jakob starb 1639, und da zu dieser Zeit auch seine Kinder nicht mehr am Leben waren, fiel die Herrschaft wieder an seine Mutter Sophie zurück.

Ordnung in die Pfarrverhältnisse brachte erst Kaiser Ferdinand II., indem er nach der Versetzung von Großspitz 1621 Laurenz Oeren von Arupp als neuen Pfarrer in Weidlingau bestimmte. Arupp war Däne und hatte in Ungarn und an der Wiener Universität studiert. Der Pfarre Weidlingau galt sein Hauptaugenmerk, wo er nach der jahrelangen Unterdrückung der Katholiken durch die Protestanten ein gewaltiges Aufgabengebiet vorfand. Mit Hilfe des „Marienkultes" versuchte er, die protestantische Bevölkerung von Hadersdorf-Weidlingau wieder für den katholischen Glauben zu gewinnen; der Holzbau der Marienkapelle zu Mariabrunn wurde durch einen größeren Steinbau ersetzt. Die Besserstellung des Benefiziums erfolgte durch die Stiftung einer acht Tagwerk großen Wiese. Arupps Ziel war ein Wallfahrtszentrum, das ausreichend mit Geistlichen besetzt werden sollte. Da für ihn allein allmählich die Arbeit zu beschwerlich wurde, trug er sich mit dem Gedanken, einen Teil der kirchlichen Tätigkeit einem Orden zu übertragen. Er wählte die Unbeschuhten Augustiner, die sich bereits große Verdienste um die Bekehrung der Protestanten erworben hatten.

Auch der Kaiserhof bediente sich gerne dieses Ordens und berief Augustiner-Ordensbrüder als Beichtväter an den Wiener Hof.

Für den Orden selbst rückte damit die Verwirklichung des Wunsches, ein Noviziat zu gründen, in greifbare Nähe.

1630 wurde Arupp zum Dompropst von St. Stephan ernannt und trat somit die Nachfolge von Bischof Khlesl an. Im Jahre 1636 ging für den verdienten Pfarrer von Weidlingau endlich ein langgehegter Wunsch in Erfüllung. Er erhielt knapp vor seinem Tod die Erlaubnis zur Errichtung eines Klosters in Mariabrunn. Arupp starb am 12. März 1636 und vermachte testamentarisch dem Kloster ein großes Legat und seine reichhaltige Bibliothek, die allerdings in den Kriegswirren des Türkenjahres 1683 verlorenging. Die alte Marienkapelle, die einer Beschreibung nach „schmal und klein" war, wurde durch einen Neubau ersetzt. Die Grundsteinlegung erfolgte am 1. April 1639. Der Bau ging in jener Zeit politischer Wirren trotz Unterstützung durch den Landesherrn nur langsam voran. Erst am 4. September 1655 wurde die Wallfahrtskirche in Anwesenheit der Kaiserfamilie eingeweiht, die auch an der Herrschaft Hadersdorf interessiert war. 1655 kaufte Kaiserin Eleonora, die zweite Gattin Ferdinands III., die Herrschaft Hadersdorf um 27 000 Gulden. Sie war es auch, die das Schloß restaurieren ließ, den Park mit Zierbrunnen ausstattete und auf einer kleinen Insel im erweiterten Stadtgraben den Pavillon erbaute. Knapp vor ihrem Tod übergab sie das Gut 1686 ihrer Tochter Eleonore Maria. Diese war in erster Ehe mit dem Polenkönig Michael Wisniowiecki vermählt. Nach dessen Tod heiratete sie in zweiter Ehe den berühmten Heerführer Herzog Karl von Lothringen. Sie war also die Großmutter des späteren Gemahls Maria Theresias, Franz Stephan von Lothringen. Die Schwester von Eleonore Maria, Maria Anna, heiratete 1686 den späteren Kurfürsten Johann Wilhelm von der Pfalz. Für das Zustandekommen dieser beiden Heiraten sollen der Lothringer Claudius Franziscus Baron de Canon und der Pfalz-Neuburgische Resident in Wien, Andreas Schellerer, das Schloß Hadersdorf als Geschenk erhalten haben.

In den Jahren nach dem Dreißigjährigen Krieg ging man daran, seine Folgen zu tilgen und auch wieder wirtschaftliche Erfolge zu erzielen. Ihre Voraussetzung waren organisatorische Neuerungen, die auch das kaiserliche Waldamt betrafen. Der unerschöpfliche Reichtum an Bau- und Nutzholz ließ die Region Hadersdorf-Weidlingau zu einem bedeutenden Wirtschaftsfaktor werden. Es erfolgte die Bestandsaufnahme aller Wiesen, Gründe und Neurodungen. Die Zahl der Waldamtshüttler wurde festgestellt. Es handelte sich um die aus allen Teilen des Reiches zugewanderten Holzhacker, denen man den Bau ihrer primitiven „Duckhütten“ gestattete.

1679 war ein schweres Jahr für die Wienerwaldgemeinden. Schon 1678 waren die ersten Pestfälle gemeldet worden. Eine von Dr. Sorbait sofort erlassene Infektionsordnung bewirkte den Rückgang der Sterblichkeitsrate. Die Gegenmaßnahmen hatten aber für die Wienerwaldgemeinden viel zu spät eingesetzt, sodaß die Seuche schon voll ausgebrochen war und die Bevölkerung arg dezimiert wurde. Vor allem die Augustiner-Barfüßer bekämpften die Pest im Bereich des Waldamtes mit großem Einsatz; mit Unterstützung der Hofkammer konnten sie sogar ein kleines „Notspital“ einrichten. Noch heute erinnert eine Denksäule bei Mariabrunn an das Erlöschen der Pest.

Der Türkeneinfall 1683

In den letzten Regierungsjahren Kaiser Ferdinands III. verschlechterte sich zusehends das politische Verhältnis zur Türkei. Ein neuerlicher Ansturm der Türken wurde befürchtet. Um die Bevölkerung zu beruhigen, wurden mit Verordnung Kaiser Leopolds I. vom 10. Juni 1663 sogenannte Fluchtörter geschaffen. Zu den „Fluchtörthern“ zählte auch Schloß Hadersdorf. Wenig ermutigend waren die Visitationsberichte von 1670 über den Zustand der Schanzen zwischen Hadersdorf, Mauerbach, Weidlingau und Purkersdorf. Diese Befestigungen waren zum Teil ganz eingefallen, „die palisaten meistens weckh“. Prof. Schirmböck, der die Lage dieser Befestigungen zu rekonstruieren versuchte, kommt heute zu dem Schluß, daß sie im Mauerbachtal in der Gegend der heutigen Hohen-Wand-Wiese zu suchen sind; die Stoßrichtung war gegen das Wiental gerichtet. In der Gegend des heutigen Gasthofes „Zum grünen Baum“ befand sich ein Vorwerk. Nach ihrem heutigen Erhaltungszustand ist zu schließen, daß diese Wehranlagen von den Türken umgangen wurden und keine Verwendung gefunden haben.

Knapp hinter Weidlingau lag ein zweites Schanzwerk, dessen Vorhandensein heute noch im Flurnamen „Auf der Schanz“ weiterlebt. Von der Anlage selbst ist nichts erhalten geblieben, weil sie durch den Bau der Westbahn zerstört wurde.

Die Befestigungen waren aus Mangel an „Volk“ nicht oder nur teilweise besetzt. Weidlingau hatte von seinen 12 Häusern zwei Leute für Robot zur Verfügung zu stellen und mit 200 Klaftern Holz für den Brennholzvorrat der Hauptstadt zu sorgen.

Ein Mann von großer Entschluß- und Willenskraft rief in diesen Tagen der Ungewißheit und Sorge das Volk mit seinen Predigten zum vollen Einsatz auf. Es war Abraham a Sancta Clara. Bereits im Jahre 1662 war er in den Orden der Augustiner-Barfüßer eingetreten und hatte sein Noviziat in Mariabrunn verbracht.

Aber alle Vorbereitungen konnten das Türkenheer nicht aufhalten, am 13. Juli 1683 nahm es Purkersdorf ein. Fünf Tage später wurden zwei Patres in Mariabrunn von den Türken erschlagen. Man kann annehmen, daß in den dazwischenliegenden Tagen auch Hadersdorf-Weidlingau den Türkensturm zu spüren bekam. Wenn man den Berichten Glauben schenken darf, wurden 19 Häuser in Hadersdorf und 20 Häuser in Weidlingau eingeäschert. Die wenigsten Zerstörungen wies das Schloß Hadersdorf auf. Mit Sicherheit wissen wir, daß 8 Personen in Hadersdorf und 11 Personen in Weidlingau die Kriegswirren überlebt haben.

Der Wiederaufbau vollzog sich sehr schleppend. Ein Besitz, der Verluste aufwies, wurde oft nicht mehr bewirtschaftet oder wechselte den Besitzer. Für Personen, die in Gefangenschaft gerieten, sicherte man ausdrücklich das Besitzrecht für 32 Jahre zu. In der Praxis machte allerdings davon niemand Gebrauch.

Für Weidlingau war die Situation nach Kriegsende ebenso schwierig. Als erschwerend kam hier aber noch die Verwüstung der Fluren und Häuser durch die Hochwasser des Wienflusses hinzu.

Für beide Ortschaften war es eine Frage des Überlebens, die Wiedervergabe der Besitzungen möglichst rasch durchzuführen und vor allem den Bevölkerungsschwund durch neue Zuwanderer auszugleichen. Die Pfarrmatriken zählen in den Jahren 1684 bis 1709 46 Zuwanderer, wobei jene aus der Steiermark an erster Stelle liegen, gefolgt von Niederösterreich, Oberösterreich, Salzburg und Kärnten.

Noch waren die Wunden des Türkensturms von 1683 nicht vernarbt, als die Pest grassierte. Schon nach den in früheren Jahrhunderten aufgetretenen Infektionskrankheiten hatte man erkannt, daß nur „sanitäre Ordnung“ dieser Krankheit Einhalt gebieten konnte. Allein die Behandlungsmethoden waren zum Teil unzulänglich, um eine erfolgreiche Bekämpfung zu erreichen. Die Inhaber der Grundherrschaften in der Umgebung Wiens untersagten ihren Untertanen den Besuch von Märkten in der Stadt, um große Menschenansammlungen zu vermeiden. Man errichtete Siechenhäuser, um die Kranken aufnehmen zu können, wie sie die Augustiner in Mariabrunn bereits 1680 errichtet hatten, und legte Pestfriedhöfe an, wo die Verstorbenen in Kalkgräbern beigesetzt wurden, um die Ansteckung zu bannen. Ein solcher Friedhof wurde beim Straßenbau 1860 westlich der Kirche von Mariabrunn entdeckt. Als 1709 Ungarn von einer Pestepidemie heimgesucht wurde, sperrte man wohl für den Anfang die Grenzen, um sie allerdings 1711 wieder zu öffnen, was sich als schwerer Fehler erwies, denn schon einige Zeit später trat die Krankheit in Wien und Niederösterreich auf und forderte viele Opfer. Die Todesrate lag bei 70% der Erkrankten. Eine statistische Übersicht über die Toten von Weidlingau findet sich in der „Infectionstafel". Es wird von 34 Personen berichtet, die zwischen 10. Juni und 25. August 1713 starben. Die Sterbematrik der Pfarre Hütteldorf berichtet für den Bereich Weidlingau, daß in diesem Zeitraum 42 Tote zu beklagen waren. Auch eine erfreuliche Nachricht ist der „Infectionstafel" zu entnehmen, daß nämlich 16 Personen Heilung fanden. Für Hadersdorf erfahren wir aus der Sterbematrik nur von einem Toten, in der „Infectionstafel" fehlt sogar die Ortschaft, was darauf schließen läßt, daß sie im großen und ganzen von der Pest verschont geblieben war.

Die Herren von Schellerer und Hadersdorf

Nun aber sollte eine Zeit der Ruhe und des Aufbaues folgen. Der Nachweis über den Besitz der Familie Schellerer geht aus einem Güterverzeichnis aus dem Jahre 1689 hervor, worin die Schenkung des Gutes Hadersdorf „mit aller Zugehörung" zu Recht an Claudius Franziscus de Canon und Andreas von Schellerer bestätigt wird. Nachdem aber Claudius Franziscus de Canon schon früher seinen Anteil zurückgelegt hatte, blieb Andreas von Schellerer bis zu seinem Tode im Jahre 1701 Herr von Hadersdorf. Aus der Gegend von Regenstauf in Bayern stammend, war er 1677 Mitglied des Reichshofrates und wurde 1699 Reichsfreiherr. Dem Kaiser Leopold I. machte er sich durch seine finanziellen Transaktionen unentbehrlich, sei es, daß er dem Kaiser Geld vermittelte oder selbst lieh, sei es, daß er Außenstände, wie z. B. die Frankfurter „Judenstrafe", eintrieb. Er war es auch, der das Schloß renovieren ließ.

Nach seinem Tode kam es zwischen seinen Nichten und Neffen zu einem jahrzehntelangen Erbstreit, der erst 1740 mit einem Vergleich abgeschlossen wurde: Der Großneffe Franz Wilhelm Schellerer zahlte die übrigen Erbberechtigten aus und schien 1745 im Gültenbuch als alleiniger Inhaber von Hadersdorf auf. 1744 hatte er die Aufnahme in die niederösterreichischen Stände und später die Würden eines kaiserlichen Rates und Truchsessen erlangt und blieb bis zu seinem Tode 1766 in Hadersdorf ansässig. Ihm ist der letzte einheitliche Umbau des Schlosses zu verdanken.

Im ersten Viertel des 18. Jahrhunderts, während der Regierung Kaiser Karls VI., wurde der Grundstein für das österreichische Straßensystem gelegt. „Was krumm ist, soll gerade, was uneben, soll ebener Weg werden", war das Motto. Die Instandsetzung von Haupt- und Poststraßen und Wegen übertrug man einer Hofkommission. Im Zuge der folgenden Arbeiten wurde auch die Poststraße durch Weidlingau instandgesetzt. 1725 wurde ihre Trasse höher verlegt, wobei ein Teil des Mühlberges abgegraben werden mußte. Während die straßenbauliche Tätigkeit ein neues Landschaftsbild prägte, veränderte sich durch die Errichtung von Neubauten auch der Ortscharakter von Weidlingau. Unter ihnen zeichnete sich ein Objekt ab, das als Gegenstück zum Hadersdorfer Schloß angesehen werden konnte. Es war das Landhaus des Daniel Erasmus von Huldenberg, das er als Rat des Kurfürsten von Braunschweig-Lüneburg und Resident am kaiserlichen Hof in Wien nach Plänen von Johann Bernhard Fischer von Erlach erbauen ließ. 1715 war der Bau fertiggestellt. Von der Schönheit der Anlage, die heute nicht mehr erhalten ist, künden zwei zeitgenössische Stiche. Das Huldenbergsche Landhaus war besonders reich mit plastischem Schmuck ausgestattet. Davon sind noch drei Zwergenfiguren aus Kalkstein erhalten, die ihre Heimstatt im Penzinger Bezirksmuseum gefunden haben. Da seine Gattin schon ein Jahr nach der Fertigstellung des Gebäudes gestorben war, übergab Huldenberg den Besitz seinen drei Töchtern, Maria Franziska Gräfin Caruba, Sophia Carolina und Maria Anna Susanna, die das Landhaus 1745 an Josef de Seliers verkauften. Schon 1751 kam der Besitz an Camillo Graf von Colloredo. Dieser verkaufte ihn nach

13 Jahren an den Obersthofmeister Maria Theresias, den Fürsten Joseph Khevenhüller-Metsch, und dessen Gattin Carolina (1. Juli 1764). Für den Fürsten und seine Familie war, wie seinen Tagebuchaufzeichnungen zu entnehmen ist, dieses Landgut, schon seiner Nähe zu Schönbrunn wegen, als Ruhesitz gedacht. Er veranlaßte verschiedene Verschönerungen und zog dazu Experten aus Wien heran.

Auch historische Begebenheiten vollzogen sich im Landhaus von Weidlingau: 1765 kam Regentin Maria Theresia hierher, um Josepha von Bayern, die zweite Gemahlin Josephs II., nach Schönbrunn heimzuholen. Und 1770 hielt sich auch Maria Antoinette hier kurz auf, bevor sie sich auf die Reise nach Frankreich, zu ihrer Hochzeit mit dem Dauphin, dem späteren Ludwig XVI., begab.

Nach dem Tode des Fürsten Khevenhüller 1776 zog sich seine Gattin nach Wien in das Salesianerkloster zurück. Der Besitz gelangte 1777 an die Fürstin Sidonie Kinsky, 1813 erhielt ihn Franz Rayder; 1814 erwarb das Gut Dr. Josef Steinmetz, und noch im gleichen Jahr gab er es an den Fürsten Franz Joseph von Dietrichstein weiter, in dessen Familienbesitz es bis 1931 verblieb.

Als Maria Theresia 1740, nach dem Tode ihres Vaters, die Regierung antrat, war das Reich wieder am Rande des Krieges. Obwohl die Pragmatische Sanktion von vielen europäischen Staaten anerkannt wurde, wollten wieder andere Maria Theresia die Erbfolge streitig machen. Es kam schließlich zur militärischen Konfrontation. Als 1741 Bayern und Sachsen mit französischer Hilfe Österreich den Krieg erklärten und Oberösterreich kampflos besetzten, schien auch Niederösterreich gefährdet, und man ging eiligst daran, Schanzwerke zu errichten. Reste dieser Schanzen können noch heute am Rehgrabenberg und am Buchberg festgestellt werden.

Der Erbfolgekrieg bedeutete für das Land auch eine schwere finanzielle Belastung. Maria Theresia mußte sich in dieser Notsituation an die Stände wenden und sie um Geld bitten. Diese Bitte brachte dem Aerar 600 000 Gulden ein. Dafür erhielten die Niederösterreichischen Landstände ein Drittel der von den Untertanen bezahlten Landsteuer. Die Herrschaftsinhaber ihrerseits mußten dann dieses Drittel den Ständen abkaufen. Im Fall von Hadersdorf war beispielsweise die Situation so, daß Franz Edler von Schellerer im Jahre 1756 einen Betrag von 14 Gulden, 7 Schilling und 30 Pfennig leisten mußte.

Maria Theresias Sorge galt vor allem der Lösung von inneren verwaltungstechnischen Problemen: Sie versuchte nun, dem „Jagdunwesen" Einhalt zu gebieten. Grund dafür war wohl die große Jagdleidenschaft ihres Vaters, Karl VI., und ihres Gatten, Franz Stephan von Lothringen. Bisher war es auch wegen des Eindringens von Wild in Gärten und Grundstücke immer wieder zu Zwistigkeiten zwischen Grundherren und Jägern gekommen. Mit Dekret vom Jahre 1744 wurde nunmehr der Bevölkerung die Umwandlung von Wiesen in Äcker und das Umzäunen der Gärten mit nach oben hin zugespitzten Zaunpfählen untersagt.

Die Bewohner von Weidlingau, Hadersdorf, Purkersdorf und Hainbach reagierten mit einer Beschwerdeschrift an Maria Theresia. Vom Grundherrn Franz Wilhelm von Schellerer wurde ihnen schließlich Maria Theresias Antwort übermittelt, die einschränkte, daß jeder seine Grundstücke mit hohen Zäunen umgeben könnte, nur dürften die Pfähle oben nicht zugespitzt sein. Die trotz erlassener Verordnungen auftretenden Streitigkeiten dürften schließlich Maria Theresia bewogen haben, ein begrenztes Jagdrevier zu schaffen: Als die Wienerwaldforste 1755 in Staatsbesitz übergingen, behielt sich daher das Herrscherhaus ein Gebiet zwischen Lainz und Weidlingau als Jagdrevier zurück. Dieser Bereich wurde dann ab 1772 mit „allerhöchster Willensäußerung" als ein nach allen Seiten abgeschlossener Tiergarten eingerichtet. Noch vorhandene Enklaven wurden entweder gekauft oder gegen andere Grundstücke getauscht. Im Jahre 1777 grenzte man dieses Waldamtsgebiet mit 800 Steinen ab.

Von 1781 bis 1938 hatte der so entstandene „Lainzer Tiergarten" eine Ausdehnung von 2 576 ha und war mit einer 24,2 km langen Mauer umgeben. Der Auhof blieb Sitz der Aufsichtsbehörde und Ausgangspunkt für Hofjagden.

Eine Verwaltungsmaßnahme aus der frühen Regierungszeit Maria Theresias, die vor allem dazu diente, die Steuereinnahmen des Staates zu heben, war eine Steuerregulierung, die von 1749 bis 1754 durchgeführt wurde. Sie sollte eine gerechtere Verteilung der Lasten bringen und Adel und Geistlichkeit einer stärkeren Besteuerung unterziehen. Diese „Maria Theresianische Fassion" gibt einen Überblick über den damaligen Hausbestand der einzelnen Orte. Hadersdorf verzeichnete 18 Häuser mit einem Schätzwert von 1 000 Gulden, in Weidlingau waren es 22 Häuser mit einem Schätzwert von 2 187 Gulden. Die Schätzung der Überlandgründe im Hadersdorfer Bereich betrug 964 Gulden, jene für Weidlingau 2 996 Gulden. Die Qualität aller Gründe reichte von „mittel bis schlecht“, was nicht für gute Lebensbedingungen spricht. Der Schätzwert betrug insgesamt 25 763 Gulden. Die Theresianische Fassion diente für Hadersdorf-Weidlingau bis 1853 als Grundlage der Besteuerung.

In die zweite Hälfte des 18. Jahrhunderts fiel der Tod des Herrschaftsinhabers Franz Wilhelm von Schellerer (1766). Das Erbe trat seine Tochter Maria Theresia an. Sie war verheiratet mit dem Erbpostmeister Josef Weber von Fürnberg, dem Erbauer der „Alten Post“ in Purkersdorf. Ihr Interesse an der Herrschaft Hadersdorf schien aber nicht sehr groß gewesen zu sein, denn 1775 verkaufte sie diese an Johann Baptist von Liechtenstern. Aber auch für ihn bedeutete Hadersdorf nur ein gewinnbringendes Geschäft. Vielleicht hatte er auch im Auftrag der Regentin Maria Theresia die Transaktion durchgeführt. Fest steht jedenfalls, daß Hadersdorf für ihn nicht zur ständigen Bleibe wurde, denn 1777 kaufte Ernst Gideon Freiherr von Laudon den gesamten Besitz der Herrschaft Hadersdorf. 150 Jahre lang sollte dieser Besitz in den Händen der Familie Laudon verbleiben.

Laudon hatte das Äußere des Schlosses nicht verändert, aber dafür die Innenräume entsprechend ausschmücken lassen. Außerdem hatte er den Garten erweitert und neu gestaltet. Nach dem Tode von Ernst Gideon Laudon im Jahre 1790 übernahm seine Witwe Clara, geborene von Hagen, das Erbe. Sie lebte bis 1806 in Hadersdorf. Nach ihrem Tod fiel die Herrschaft ihrem Neffen, Alexander Freiherr von Laudon, zu. Er war k. k. Feldmarschalleutnant und Ritter des Militär-Maria-Theresien-Ordens. Ihm folgten sein Sohn Oliver (1795—1881) und sein Enkel Ernst (1832—1915).

Nach dem Zusammenbruch der Monarchie zogen sich die Mitglieder der Familie Laudon auf ihr Gut Bistritz in Mähren zurück, und das Schloß Hadersdorf kam in den Besitz der Familie Dr. Otto Parneggs. Von 1945 an blieb es für 10 Jahre von russischem Militär besetzt. Der nach Versteigerung des Mobiliars beinahe leerstehende Gebäudekomplex ging dann für kurze Zeit in den Besitz der Erzdiözese Wien über, bis das Schloß schließlich 1961 von Konsul Alfred Weiß, dem Inhaber der Kaffee-Import-Firma „Arabia“, übernommen und als Hotel revitalisiert werden konnte. Heute ist dort die Verwaltungsakademie des Bundes untergebracht.

Welche Auswirkungen die Franzosenkriege auf das Gebiet von

Hadersdorf-Weidlingau hatten, konnte nicht genau festgestellt werden. Bekannt ist, daß die Truppen des französischen Marschalls Murat im Gebiet zwischen Purkersdorf und Mariabrunn lagerten. Großen Schaden erlitten damals vor allem Kirche und Kloster von Mariabrunn, die von den feindlichen Truppen geplündert und in ein Magazin umfunktioniert wurden. Als man daranging, auch die Wälder abzuholzen, griff die Bevölkerung zur Selbsthilfe und erschlug einige sich in den Wäldern herumtreibende Franzosen. Im Mai 1809 kam es zu einem schweren Gefecht bei Hadersdorf. Weidlingau und Purkersdorf mußten die Verproviantierung der französischen Truppen übernehmen und täglich 12 Pferde für Postzwecke zur Verfügung stellen. Im Kloster wurde ein Militärspital eingerichtet, in dem bis zu 400 Kranke Aufnahme finden konnten. Bei einer zur Feier des Kriegsendes veranstalteten Hofjagd waren sogar 21 gekrönte Häupter anwesend.

Die Beendigung der Franzosenkriege brachte für Hadersdorf-Weidlingau einen gewaltigen Aufschwung. Ein Beweis für die günstige Entwicklung mag darin zu sehen sein, daß sich die Anzahl der Häuser verdreifachte und die Einwohnerzahl auf 724 Personen stieg. Der Großteil der Bewohner von Hadersdorf war mit der Holzverarbeitung beschäftigt, da 79% des rund 1 750 ha großen Gebietes Waldbestand war. In Weidlingau war über ein Viertel der rund 90 ha großen Fläche Weideland. Der restliche Teil gliederte sich in 18% Äcker, 17% Wiesen und nur 1% Wald.

Dementsprechend befanden sich in Hadersdorf zu Beginn des 19. Jahrhunderts u. a. 18 Holzhauer und acht Taglöhner, in Weidlingau hingegen zehn Bauern und sechs Taglöhner.

Natürlich ließen sich auch verschiedene Gewerbe, die für das tägliche Leben notwendig waren, wie Bäcker, Greißler, Gastwirte, Tischler, Schlosser, Schuster, Schneider, Weber, Zimmerleute, Milchhändler und Fleischhauer, in den Gemeinden nieder.

Mit dem Jahr 1848 trat eine Änderung der Besitzverhältnisse ein: Die jahrhundertelange Untertänigkeit der Bauern wurde aufgehoben. Das bedeutete aber auch das Ende für viele kleine Grundherrschaften. Die Bautätigkeit wurde forciert, und zu diesem Zwecke wurden Wiesen in Bauland umgewandelt. Auch Oliver von Laudon konnte sich dem Zwang der Zeit nicht entziehen und mußte eine Reihe von Grundstücken verkaufen. Aber die meisten Verkäufe von Liegenschaften und Gründen machte erst der Bau der „Kaiserin-Elisabeth-Westbahn“ notwendig. Mit der Eisenbahn, die

die Entfernung zur Stadt zeitlich verkürzte, kamen neue Siedler in das Gebiet, errichteten Neubauten und veränderten damit das Ortsbild. Trotz der Einnahmen, die man durch den Verkauf von Bauland erzielte, schien Oliver von Laudon mit der Errichtung von Neubauten auf seinen ehemaligen Gründen nicht einverstanden gewesen zu sein, denn er stellte bei einigen Verkäufen die Bedingung, daß erst nach seinem Tode gebaut werden dürfe. Aber auch diese Maßnahme verhinderte nicht, daß sich die Häuserzahl von Hadersdorf-Weidlingau innerhalb von 30 Jahren mehr als verdoppelte. 1854 waren es schon 117 und 1886 bereits 256 Häuser. Auch in verwaltungstechnischer Hinsicht gab es mit Beginn der zweiten Hälfte des 19. Jahrhunderts umfangreiche Veränderungen. An die Stelle der Ortsrichter, die früher der Grundherrschaft unterstanden, trat nun im Rahmen des neuen Gemeindegesetzes vom 26. Juli 1851 ein Gemeindevertreter — der Bürgermeister. Für Hadersdorf-Weidlingau war der erste gemeinsame Bürgermeister Johann Benn (1851—1860). Die Gemeinde wurde der neu errichteten Bezirkshauptmannschaft Hietzing eingegliedert und gehörte zum Gerichtsbezirk Purkersdorf.

Hadersdorf-Weidlingau entwickelte sich in der Zeit vor der Jahrhundertwende zur beliebten Sommerfrische. Viele Adelige und begüterte Wiener Bürgerfamilien besaßen hier ihre Sommerhäuser oder erwarben günstig ein Stück Land. Der Ort wurde zur bevölkerungsstärksten Gemeinde an der Wien. Von der Jahrhundertwende bis in die dreißiger Jahre des 20. Jahrhunderts hatte sich die Bevölkerung mehr als verdoppelt. Die Häuserzahl war von 353 auf 1 281 angewachsen.

Mit dem Gesetz über Gebietsveränderungen im Lande Österreich vom 1. Oktober 1938 wurde Hadersdorf-Weidlingau der Stadt Wien eingegliedert und somit Teil des 14. Wiener Bezirkes.

Heute bietet Hadersdorf-Weidlingau ein verändertes Bild. Verbauung und Technik haben auch hier ihre Herrschaft angetreten. Breit dehnt sich das Band der Autobahnauffahrt bis an den Rand des Waldes. Die beschauliche Stille von einst mußte heute dröhnendem Autolärm weichen. Und doch ist noch Landschaft da. Heimito von Doderers Tagebuchaufzeichnung aus dem Jahre 1951 hält fest: „... das ist Weidlingau-Hadersdorf. Der Mühlberg. Das Wurzbachtal: so lieblich, daß man selbst im Vorbeifahren mit dem Zuge Pan's süßes Spiel zu hören vermeint: aus dem Innersten der Wälder; aus dem Innersten unserer Jugend."

4. Hütteldorf

Hütteldorf hat sich bis heute eine gewisse ländliche Atmosphäre bewahrt. Schon im Jahre 1805 schreibt Franz Gaheis in seinen „Wanderungen und Spazierfahrten in die Gegenden um Wien“: „Hütteldorf ist um Vieles ländlicher als Hietzing, und um Vieles städtischer als Burkersdorf...“, und an anderer Stelle heißt es: „Hütteldorf ist ein ziemlich großes Dorf von wenigstens 104 Häusern ... und liegt ganz in der Nähe von Gegenden, die man sich nicht reitzender wünschen könnte.“ Damit charakterisierte er mit wenigen Worten das Wesen dieses Dorfes.

Am Rande des östlichen, vom Wienfluß gebildeten Tales liegend, ist das Dorf gegen Norden und Süden durch mittlere Anhöhen abgeschirmt. Seine besondere geographische Lage hat auf die Entwicklung Hütteldorfs großen Einfluß genommen. Ursprünglich war in diesem Gebiet der Waldbestand vorherrschend. Erst später wurde der Wald gerodet und der Boden für den Ackerbau kultiviert. Trotzdem ist der Ort durch viele Jahrhunderte ein Walddorf geblieben.

Für die Siedlungskontinuität in der Umgebung von Hütteldorf sprechen die Funde, die hier im Laufe der Jahrhunderte gemacht wurden.

Große Kolonisationsvorstöße aus dem Westen haben das Siedlungsgebiet an den Hängen unterhalb des Wienerwaldes, zu denen auch Hütteldorf zählt, völlig verändert. Die erste Kolonisation, um 800 von den Karolingern ausgehend, wurde durch die ständigen Magyareneinfälle bald zunichte gemacht. Erst die große babenbergische Kolonisation von ca. 1000 bis 1200 n. Chr. hat für die Entwicklung des Hütteldorfer Siedlungsraumes entscheidende Bedeutung erlangt. Diese Kolonisationswelle, die, von der Traisen ausgehend, bis nach Hainburg reichte, bot die erste Voraussetzung für eine gezielte Besiedlungspolitik.

Ähnlich wie Baumgarten entstand der Ort an der Linzer Straße, wobei natürlich wieder der verkehrstechnische Aspekt von Bedeutung war. Anfänglich ein Zeilendorf, entwickelte sich der Ort bald zu einem Straßendorf; beiderseits der Verkehrsader nach dem Westen, der Linzer Straße, erstreckten sich die Häuserzeilen, wobei der alte Ortskern im Bereich zwischen der heutigen Rosentalgasse im Osten und der Hüttelbergstraße im Westen zu suchen ist. Die ursprüngliche Begrenzung des Ortes waren im Westen der Halterbach und im Osten der Rosenbach. Beide Bäche mündeten, nur wenige hundert Meter voneinander entfernt, in den Wienfluß und stellten schon in frühester Zeit durch die bei starken Regenfällen stets plötzlich auftretenden Überschwemmungen besonders für den südlichen Ortsteil eine große Gefahr dar. Bei dem ursprünglichen Zeilendorf darf angenommen werden, daß es im Zuge einer planmäßigen Kolonisation unter grundherrschaftlicher Leitung angelegt wurde. Es befand sich an der nördlichen Straßenseite und zählt anlagemäßig zu den sogenannten Sammelsiedlungen; das heißt, der Ort besteht „aus den Siedlungsstätten (Gehöften) mit den unmittelbar an diese anschließenden Hausgärten ...". „Siedlungsstätten und Hausgärten gehören zu einer Hufe und zählen zu einer Wirtschaftseinheit, die einem Besitzer zugeteilt ist. Sie befinden sich auf einer einheitlich geschlossenen Fläche (Parzelle), deren Form vielseitig sein kann, jedoch meist einem regelmäßigen, langgestreckten Rechteck entspricht, wovon in der Regel der Garten zwei Drittel der Gesamtfläche einnimmt." Heute noch ist die schmale, rechteckige Parzellenform zu erkennen, an deren Schmalseite sich die Wohngebäude befinden.

Für das 12. Jahrhundert gibt es Hinweise, daß im Raum Hütteldorf bereits Weingärten angelegt wurden. Die Siedlung selbst wird allerdings erst Ende des 13. Jahrhunderts als Weinort genannt. In den nachfolgenden Jahrhunderten wurden die Weinkulturen immer mehr ausgebaut. Schließlich wurden die Kulturen zur Gänze aufgelassen und damit das Landschaftsbild vollkommen verändert.

Was die erste urkundliche Nennung des Ortes betrifft, so findet sich in einer Formbacher Tradition, dem Codex Traditionum Monasterii Formbacensis von ca. 1170, der Hinweis auf einen der Donatoren des Stiftes, auf den „Werinhard de Ötendorf".

In dieser Urkunde wird berichtet, daß Wernhard von Hütteldorf (Ötendorf) dem Kloster Formbach ein Grundstück bei der Wienfurt übergibt. In der Zeugenreihe werden Wolfger de Hiezingen, Wolfger de Gotinesvelde und de Hackingen genannt. Diese Fakten lassen eindeutig den Schluß zu, daß diese urkundliche Nennung mit dem Ortsnamen Hütteldorf in ursächlichem Zusammenhang steht. Der Name des Ortes dürfte möglicherweise von Outo oder

Ute hergeleitet werden und ist deshalb auf Grund von neuesten Forschungen mit der Otakarischen Sippe in Verbindung zu bringen; seine Entstehungszeit wäre demnach in das 8. Jahrhundert zurückzuverlegen. Heinrich Weigl, Ferdinand Opll und Klaus Lohrmann geben die erste urkundliche Nennung des Ortsnamens als „de Utendorf" mit den Jahren 1156—1171 an.

Diese verschiedenen Auffassungen scheinen gleichsam ein Spiegelbild der mannigfaltigen Schreibweise des Namens Hütteldorf zu sein, wobei ein Ort gleichen Namens im Gerichtsbezirk Mistelbach immer Anlaß zu Verwechslungen gibt.

In der Bevölkerung herrschte die weitverbreitete Auffassung, daß die Ortsbezeichnung „Hiadldorf" von einer Kopfbedeckung, einem kleinen Hut, dem sogenannten „Hiadl", herstamme.

Nach neuesten Forschungen soll sich das Geschlecht der Hütteldorfer in drei Gruppen aufgliedern. Hier gab es eine Familie, die 1260 mit Ulrich de Hittendorf erstmals Erwähnung findet. Das Geschlecht endet mit Dietrich von Hüttendorf und Braid im Jahre 1389. Ein anderes Geschlecht waren die „Hüttendorfer zum Freyenthurm", das 1478 mit Philipp und Katrein zum ersten Male aufscheint und im Jahre 1660 erlischt. Allerdings darf dieses Geschlecht nicht nur in Hütteldorf angenommen werden. Eine dritte Familie ähnlichen Namens lernen wir erst im 17. Jahrhundert kennen. Sie beginnt mit Johann Oswald Hartmann von Hütteldorf, welcher 1668 von Kaiser Leopold I. mit den Gütern von Hütteldorf belehnt wurde. Bald danach erfolgte seine Erhebung in den Adelsstand. Dieses Geschlecht erlosch schon 1742. Trotz Fehlens von urkundlichen Belegen darf angenommen werden, daß auch die Formbacher im Raum Hütteldorf Grundbesitz hatten. Über ihre Besitzverhältnisse sind nur sehr spärliche Nachrichten erhalten. Als urkundlicher Nachweis gilt eine Schenkung von Herzog Heinrich II. an den Grafen von Burghausen aus dem Jahre 1156. Die Liegenschaft wird im Bereich des Kleinen Heuberges oder des Haltertales vermutet.

Erst im 14. Jahrhundert gibt es eine genauere Besitzdarstellung. Hier ist vor allem das Heilig-Geist-Spital zu nennen, das 1294 als Wald- und Wiesenbesitzer im Raum Hütteldorf urkundliche Erwähnung findet. Der extensiven Wirtschaftspolitik dieses Spitals war es schließlich zuzuschreiben, daß weitere Grunderwerbungen getätigt wurden. 1321 ging der Waldbesitz am „Ütelberge" in das Eigentum des Spitals über. Jedoch schon 1354 wurde der gesamte

Besitz im Raum Hütteldorf an Herzog Albrecht II. verkauft, der ihn „zu seiner Ahnen Seelenheil" dem Wiener Frauenkloster St. Clara vermachte.

Einen anderen Besitzer in Hütteldorf sehen wir in Wolfger von Awe, welcher in den Jahren 1306 und 1311 seinen reichen Besitz an Weingärten an den Hl.-Geist-Konvent sowie an den Ritter-Herrn Greiffen „herrn Greiffen sun von Wien" und an „Heinrich von Haekinge" (worunter der Ort Hacking zu verstehen ist) veräußerte.

Heinrich von Haekinge hatte den Besitz seiner Tochter Elsbeth als Mitgift in ihre Ehe mit dem Greiffen von Rodaun gegeben, jedoch die Liegenschaft nach dem Tod des Schwiegersohnes an Gundacker von Passau verkauft. Im Jahre 1334 kam ein Kauf mit Bewilligung des Landesfürsten zustande. Reinprecht, Heinrich und Friedrich von Wallsee erwarben Zehente, Bergrecht und die Vogtei in Hütteldorf von den Brüdern Friedrich und Ulrich Werner. Am 13. Dezember 1398 stiftete jedoch der Sohn Reinprechts, Friedrich von Wallsee, den ganzen Besitz dem Kloster Säusenstein für eine ewige Requiemmesse und einen Jahrtag. Diese Stiftung hatte weitreichende Bedeutung, sie ist als Basis für die umfangreichen Besitzungen des Klosters Säusenstein in Hütteldorf anzusehen. Der ansehnliche Besitz der Säusensteiner bestand durch viele Jahrhunderte bis zur Klosteraufhebung durch Joseph II.

Ein Geschlecht, das für die Errichtung der Penzinger Pfarrkirche von Bedeutung war, sollte auch für den kleinen Ort Hütteldorf am Rande des Wienerwaldes bestimmend werden: die Familie der Zolre von Rodaun, die zu Beginn des 14. Jahrhunderts als „Großgrundbesitzer und Lehensherren" in Hütteldorf urkundliche Erwähnung finden. Aus einer Urkunde des Jahres 1321 geht hervor, daß Greiffe der Zolre von Rodaun mit seiner Frau Agnes und Wernher von Staerein mit seiner Frau Katrein ihr gesamtes Eigentum und das landesfürstliche Lehen, worunter ihr Besitz in Hütteldorf und Baumgarten zu verstehen war, an Gerunge von Traebense (Trübensee) verkauften.

Von besonderem Interesse in der Urkunde ist die Beschreibung der einzelnen Objekte. Dabei treffen wir auf eine Kostbarkeit, die sich bis heute erhalten hat: die Niklaskapelle, jene Kapelle, die heute noch im Lainzer Tiergarten steht und unter dem Namen Eustachiuskapelle bekannt ist. Genaues über die Gründung ist jedoch nicht zu erfahren.

Die Lage der Kapelle ist wahrscheinlich auf die geographische Beschaffenheit der Wientalenge zurückzuführen. Auf der einen Seite liegt der Wolfersberg und ihm gegenüber der Nikolaiberg, ein Teil des heutigen Lainzer Tiergartens. Der Wienfluß, mitunter nach schweren Regenfällen zu einem reißenden, alles verschlingenden Strom geworden, durchfließt diese Enge. Vor der Regulierung trat er häufig aus seinen Ufern und überschwemmte weite Teile des Landes. Es war bekannt, daß die genannte Enge die gefährlichste Stelle bildete. Es ist daher kein Zufall, daß man gerade hier, hoch über dem Wienfluß, am Hange des Berges, eine Kapelle zu Ehren des Wasserpatrons Nikolaus errichtete, um durch Fürbitte des Heiligen die gefährlichen Überschwemmungen abzuwenden.

1324 ist wieder die Rede von der Nikolaikapelle. Magister Heinrich, der Pfarrer von Laa, tritt als Provisor dieses Gotteshauses auf. Er übertrug die Kapelle mit ihren Einkünften dem Vikar Nikolaus in Penzing gegen Zahlung von 5 Pfund an den vier Quatembertagen. Es ist ferner anzunehmen, daß der zur Kapelle gehörige Hof, in dem der Vikar zu residieren hatte, in Hütteldorf gelegen war und daß dieser die Bewohner von Hütteldorf seelsorglich zu betreuen hatte.

Auch ist anzunehmen, daß es sich um ein Benefizium gehandelt hat, das wahrscheinlich von dem Geschlecht der Zolre von Rodaun gestiftet worden war. In einer Verkaufsurkunde aus dem Jahre 1330 ist interessanterweise von der Veräußerung des Lehensrechtes der Kirche zu Hütteldorf an Gerunge von Traebense die Rede. Ob es sich hier um eine Kirche im Bereich von Hütteldorf gehandelt hat, kann jedoch urkundlich nicht festgestellt werden.

Die Gründung der Pfarrkirche von Hütteldorf erfolgte erst 1356. Aus der Gründungsurkunde geht nicht hervor, ob bereits ein Patrozinium bestand, das von der nunmehrigen Pfarre hätte übernommen werden können. Wahrscheinlich ist die im Jahre 1330 erwähnte Kirche in Wirklichkeit eine kleine Kapelle gewesen, ähnlich dem Gotteshaus St. Nikolai auf der Hackinger Seite. Der Lehensherr dürfte nicht viel Interesse an dieser Kirche gezeigt haben, sonst würde das Bestreben nach einer selbständigen Pfarre nicht vorherrschend gewesen sein. Und diese war im Rahmen der kirchlichen Organisation im 13. und 14. Jahrhundert bei der zunehmenden Besiedlung des westlichen Wientals eine Notwendigkeit geworden. In der Gründungsurkunde vom 8. September 1356 steht zu lesen:

„Ich, Wernhard, Forstmeister des Wienerwaldes ... sehe, daß der Ort Utelndorf (Hütteldorf) und seine Bewohner von ihrer Mutterkirche in Penzing so weit entfernt sind, daß die Pfarrangehörigen dieses Ortes die Pfarre nicht ohne große Mühe erreichen ... wünsche, in dem genannten Ort Utelndorf eine Kirche zu Ehren des heiligen Apostels Andreas zu errichten." Sie sollte in Hinkunft „für sich abgeteilt" eine Pfarr- und Mutterkirche des Volkes sein, das Begräbnisrecht und jeglichen Anteil an Spenden erhalten und alle pfarrlichen Rechte ausüben. Der Patron aber sollte der vorgenannte Forstmeister Wernhard sein, mit dem Recht, dem Diözesanbischof für diese Kirche, sofern sie vakant ist, eine geeignete Person zu präsentieren. Der Pfarrer hatte der Pfarrkirche in Penzing jährlich 7 Pfund Wiener Pfennige zu bezahlen. Die Begrenzung des Pfarrsprengels kann nur vermutet werden und war durch das Aufstellen von Denksäulen, Wegkreuzen oder Marterln gekennzeichnet. Im Westen stand bis ca. zum Jahre 1885 beim Gasthof „Wolf in der Au" eine Mariensäule, die man später in den Garten des Hauses Hauptstraße 124 versetzte. Im Süden befand sich eine Denksäule aus dem 17. Jahrhundert bei der Hackinger Furt. Auch diese Säule wurde versetzt. Sie befand sich dann hinter dem Stationsplatz der ehemaligen Verbindungsbahn, wo sich heute der Bau des Bahnhofes Hütteldorf-Hacking erhebt. Dann hatte sie am Promenadenweg Platz gefunden und wurde beim Bau der Stadtbahnschleife abermals versetzt, und zwar in die Parkanlage neben der Hackinger Volksschule. Eine andere Säule, die als Begrenzung des Sprengels angesehen werden kann, stand an der Ecke Linzer Straße — Deutschordenstraße; bei Errichtung des Gemeindebaues mußte sie nur um einige Meter versetzt werden und ist daher noch heute vorhanden. Eine vierte Säule, die ihren Standort in den Weinbergen am Südabhang des Satzberges hatte, konnte bis heute nicht mehr aufgefunden werden.

Der Gründer der Pfarre Hütteldorf, Wernhard Schenk, war zu jener Zeit ein angesehener Mann. Er war nicht nur herzoglicher Forstmeister, sondern galt auch als Vertrauensperson der Herzöge Albrecht II. und Rudolf IV. Die Bedeutung der Persönlichkeit wird schon durch den Namen „Schenk" offenkundig. Die meisten der sogenannten „Schenken" bekleideten als Ministerialen höhere Ämter. Was den Ursprung der zu jener Zeit angesehenen Familie anbelangt, ist davon auszugehen, daß die „Schenken" neben den Haimonen zu den vier bedeutendsten Adelsgeschlechtern des 14. Jahrhunderts in der Umgebung Wiens zählten. 1352 tätigte er mit Zustimmung Herzog Albrechts den Verkauf von zwölf Tagwerk Wiese zu Hadersdorf an den Prior der Kartause Mauerbach, was bestätigt, daß Wernhard Schenk von Ried als herzoglicher Forstmeister schon sehr begütert gewesen sein muß. Die kirchliche Topographie weist für das Jahr 1356 den Verkauf von einem Pfund Bergrecht auf dem Haus des Wernhard, an der langen Mauer in Hütteldorf gelegen, auf. Daraus läßt sich ableiten, daß Wernhard auch in Hütteldorf gewohnt hat. Was es jedoch mit der „langen Mauer" auf sich hatte und welche topographische Lage damit gemeint war, kann bis heute nicht festgestellt werden.

Wernhard Schenk von Ried, Hütteldorfs Pfarrgründer, war eine profilierte Persönlichkeit; seine Beziehungen zu den Herzögen von Österreich müssen von großer Treue geprägt gewesen sein, denn in seinem Testament vom 25. Oktober 1362 vermachte er seinen ansehnlichen Besitz, den er mit Umsicht verwaltet hatte, sowie seine „Festen und Güter" den Herzögen von Österreich. Wernhard starb im Jahre 1364, sein Grabstein befand sich bis zur Demolierung der alten Pfarrkirche von Hütteldorf dortselbst.

Das Testament Wernhard Schenks wurde von seiner Familie angefochten. Die Hinterbliebenen waren seine zweite Frau, Weibli von Ortenberg, und eine Tochter Johanna, die wahrscheinlich aus erster Ehe stammte und mit Chunrat von Lichtenekke vermählt war. Der Streit endete schließlich mit zwei Vergleichen. Witwe und Verwandte leisteten am 3. März 1365 Verzicht auf alle Ansprüche zugunsten der Herzöge von Österreich, die die hinterlassenen Güter Wernhards und deren testamentarische Überantwortung an die Herzöge betrafen. Davon ausgenommen waren die Feste Rodaun und 600 Pfund Wiener Pfennige auf der Feste Schranawatten. Ein sehr ähnlicher Brief vom 11. August 1366 gibt uns Aufschluß über den Verzicht der Tochter Johanna nebst ihrem Gemahl auf die von ihren Eltern und von Ulrich von Traebense geerbten Güter; hier waren wieder die Feste Rodaun und die Güter und Gülten zu Wyrmla, Pottingen und Enczingen ausgenommen.

Diese Urkunden zeugen von der Besitzfülle des Wernhard Schenk, sie zeigen uns aber auch die ökonomischen Grundlagen, die für die Entwicklung von Hütteldorf von entscheidender Bedeutung waren.

Das 14. Jahrhundert war im großen und ganzen für die Bevölke-

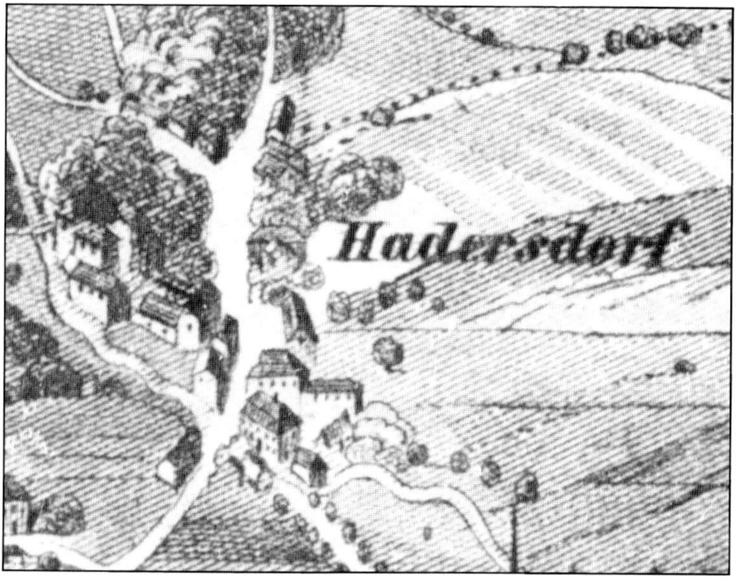

Franz Schweickhardt von Sickingen, Perspektiv-Karte des Erzherzogthums Oesterreich unter der Ens, um 1840 (Ausschnitt Hadersdorf)

Franz Schweickhardt von Sickingen, Perspektiv-Karte des Erzherzogthums Oesterreich unter der Ens, um 1840 (Ausschnitt Hütteldorf)

Kirche „Am Steinhof"

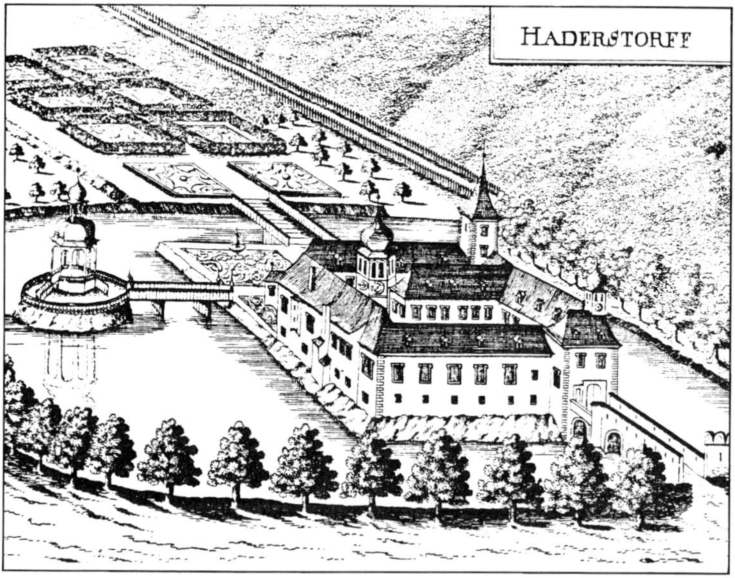

Georg Matthäus Vischer, Schloß Hadersdorf um 1670

Ansicht von Schloß Hadersdorf. Stich von Johann Ziegler nach der Zeichnung von Lorenz Janscha, um 1780

Hugo-Breitner-Hof, Linzer Straße 299—329

rung Hütteldorfs eine eher ruhige Zeit; im dörflichen Bereich gibt es kaum entscheidende Umgestaltungen. Die Dorfbewohner gehen der Landwirtschaft und Viehzucht nach, der Abgabendienst zum Grundherrn erhält ein rechtlich fundiertes Gefüge, die Ansätze für eine geordnete Verwaltung sind bereits vorhanden.

Der damals regierende Landesfürst war Herzog Rudolf IV., der Stifter. Mit diesem Herrscher verbindet sich die älteste Sage im Raum Hütteldorf, die von Thomas Ebendorfer aufgezeichnet wurde, die Sage vom Glutthaffen:

„Da gab es einen Kleriker, der sich der Kunst rühmte, Geister beschwören zu können. Um dies dem Landesfürsten Herzog Rudolf vor Augen zu führen, nahm er ihn mit in den Wienerwald zu einem Berg, der ‚Glutthaffen' genannt wurde. Dort lebte seit langer Zeit eine alte Hexe, welche Kohlen brannte. Der Kleriker vollführte nun eine alte Zauberbeschwörung. Er zog um sich und den Fürsten einen Kreis. Auf ein verabredetes Zeichen begann die Hexe schrecklich anzuhörende Sprüche zu murmeln. Dann blies sie in die glühenden Kohlen, daß die Funken sprühten. Dem Herzog war dies zuviel. In seinem Zorn rief er aus: ‚Ich werde diesen Spuk samt dem Geisterbeschwörer ergreifen lassen!' Er befahl tatsächlich, die alte Hexe samt dem geisterbeschwörenden Geistlichen in Säcke einzunähen und sie zu ersäufen. Der Kleriker ergab sich in sein Schicksal, doch verlangte er, daß ihm vor seinem Tod noch die Beichte abgenommen werden möge. Der Herzog lehnte dies schroff ab. Da schrie der Geistliche: ‚Du verweigerst mir das Sakrament der Kirche, obwohl ich sterben muß, darüber werde ich dich zur Rechenschaft ziehen vor dem Richter aller Dinge, auf daß du mir Antwort gebest, noch ehe ein Jahr vergangen ist.' Noch ehe ein Jahr vergangen war, starb der Herzog."

Die Ortsangabe „Glutthaffen" dürfte sich auf jene Stelle des Wolfersberges bezogen haben, wo sich jetzt der Hütteldorfer Friedhof befindet. Am Abhang dieses Berges wurde nämlich seinerzeit eine Mühle erbaut, die die Bezeichnung „Gluttmühle" hatte; ein Name, der aber nicht auf eine eventuelle Dampfmühle zurückzuführen ist, sondern seinen Ursprung von der Ortsangabe „Glutthaffen" hatte. Die Mühle wurde mehrmals umgebaut und trägt heute die Bezeichnung Utendorfgasse 27; allerdings sind nur noch zwei Mühlräder „mit vier Gängen" vorhanden. Der sogenannte Mühlbach, der sie früher betrieb, wurde vor einigen Jahren zugeschüttet.

So verschmolzen Sage und historisches Ereignis miteinander und führten zu einem topographischen Begriff. Rudolf der Stifter hatte an Hütteldorf wenig Interesse. Dafür begünstigte sein Bruder, Herzog Albrecht III., die Bewohner von Hütteldorf, eine Lebensgrundlage in der Waldwirtschaft zu finden. Herzog Albrecht III. soll Hütteldorf bereits als Amtssitz betrachtet haben. Nach dem Tode des Herzogs wurde diese Annahme in einer Urkunde vom 13. September 1396 bestätigt. Es wird auch erwähnt, daß ein Waldrichter „in dem ehgenannten Dorf ze Üttelndorf zu walten" hat. Ein Kaufvertrag von 1383 beweist, daß Hütteldorf schon früher einen Richter gehabt hat. Auch in späterer Zeit wird von einem Richter in Hütteldorf berichtet. In einer Urkunde aus dem Jahre 1458 wird als Testamentsvollstrecker des Pfarrers von St. Veit, Peter von Aspern, ein Paul Mühlstain, Richter zu Hütteldorf, genannt.

Durch die Errichtung des Waldrichteramtes gelangte Hütteldorf im 14. Jahrhundert zu besonderer Bedeutung; es war auch der größte Ort in der Umgebung. In einer Urkunde vom 5. Juli 1375 wird darauf hingewiesen, daß Herzog Albrecht III. „den Hof zu Ütelndorf" mit allem, was dazugehörte, um 500 Wiener Pfennige am 13. Oktober 1374 von Hansen dem Segenser kaufte. Der Sage nach wurde dieser herzogliche Hof von einem späteren Landesfürsten zu Beginn des 15. Jahrhunderts der Hütteldorfer Pfarre als Pfarrhof geschenkt. Die Örtlichkeit könnte dem heutigen Pfarramtsgebäude Linzer Straße 422 entsprechen.

Der herzogliche Hof war im 15. Jahrhundert ein Streitobjekt zwischen den Herzögen der Albertinischen und Leopoldinischen Linie.

Dieser unselige Vormundschaftsstreit zwischen den habsburgischen Herzögen zu Beginn des 15. Jahrhunderts hatte für das Land und seine Bevölkerung verheerende Folgen; die Heerzüge der Landesfürsten verwüsteten Wald und Flur und verschonten weder Leben noch Gut der Bewohner der Orte um Wien. Am 30. Oktober 1411 kam durch Vermittlung von König Sigmund ein Vergleich zustande, in dem sich Herzog Ernst von der Leopoldinischen Linie der Habsburger verpflichtete, einen Teil seiner Güter Herzog Albrecht abzugeben. In dieser Urkunde werden die Besitzungen verzeichnet, die Herzog Albrecht erhalten sollte, unter anderem „die Vesten und Geschloß Gutenstain, Potenstain, Laxenburg, Hintperg, Kirchlingen und ain Hof zu Üteldorff mit ihren zugehörungen". Weiters wird auf Grund von erblasserischer Rechtsauffassung festgestellt, daß „Ütteldorf dem jetztgenannten Albrechten wieder werden" soll. Doch schon am 10. September 1414 wird das „dorfe zu Utendorff" als herzogliches Lehen mit landesfürstlichem Konsens von „Gerhart dem Frenawer" an dessen Onkel „Peter den Maschen" übergeben. Wie lange Hütteldorf im Besitz dieser Familie verblieb, kann nicht festgestellt werden. Ein Vergleich über Hütteldorf wurde am 15. Juni 1417 mit einer Urkunde bekräftigt. Albrecht V. mußte an Herzog Ernst 25 000 Gulden bezahlen. Dafür verblieb Hütteldorf nunmehr endgültig im Besitz Albrechts. Doch lange währte der Frieden nicht. Einige Jahrzehnte waren vergangen, und wieder bekämpften einander zwei feindliche Brüder um die landesfürstliche Vorherrschaft. Diesmal waren es der bereits zum Kaiser gekrönte Friedrich III. und Herzog Albrecht VI. Letzterer verblieb in der Zeit vom 31. Juli bis 8. August 1461 mit seinem Kriegsheer in einem bei Hadersdorf errichteten Lager. Von dort führte er seine Truppen über Hütteldorf nach Hietzing und weiter bis vor die Mauern von Wien, das Kaiser Friedrich III. treu ergeben war. Im gleichen Jahr verwüstete ein Parteigänger Albrechts, namens Fronauer, weite Landstriche im Wiental. Alle Orte von Nußdorf bis Hütteldorf wurden zerstört. Erst der Tod Albrechts machte im Jahre 1463 den kriegerischen Ereignissen ein Ende.

Doch die Unsicherheit war geblieben: Die Zeit der Gesetzlosigkeit und des Faustrechts hatte viele zwielichtige Gestalten hervorgebracht, die sich an der Not der Mitmenschen schadlos hielten. Plünderung, Raub, Diebstahl und Mord dominierten auch in der Gegend von Hütteldorf. In einem böhmischen Klosterarchiv wird ein Dokument aufbewahrt, das von der Unsicherheit jener Tage in diesem Raum ein anschauliches Bild vermittelt. Da gab es einen gewissen „Larenz, Heinrichs des Melczen sun", der dem „erbern Hannsen dem Schuster zu Uteldorf" in einer Nacht vor dessen Haus auflauerte, um ihm etwas anzutun. Der Schuster hatte aber etwas bemerkt und sofort den herzoglichen Forstmeister Erhard der Dossen verständigt, der mit Zustimmung des Herzogs Albrecht V. den verdächtigen Strolch festnehmen und ins Gefängnis bringen ließ. Nachdem Larenz seine Gefängnisstrafe verbüßt hatte, bekamen nun der Forstmeister und der Schuster große Angst vor dem Freigelassenen, da sie dessen Rache fürchteten. Larenz mußte dem Herzog urkundlich geloben, daß er sich an

Forstmeister und Schuster nicht rächen und ihnen kein Leid zufügen werde. Es ist nur zu hoffen, daß er sich an das Gelöbnis gehalten hat; in genanntem Dokument wird darüber nichts ausgesagt.

Welche Bedeutung Hütteldorf in der damaligen Zeit hatte, läßt sich aus Grundbüchern, Pfarrmatriken und den sogenannten Verzeichnissen der Präsentationstaxe ableiten. Der erste Pfarrer von Hütteldorf war Niclas der Tanner aus Niederleis bei Mistelbach. Einer der fähigsten Seelenhirten von Hütteldorf war ab 1396 Pfarrer Nicolaus Leitgeb aus Korneuburg. Er hat erstmals Grund-, Zehent-, Satz- und Einkaufsbücher angelegt. Leider gingen diese historischen Zeugnisse verloren. Diese Bücher gaben Aufschluß über den großen Besitz der Pfarre, über die Dienste, Zehente, Holden, Äcker, Wiesen, Weingärten, Bergrechte und Wälder in Hütteldorf, in der Au (Auhof), zu St. Veit, in Weinhaus, in Purkersdorf, auf dem Himmel (Himmelhof) und darüber hinaus noch in Simmering, Währing und Matzleinsdorf. Hütteldorf konnte damals zu den reichsten Pfarren des Wienerwaldgebietes gezählt werden.

Nicolaus Leitgeb kümmerte sich aber auch tatkräftigst um die Agenden seiner Heimatstadt Korneuburg. In Wien hatte er sein Testament in das Stadtbuch eintragen lassen, worin er bestimmte, daß ein Schüler aus Korneuburg die Universität in Wien besuchen solle. Dieser wurde von Leitgeb gleichzeitig zum Testamentsvollstrecker bestimmt und sollte aus den Einkünften der Verlassenschaft seinen Lebensunterhalt bestreiten.

Nicolaus Leitgeb hatte aber auch eine für die damalige Zeit einzigartige Institution geschaffen, nämlich eine Leichenbestattungsbruderschaft gestiftet. Man könnte sie als Vorläuferin einer heutigen Ablebens- bzw. Begräbnisversicherung ansehen. Sie hatte lange Zeit Bestand und dürfte erst in der Reformationszeit aufgelöst worden sein.

Leitgeb kümmerte sich auch um die Studierenden an der Wiener Universität. Sein Name ist mit der Errichtung der Rosenburse (bursa rosae), der Studentenunterkunft neben der Dominikanerkirche, eng verknüpft. Die Rosenburse, auch als Himmelsburse oder Bursa primaria bezeichnet, befand sich gegenüber dem Collegium ducale auf dem Grundstück der heutigen griechischen St.-Barbara-Kirche.

Noch zu Lebzeiten Leitgebs begannen sich wieder unruhige Zeiten abzuzeichnen. Nördlich der Donau wurden viele Gebiete von den vordringenden Hussiten vernichtet. Natürlich war auch die

Bevölkerung im Viertel unter dem Wienerwald von großer Sorge erfüllt. Wirtschaftlich gesehen, machte sich der Ausfall des Zehenten bemerkbar. Doch bald sollte es noch schlimmer kommen. Wieder gab es Streitigkeiten zwischen landesfürstlichen Brüdern. Wie bereits erwähnt, beeinflußte der Zwist zwischen Kaiser Friedrich III. und seinem Bruder Albrecht VI. auch das Geschehen in den Dörfern unter dem Wienerwald.

In dieser Zeit war Georg von Schemberg Pfarrer von Hütteldorf. In einem Urbar wird vermerkt, daß er auch Propst von Preßburg gewesen ist. In der Kirchlichen Topographie wird berichtet, daß Schemberg ein treuer Anhänger Friedrichs III. war. Der Kaiser setzte ihn sogar, auf Grund seiner Fähigkeiten, als Vermittler zwischen ihm und seinem Bruder ein. Als Dank dafür schenkte ihm der Kaiser am St.-Gilgen-Tag (1. September) 1465 das Fischereirecht auf dem Wienfluß bei Hütteldorf.

Die Machtkämpfe zwischen Kaiser Friedrich III. und dem Ungarnkönig Matthias Corvinus rangen dem Kaiser Ortschaft um Ortschaft ab, und bald war fast ganz Niederösterreich in den Händen des Ungarnkönigs. Die Magyaren brandschatzten die Dörfer, und viele Dorfbewohner kamen bei diesen grausamen Kämpfen ums Leben. Corvinus wollte die Macht des Kaisers brechen. Wenn wir über Hütteldorf selbst in dieser Zeit nichts erfahren, so muß doch angenommen werden, daß der Ort schwer in Mitleidenschaft gezogen wurde. Es geht die Sage, daß nach der Eroberung Wiens durch Matthias Corvinus im Jahre 1485 der Pfarrer von Hütteldorf, Georg von Schemberg, in seine Propstei nach Preßburg zurückgekehrt und nie wieder in Hütteldorf aufgetaucht sei.

Ein Beweis für die traurige wirtschaftliche Situation nach den Kämpfen und Zerstörungen war eine an alle Ämter und Herrschaften der Umgebung Wiens erlassene Verordnung des Königs Matthias vom 31. Jänner 1487, womit für die Jahre 1484 bis 1487 die Weinabgabe (Bergrecht) zu erlassen sei, weil keine Fechsung (= Ernte) eingebracht werden konnte.

Nach dem Tod des Ungarnkönigs fielen die von ihm eroberten Gebiete um Wien wieder an Kaiser Friedrich III. zurück. Doch wird berichtet, daß noch im Jahre 1490 im St. Veiter Schloß böhmische Söldnerführer mit ihren Gefährten einquartiert waren.

Auf Friedrich III. folgte dessen Sohn Maximilian I. auf den Thron, eine der großen Herrschergestalten der Habsburger. Er führte eine umfassende Verwaltungsreform durch, die auch eine Änderung im Bereich des Hütteldorfer Waldamtes nach sich zog. Die Reform entsprach einem lange gehegten Bedürfnis, das Verhältnis der Gerichtsherren und Grundherrschaften zu ihren Untertanen zu regeln. Der Kaiser ließ Erhebungen durchführen, die den Umfang der wechselseitigen Verpflichtungen und Rechte betrafen. Auch seine eigenen Kammergüter wurden mit einbezogen. Das Forstamt des Wienerwaldes wurde einer genauen Prüfung unterzogen und das Ergebnis der Ermittlungen in einem sogenannten Waldbuch festgehalten. Mit Patent vom 31. Dezember 1512 wurde das Waldbuch vom Kaiser sanktioniert. In ihm wurde die Einrichtung eines eigenen Waldgerichtes angeordnet. Die Verpflichtungen und Leistungen des Waldamtes wurden klar definiert.

Den Amtssitz hatte der Waldmeister in Purkersdorf. Ihm stand nach dem Jahre 1529 ein sogenannter „Waldschaffer" bei, der zuerst in Hütteldorf seinen Sitz hatte, später jedoch auch beim Waldmeister in Purkersdorf Wohnung nahm. Der „Waldschaffer" hatte die Einnahme der Natural- und Geldzinse der Waldleute durchzuführen. Seine exekutiven Organe waren die sogenannten „Überreiter", die wir heute als Forstaufseher bezeichnen würden. Es existierten damals drei „Überreiter", die in Purkersdorf, Weidlingau und Hütteldorf amtierten. Ihnen unterstanden die Förster und Forstknechte, von denen es in Hütteldorf zwölf gab. Auch die Landgerichtsbarkeit und — später — die Forstgerichtsbarkeit oblagen dem Waldmeisteramt. Mit der Durchführung betraut waren landesfürstliche Beamte, die nicht nur die Aufsicht über die Wienerwalddörfer von Hütteldorf bis Purkersdorf, sondern auch die Verwaltung dieses Gebietes innehatten.

Der Türkensturm von 1529

Die vom Kaiser gesetzte Ordnung sollte jedoch bald wieder gestört werden. Die Türken wollten in das Herz Mitteleuropas vorstoßen, nachdem sie ihren Machtbereich über weite Teile der Balkanhalbinsel ausgedehnt hatten.

Für die Bevölkerung der Dörfer im Wiental war diese militärische Entwicklung eine Katastrophe. Das Türkenheer umschloß die Stadt Wien wie ein eiserner Ring. Matthias Fuhrmann berichtet, daß vom Stephansturm aus das türkische Lager gigantisch in seiner Ausdehnung war. Obwohl wir über das Schicksal Hütteldorfs in diesen Tagen eigentlich keine wesentlichen Unterlagen haben, ist anzunehmen, daß das friedliche Dorf in Flammen aufging und der Zerstörung anheimfiel wie alle anderen Siedlungen im Wiental. Auch das Grund- und Gewährsbuch der St.-Niklas-Kapelle erhärtet diese Annahme. Bei den grausam geführten Kampfhandlungen fielen den Türken viele Bewohner zum Opfer.

Reformation und Gegenreformation

Eine neue geistige Strömung begann alsbald das Leben der Bewohner zu beeinflussen und zu verändern. Geringe Ansätze waren bereits im 15. Jahrhundert vorhanden, doch mit Beginn des 16. Jahrhunderts sollte der schwelende Funke zünden und die aufgestaute geistige Kraft zum Durchbruch gelangen.

In Österreich drang schon um 1520 die Lehre Luthers ein. Im Dom zu St. Stephan predigte unter Bischof Georg Slatkonia ein „Reformgeistlicher", ohne daß dies besonders auffiel. Erst als im Jahre 1522 Speratus im Stephansdom Luthers Solafide-Lehre (Klostergelübde) verkündete, schenkte man ihm Aufmerksamkeit.

Mit einem Edikt vom August 1527 verbot Ferdinand I. die Verbreitung lutherischer Bücher und verfügte die strenge Beobachtung der „Ungläubigen" (Protestanten). 1528 ordnete Ferdinand eine Visitation sämtlicher Pfarrgemeinden an, um sich ein Bild über die Situation des Katholizismus zu machen. Die Türkenbelagerung von 1529 verhinderte das Vorhaben des Landesfürsten, Verbesserungen der Zustände auf dem Glaubenssektor herbeizuführen. Im Gegenteil, auf Grund dieser akuten Gefahr aus dem Osten mußte Ferdinand den Protestanten gegenüber Zugeständnisse machen. Erst am 23. Oktober 1543 hatte er neuerlich eine Visitation angeordnet; nun war sie bereits besser durchorganisiert: Eine Kommission mußte in sechs Wagen — von Pfarrgemeinde zu Pfarrgemeinde und von Kloster zu Kloster — „über Land" unterwegs sein.

Diese Kommission hatte auch über die Pfarre Hütteldorf einen Visitationsbefund erstellt, in dem der damalige Zustand des Gemeinwesens nicht gerade günstig beschrieben wird. Der Pfarre stand nach dem Türkensturm von 1529 ein gewisser Dr. Mathias Beham vor, der die Pfarre bis zum Zeitpunkt der Visitation nie betreten hatte, wie auf Grund von Unterlagen festgestellt werden konnte. Er bezog zwar die Pfarreinkünfte, ließ die Pfarre jedoch von einem Vikar administrieren. In dem Visitationsprotokoll steht zu lesen: „Pfarrer Dr. Mathias Beham, so eine lange Zeit außer Land, läßt die Pfarrei durch einen Vikar Ludwig Frank ‚an die zwanzig Jahr' versehen."

Die Verwaltung der Temporalien der Pfarre hatte der königliche Prokurator zu Wien, Wolfgang Kunigl, inne. Er genoß bei Ferdinand großes Vertrauen und trat später im Prozeß gegen die Wiedertäufer in Steyr als landesfürstlicher Ankläger auf. Es wird berichtet, daß er über die große Anzahl der Wiedertäufer so erschrocken war, daß er sich nicht getraute, den Widerrufenden die Strafe der Kirchenbuße aufzuerlegen.

Er wagte auch nicht, über jene Wiedertäufer, die der Ketzerei nicht abschworen, die Todesstrafe zu verhängen. Als König Ferdinand von Kunigls Entscheidung erfuhr, hob er diese auf und ließ die Ketzer ersäufen.

Die Wiedertäufer hatten ihren Sitz in Penzing, wo der protestantische Einfluß besonders stark war.

Im Gegensatz dazu gab es in Hütteldorf nicht solche umwälzenden Änderungen auf dem Glaubenssektor. Die finanzielle Lage muß denkbar schlecht gewesen sein, wie aus dem schon oben zitierten Visitationsprotokoll zu entnehmen ist: „Der Pfarrhof ist von schlechtem Bau, die Kirche zwar gewölbt, doch schadhaft am Glaswerk, welches der Gemeinde zu bessern nicht möglich, weil sie ihr Vermögen zur Besserung des Daches vorstreckte."

Im Jahre 1550 ließ König Ferdinand den Pfarrhof von Hütteldorf wiederherstellen. Die Zustände, die in den Pfarren und Pfarrgemeinden herrschten, mag die Bestellung des Pfarrers Leonhard Weidner zum Seelenhirten von Hütteldorf am besten beleuchten. Am 19. April 1564 wurde Weidner, der vorher Domkantor zu St. Stephan war, zum Pfarrer präsentiert. Man dürfte von der Tatsache, daß der Pfarrer verheiratet war, keine Kenntnis gehabt haben. Jedenfalls setzte er in seinem Testament vom 18. September 1568 seine „liebe Hausfrau Sabina, um der mannigfaltigen ehendlichen Treu willen, so sie mir in der Zeit unserer Beiwohnung, auch in meiner Krankheit bewiesen und erzeigt hat und sofern uns der allmächtige Gott einen Leibeserben geben würde, daß sie alsdann solchen möge erziehen und mütterlich Hilf und Lieb erzeigen wolle . . ." zur Haupterbin ein. Im Testament wurde auch der Waldmeister Urban Meisinger bedacht, und alle armen Knaben von Goldberg sollten je ein Hemd und ein Paar Schuhe erhalten.

Schon zur Jahreswende 1568/69 verstarb der Pfarrer. Seine Frau Sabina dürfte es mit der Trauer nicht genau genommen haben, denn sie heiratete alsbald einen Sänger von St. Stephan namens Georg Hunger und weigerte sich, den Miterben die Legate Weidners auszufolgen. Wie der Prozeß ausgegangen ist, kann leider nicht mehr festgestellt werden.

Die Abgaben und Dienste eines landesfürstlichen Dorfes wie Hütteldorf waren mitunter sehr hoch, was auch dazu führte, daß die Gemeinde um Nachlaß ihrer Verpflichtungen gegenüber dem Grund- und Landesherrn ansuchte. Darüber hinaus hatten die Hütteldorfer bei den landesfürstlichen Jagden Hand- und Zugrobot zu leisten. Außerdem mußten sie sich an Wolfsjagden beteiligen und beim Bau des Schlosses Purkersdorf mithelfen. Auch bei der Verbesserung und Wiederinstandsetzung der Wiener Stadtbefestigung hatten sie Handlangerdienste zu leisten. Auf das Ansuchen der Hütteldorfer um Erleichterung wurde seitens der Hofkammer mit Entscheid vom 25. November 1558 die Gemeinde nur von letztgenanntem Dienst entbunden.

Im Leben der Gemeinde begünstigte die Reformation die Verwirrung. Es wechselten Pfarrer, die „wegen sektiererischen Gebarens" rasch ihres Postens enthoben wurden, mit solchen ab, die verheiratet waren und sich darüber keine wie immer gearteten Gedanken machten. Eine typische Gestalt jener Zeit war der vom Kaiser am 24. September 1571 zum Pfarrherrn von Hütteldorf präsentierte Georg Pesserer. Unter seiner Ägide waltete in Hütteldorf auch der erste Kaplan namens Josef Streitl.

Im Jahre 1580 erfolgte eine Anzeige gegen Georg Pesserer, Pfarrer von Pillichsdorf, wegen einiger Zehentverstöße und vor allem wegen seiner zwielichtigen religiösen Gesinnung, die in einer gewissen Toleranz dem Protestantismus gegenüber gipfelte. In dieser Zeit, wo bereits weite Gebiete von Wien und Niederösterreich von der Lehre Luthers erfaßt waren und viele protestantische Pastoren eingesetzt wurden, gab es eine überragende Persönlichkeit, welche die besten charakterlichen und glaubensfesten Eigenschaften besaß, um die Bevölkerung wieder dem Katholizismus zuzuführen: Es war Melchior Khlesl, der Sohn eines protestantischen Bäckermeisters. 1552 in Wien geboren, entwickelte sich bei ihm während seines Universitätsstudiums eine besondere Liebe zum Katholizismus. Khlesl trat schließlich zum Katholizismus über und wurde zu einem der eifrigsten Verfechter der katholischen Lehre in Niederösterreich. Er bereiste jede Pfarre, setzte unzuverlässige Geistliche ab und sorgte für Neubesetzungen aller vakanten Pfarren mit katholisch gesinnten Klerikern.

Khlesl hörte auch die sich häufenden Klagen über den Hütteldorfer Pfarrer Pesserer. Jedenfalls schaltete sich schließlich Khlesl ein und fand, daß der Pfarrer Pesserer „im Leben und Lehr zu nichtig" sei. Er leitete gegen ihn den Prozeß ein und setzte ihn schließlich am 10. Oktober 1589 als Pfarrer von Hütteldorf ab. Nun mußte ein Nachfolger gefunden werden. Khlesl wollte jedoch zwei anstehende Probleme in einer Entscheidung gelöst wissen. Aus einem Brief Kaiser Rudolfs II. an den Klosterrat vom 19. November 1589 ist zu entnehmen, daß „... zu eines künftigen Pfarrers besseren Unterhalt die Pfarre Weidlingau zur Pfarre Hütteldorf, als beide kaiserliches Lehen zu incorporieren und zu vereinen ..." seien. Diesem Schreiben lag die eindeutige Absicht Khlesls zugrunde, eine Vereinigung der beiden Pfarren zu erreichen. Da aber kein entsprechender Kandidat gefunden wurde, vertraute Khlesl die beiden Pfarren den benachbarten Mönchen des Kartäuserordens von Mauerbach zur Administration an. Den Mönchen war jedoch bei ihrem Bemühen, die Bevölkerung wieder dem katholischen Glauben zuzuführen, kein besonderer Erfolg beschieden, weil das Kloster unter dem Prior Sebastian I. selbst in arge Bedrängnis geraten war. Der Prior war selbst nicht fähig, die Wirtschaft zu führen, und wurde schließlich vom Ordensgeneral abgesetzt. Zu allem Übel gab es auch noch eine Naturkatastrophe: Am 7. September 1590 wurden große Teile des nach dem Türkeneinfall von 1529 wiederaufgebauten Klosters durch ein Erdbeben zerstört. Darauf folgte eine Epidemie, der viele Ordensbrüder zum Opfer fielen. Unter dem Prior Sebastian II. Aedilis trat nach und nach wieder Ordnung im Kloster von Mauerbach ein. An eine pfarrliche Versorgung im Sinne Khlesls war jedoch nicht mehr zu denken, da große Differenzen zwischen dem Prior und Khlesl bestanden.

Da die Kartäusermönche von Mauerbach die Pfarrgemeinde Hütteldorf sehr schlecht verwalteten, wurde neuerlich ein Pfarrer ausgewählt, und zwar handelte es sich um den aus Wittislingen in Bayern stammenden Jakob Gremblinger. Bezeichnendes Merkmal jener Zeit war die Tatsache, daß auch dieser im Konkubinat mit einer Frau lebte und mit ihr einige Kinder hatte, die er, seiner Aussage nach, einem Bürger vor der Stadt zur Erziehung übergeben hatte. Man lud ihn deshalb vor das hl. Konsistorium. Hier behauptete Gremblinger, daß er das Verhältnis bereits gelöst habe. Man hatte jedoch Beweise, daß seine Aussage nicht der Wahrheit entsprach, und entließ ihn mit einem strengen Verweis.

In die Zeit Gremblingers fällt auch ein bemerkenswertes juridisches Dokument. 1601 erhielt Hütteldorf ein neues Banntaiding (Gerichtsordnung), da das alte schon vor langer Zeit verlorengegangen war. Einer der vielen Artikel befaßt sich mit der sonntäglichen Christenpflicht. Daß die Heiligung des Sonntags damals obrigkeitsrechtlich geregelt wurde, darf nicht überraschen, da die Rekatholisierung im Interesse der Herrschenden gelegen war. Es war daher auch ein Anliegen der Herrschaft, auf den religiösen Eifer ihrer Untertanen zu achten.

Seit 1614 war Kaspar Großspitz Pfarrer von Hütteldorf. Dieser stellte nach Erledigung des Benefiziums Mariabrunn das Ansuchen um dessen Eingliederung in die Pfarre Hütteldorf. Aber auch der Prior der Kartäuser in Mauerbach, Georg Fasel, verfaßte am 7. Mai 1620 ein Gesuch um Einverleibung des vakanten Benefiziums Mariabrunn in das Kloster Mauerbach. Der Passauer Offizial Karl von Kirchberg entschied aber zugunsten des Pfarrers in Hütteldorf. Dieses Provisorium sollte bis zum Jahre 1784, also 164 Jahre, währen.

Die Gegenreformation zeigte auch in Hütteldorf bald ihre Früchte. Mehr und mehr Bewohner neigten wieder der katholischen Lehre zu. Der Situationsbericht eines kirchlichen Würdenträgers aus dieser Zeit besagt, daß „die Pfarre Hütteldorf so beschaffen ist, daß sie nicht nur eine große Seelsorge ist, sondern auch viele katholische Pfarrkinder hat", jedoch „sind in Hütteldorf auch noch viele irrende Schäflein, wie auch etliche reißende Wölf", worunter noch eifrige Protestanten zu verstehen waren. Immer mangelte es an Geld, um Pfarrkirche und Pfarrhof instandzuhalten.

Auf Grund der sich nicht verbessernden wirtschaftlichen Lage wurden die Pfarr- und Gemeindegüter vernachlässigt und auch schlecht verwaltet. Hinzu kamen die Auswirkungen des beginnenden Dreißigjährigen Krieges, unter denen die Bevölkerung von Hütteldorf vor allem in wirtschaftlicher Hinsicht zu leiden hatte.

Mit der Thronbesteigung Ferdinands II. änderte sich schlagartig die landesfürstliche Politik bis in das kleinste Walddorf. Die Rekatholisierung wurde durch den Habsburger persönlich intensiv betrieben. Ferdinand war durch seine jesuitische Erziehung von strenger Gläubigkeit erfüllt. Er besaß auch die unerbittliche Härte, die Gegenreformation bis zur letzten Konsequenz durchzuführen, und wußte, daß bei der kleinsten kirchlichen Einheit, der Pfarre, begonnen werden mußte.

Am 10. September 1621 hatte Ferdinand II. eine glückliche Wahl getroffen und Christian Laurenz Goeren von Arupp als Pfarrherrn von Hütteldorf präsentiert. Es war gewiß eine Ironie des Schicksals, daß der erste strenge Gegenreformator Hütteldorfs aus Dänemark, der Hochburg des Protestantismus, stammte. Arupp hatte als junger Adeliger seine Heimat verlassen, um in Ungarn zu studieren. Im Jahre 1611 kam er an die Wiener Universität, um seinen Studien nachzugehen, und erwarb schließlich das Doktorat der Theologie. Die vornehmlich jesuitische Erziehung bewirkte, daß er einer der eifrigsten Streiter des Katholizismus wurde. Zuerst betätigte er sich in Preßburg als Prediger gegen die Protestanten. Das hatte zur Folge, daß man ihm ein Kanonikat und Vikariat an der Kathedralkirche St. Martin übertrug. Arupp erfreute sich auch bei den katholischen Zuhörern großer Beliebtheit. Dafür war er bei den Andersgläubigen derart verhaßt, daß sie ihn an Hab und Gut zu schädigen versuchten und sogar nach seinem Leben trachteten. 1620 erhielt er durch Kaiser Ferdinand ein Kanonikat bei St. Stephan in Wien und wurde Domdechant.

Sechs Tage nach der Präsentation befahl Ferdinand, die Installation vorzunehmen. Früher lagen oft Jahre zwischen Präsentation und Installation. Arupp betrachtete die Pfarre Hütteldorf als Einnahmequelle, da er doch wegen seines katholischen Glaubens im Exil lebte und seine ererbten väterlichen Güter in Dänemark verloren hatte. Als Adeliger legte er großen Wert auf ein standesgemäßes Leben, das ihm verschiedentlich zum Vorwurf gemacht wurde. Trotzdem gelang es ihm durch seinen Eifer, innerhalb kurzer Zeit fast alle Hütteldorfer wieder dem katholischen Glauben zuzuführen.

Arupp starb am 12. März 1636. Ihm kommt das Verdienst zu, die Idee Khlesls in die Tat umgesetzt und in Mariabrunn Grundlage und Voraussetzung für einen künftigen Wallfahrtsort geschaffen zu haben.

Der Dreißigjährige Krieg hatte für Hütteldorf, wie schon erwähnt, schwere wirtschaftliche Rückschläge gebracht. Noch in der zweiten Hälfte des 17. Jahrhunderts prozessierte die Gemeinde Hütteldorf gegen ihre Zehentherren, unter denen sich auch der Fürstbischof von Wien befand. Steuerrückstände von Jahrzehnten waren noch immer nicht beglichen worden. Die aushaftenden Forderungen betrugen 5 000 bis 6 000 Gulden. Nun erwies sich der Hofkammerrat Christoph Abele von Lilienberg, der Herr von Hacking, als Helfer in der Not. Er erreichte durch kluge Vermittlung zwischen den beiden streitenden Parteien einen Kompromiß, wonach sich die Schuldsumme nur mehr auf 1 200 Gulden belief. Alle anderen Steuerrückstände hatte man der Gemeinde erlassen. Abele von Lilienberg lieh der Gemeinde diese Summe bei 6% Verzinsung und allmählichem Ersatz von Wein.

Der Weinbau lag in jener Zeit ziemlich im argen: Abele berichtete, daß „die Weingärten ganz öd, heuer nicht einmal gehauen und also großer unwiederbringlicher Schaden geleidet würde". Die Weingärten blieben oft unbewirtschaftet, da es dem Pfarrherrn nicht möglich war, diese — wegen der zu großen Entfernungen — selbst zu bearbeiten. Und die meisten Hütteldorfer waren auf den eigenen oder anderen Gütern vollauf beschäftigt. Es wird berichtet, daß die Qualität des Weines im Wiental ursprünglich recht gut gewesen sein soll. In der zweiten Hälfte des 17. Jahrhunderts wurde die Güte des Weines in den Orten Hütteldorf, Hacking und Lainz am schlechtesten eingestuft.

Mit allerhöchster Entschließung vom 26. April und 18. Juni 1681 wurde das kaiserliche Waldamt neu eingerichtet. Der Leiter der kaiserlichen Waldbereitungskommission war der Hofsekretär und geheime innerösterreichische Referendar Freiherr Abele von Lilienberg. Der Waldmeister hatte freie Wohnung im Schloß Purkersdorf, auch die Entlohnung erfolgte nunmehr durch Bargeld. Die Ämter der früheren Forstpolizei, der sogenannten Überreiter, wurden in Weidlingau, Purkersdorf und Hütteldorf aufgelassen. Die Zahl der Waldbereiter wurde hingegen erhöht. Es erfolgte auch die Errichtung von 14 Waldämtern, die nun ausschließlich durch Förster zu besetzen waren. Das Waldamt von Hütteldorf leitete zu dieser Zeit Stephan Hierschneller. Es wurde auch eine Bestandsaufnahme aller Wiesen, Gründe und Neurodungen durchgeführt. In diesem Zusammenhang hatte man die Zahl der sogenannten Waldamtshüttler ermittelt. Es handelte sich hier um eigenartige Anwesen von aus verschiedenen Teilen des

Reiches zugewanderten Holzhackern. Man nannte diese primitiven Unterkünfte „Duckhütten". Sie waren Keimzellen für spätere Siedlungen, wie z. B. Hainbach und Steinbach. Um die Holzarbeiter an ihre Arbeitsstätten in den Wäldern zu binden, wurde nunmehr der Ausbau der Hütten gestattet, und sogenannte Raumwiesen wurden als Weidegrund vergeben. 1679 wurden insgesamt bereits 186 Holzknechtanwesen festgestellt.

Die Reform sah auch eine Einschränkung des von Waldamtsuntertanen „zu ihrer Hausnotdurft" bezogenen Bau- und Brennholzes vor, da z. B. im Jahre 1679 allein 1 992 Klafter Holz geschlägert wurden und dadurch aus ehedem großen Waldflächen Wiesen entstanden. Im Zuge dieser Reform wurde auch die Verpflichtung einer Beteiligung der Untertanen an den immer häufiger werdenden landesfürstlichen Jagden bestätigt. Seit dem Jahre 1675 lief die Grenze des Hasengeheges durch Hütteldorf. Daher war hier das Zentrum eines ausgedehnten Jagdgebietes. Daß dieser Bereich Hütteldorfs auch noch in späteren Jahrhunderten als Jagdrevier geschätzt wurde, kündet eine an der Mauerecke Linzer Straße — Hüttelbergstraße eingelassene Gedenktafel: Erzherzog Franz Karl, der Vater Kaiser Franz Josephs I. und leidenschaftlicher Jäger, ist immer von dieser Stelle aus zur Jagd in die umliegenden Wälder aufgebrochen.

1679 brach über Hütteldorf die Pest mit großer Heftigkeit herein. Der Höhepunkt der Epidemie war in den heißen Sommermonaten. Als in Hütteldorf bereits mehr als die Hälfte der Bewohner der Seuche zum Opfer gefallen war, gelobte die Pfarrgemeinde, für immerwährende Zeiten jährlich eine Wallfahrt zur Kirche Maria Himmelfahrt in Pottenstein durchzuführen. Bis heute wird diese Wallfahrt jedes Jahr unternommen, wenn auch die ehedem dreitägige Fußwanderung längst durch eine bequeme Autobustour ersetzt ist. Im September 1679 ließ sich ein Rückgang der Seuche feststellen.

Der Türkensturm von 1683

Seit 1529 wußte man, daß die große Gefahr aus dem Osten nicht gebannt war. Die Türken versuchten immer wieder, ihre Macht gegen den Westen auszubreiten. Reiterspitzen und die Vorhut des türkischen Heeres erreichten am 12. Juli 1683 den Wiener Raum.

Am 13. Juli 1683 standen die Vororte von Meidling bis Nußdorf in Flammen. Die türkischen Heerscharen befanden sich im Raum Schönbrunn, Gumpendorf, Hernals und Hütteldorf. Auch der Waldamtssitz Purkersdorf wurde von den Osmanen am 13. Juli erobert. Wie so oft in der Geschichte, erwiesen sich Vorsichtsmaßnahmen, die vor Jahrzehnten getroffen worden waren, jetzt als völlig nutzlos.

Für die Bevölkerung gab es nur einen Ausweg, die Flucht. Jene Bewohner Hütteldorfs, die den Ort nicht verlassen hatten, wurden von den Türken erschlagen.

Die meisten waren jedoch in den Wald hinter dem „Ochsenkopf" geflüchtet, wo sie sich geraume Zeit versteckt halten konnten. Eines Tages verriet jedoch der Rauch einer Feuerstelle ihren Unterschlupf. Die Türken durchstreiften daraufhin die Wälder mit Suchhunden und metzelten die Geflüchteten erbarmungslos nieder. Ein einziger Hütteldorfer soll aus dem Wald zurückgekehrt sein. In einem Hofkammergesuch der Waldamtsuntertanen zu Hütteldorf vom 28. Juni 1700 heißt es allerdings, daß „zwei oder drei Untertanen mit dem Leben davonkommen" konnten.

Als die Türken am 12. September 1683 mit den vereinten Kräften der Reichstruppen unter Karl V. von Lothringen und dem polnischen Entsatzheer unter König Johann III. Sobieski in einem genialen Feldzugsplan vernichtet wurden, bot sich in der Umgebung der befreiten Stadt Wien ein Bild trostloser Verwüstung dar. Hütteldorf war abgebrannt; bis auf das Haus Nr. 105 (heute Rosentalgasse 6) waren alle Objekte eingeäschert, Kirche, Schule, Pfarrhaus und Brauhaus inbegriffen. Im Jahre 1648 hatten in Hütteldorf laut grundbücherlichen Aufzeichnungen 74 Häuser und 8 Brandstätten bestanden. Nach dem Türkensturm 1683 wurden bei der Schadenseinstufung 74 Anwesen mit der Anerkennung des Totalschadens genannt.

Aber auch das verschont gebliebene Objekt in der Rosentalgasse war schon in baufälligem Zustand. Gemäß kaiserlicher Mithilfe wurden allen Objekten in Hütteldorf ab dem 1. Jänner 1684 acht steuerfreie Jahre gewährt. Dazu kam noch, daß viele Hütteldorfer ihrem Erwerb nicht nachgehen konnten, da auch die Weinkulturen stark beschädigt oder vernichtet waren. Der damalige Pfarrer Rudolphi hatte bereits vor den stürmischen Tagen die schützenden Mauern Wiens dem unsicheren und gefährlichen Leben in Hütteldorf vorgezogen. Er hatte alle Grundbücher mitgenommen, die dadurch dem feindlichen Zugriff und einer etwaigen Vernichtung entzogen wurden. Als er aus seinem Wiener Exil Mitte September, nach dem Abzug der Türken, nach Hütteldorf zurückkehrte, bot sich ihm ein erschreckender Anblick. Aus den vielen Ansuchen des Pfarrers kann man das große Ausmaß der Zerstörung ermessen. So betont er in einer Bittschrift: Die Kirche war „zu Grund gerichtet und neben Entwendung des ganzen Supellectilis (Innenausstattung) samt allen Glocken völlig zerstöret". Von der Kirche waren nur mehr Grundmauern und Gewölbe vorhanden.

Ein Gesuch Rudolphis an die Hofkammer, das die Niederösterreichische Buchhalterei zur Begutachtung erhalten hatte, spiegelt den desolaten Zustand des Gotteshauses wider. Rudolphi gibt an, daß „die Kirchen ganz ruiniert ist, Gewölb und Turm noch stehen, doch so bald nicht würd können so weit über sich gebracht werden, daß sie aus eigenen Mitteln werde ein Glöckl verschaffen können ..." Das Ansuchen des Pfarrers an die Hofkammer geht nun dahin, „für sich und anstatt der armen Kirchen- und Pfarrkinder allda" den Verkauf eines Geschützes bzw. dessen Eintausch für eine Glocke zu bewilligen. Er schreibt in seinem Gesuch: „... meine Pfarrkinder zu Hütteldorf haben zwischen Hütteldorf und Baumgarten ein Stuck (Geschütz) ohne Lavetten und so bei 6 oder 7 Zentner schwer gefunden, auf Hütteldorf gebracht und der Kirchen geschenkt, damit man etwan wieder ein Glöckl darum einhandeln oder eintauschen und damit morgens und abends zum Ave Maria und an Sonn- und Feiertag zu einer heiligen Messe läuten könne." Die Entscheidung über die Verwertung der erbeuteten türkischen Waffen oblag dem Hofkriegsrat, der nach langer Zeit das obgenannte Ansuchen genehmigte. Doch die Erledigung der vielen folgenden Ansuchen ließ mitunter Jahre auf sich warten.

Die Kirche wurde nach und nach wieder instandgesetzt. Im Jahre 1693 wurde eine kleine Orgel installiert. Zu dieser Zeit dürfte jedoch der Pfarrhof noch in sehr schlechtem Bauzustand gewesen sein, denn Rudolphis Nachfolger, der Pfarrer Johann Cornelius Mann, machte nach seiner Investitur in das Gewährbuch der Pfarrherrschaft folgende Eintragung: „Bei dieser Pfarr hab ich alles in großer Konfusion, ja die Unordnung selbst und einen fast öden Pfarrhof gefunden." In den folgenden Jahren begann er mit der Neuanlage von Matrikenbüchern, die ein genaues Bild über die nunmehrige Bevölkerungsbewegung vermittelten. Im Taufbuch scheint die erste Eintragung am 18. Dezember 1683 auf. Das Totenbuch beginnt mit 6. Oktober 1683, bis zum Jahresende starben in Hütteldorf sieben Personen, darunter zwei Kinder. Im neu angelegten Trauungsbuch wurde die erste Eintragung erst am 22. Mai 1684 vorgenommen. Das Taufbuch gibt auch über sogenannte „Türkenkinder" Aufschluß. Es handelte sich hier um Kinder, welche von den Türken zuerst geraubt und später in diesem Gebiet zurückgelassen wurden, oder auch um Kinder, deren Mütter wohl aus diesem Bereich des Wientals stammten, deren Väter aber Türken waren. So wurde im Jahre 1688 ein Türkenkind auf den Namen Anna Katharina getauft, die Eltern waren, wie dies zumeist der Fall war, unbekannt. 1691 wurden zwei Mädchen und am 21. September 1694 „Johann Rudolphus Turca", 15 Jahre alt, getauft.

Nun ging es um die Wiederbestiftung der verwaisten Güter. In diesen Jahren kam es zu einer Zuwanderung weiterer Siedler aus den umliegenden österreichischen Gebieten. Aus den Gewährbüchern ist in dieser Hinsicht nicht viel zu erfahren. Die Pfarrmatrik zeigt die Zuwanderung zwischen 1683 und 1694. Die meisten Zuwanderer kamen aus Niederösterreich, doch schon an nächster Stelle steht die Steiermark in folgender Reihung: Gröbming, Aflenz, Krieglach, Mitterberg, Murau, Eisenerz, Löffelbach und Graz. Aber auch aus Salzburg, Oberösterreich, Kärnten, Bayern und sogar aus Schwaben und dem Elsaß sowie aus der Oberpfalz, aus Franken und Mähren kamen Einwanderer nach Hütteldorf. Auf dem Gebiete der Landwirtschaft erfolgte nach der sinnlosen Zerstörung weiter Fluren und Weinkulturen durch die türkischen Soldaten eine Umwandlung zugunsten des Ackerbaus, der Vieh- und Milchwirtschaft.

In der von Not und Elend gezeichneten Zeit wirkte in Hütteldorf ein berühmter Prediger, Abraham a Sancta Clara, der kraft seines reichen, barocken Wortschatzes und seiner Schriften als markante Persönlichkeit in Geschichte und Literatur einging.

Das Pestjahr 1713

In diesem Jahr wütete die Pest auch in Hütteldorf. Viele Menschen mußten ihr Leben lassen. Die Seuche dauerte vom 4. Juni bis 24. August. Insgesamt sollen damals im Raum Hütteldorf zwischen

30 und 70 Personen an der Pest gestorben sein. In diesen schrecklichen Tagen gelobte die Gemeinde, eine Pestsäule zu stiften, falls die Epidemie zurückgehen sollte. Nach Abklingen der Seuche löste die Bevölkerung ihr Versprechen ein und ließ eine Dreifaltigkeitsgruppe aus Sandstein errichten. Sie steht noch heute an der Ecke Linzer Straße — Hüttelbergstraße.

Nach dem Pestjahr beruhigten sich allmählich die Verhältnisse in der Gemeinde Hütteldorf, und sie gelangte bald wieder zu Wohlstand; die Pfarre war bald so begehrt, daß sie nur besonders hohen geistlichen Würdenträgern verliehen wurde. Am 30. Oktober 1730 wurde kein Geringerer als Dr. phil. et theol. Josef Heinrich Breitenbücher, Titularbischof von Antigonia und Weihbischof zu Wien, als Pfarrer präsentiert und schon am nächsten Tag installiert. Zum erstenmal stand ein Bischof der Pfarrgemeinde vor, der bereits eine glänzende Karriere absolviert hatte. Trotz seiner vielen Amtspflichten, die er als Bischof innehatte, widmete er viel Interesse den neuen Aufgaben. Für die notwendigen administrativen Arbeiten bestellte er einen Vikar namens Johann Jakob Siger, der ab dem Jahre 1739, dem Zeitpunkt seiner Bestellung, eine Chronik der Pfarre Hütteldorf führte, die bis heute fortgesetzt wird und ein anschauliches Bild über das Leben der Hütteldorfer Pfarrgemeinde durch alle Zeitläufte wiedergibt.

Breitenbücher hatte sich auch um die Organisation der Pfarre große Verdienste erworben. Die schon lange verfallene St.-Nikolai-Kapelle ließ er auf seine Kosten — sie beliefen sich auf über 300 Gulden — wiederherstellen. Am 21. August 1735 wurde das Gotteshaus neu konsekriert.

Breitenbücher richtete es immer so ein, daß er zu den Festtagen in seiner Pfarrgemeinde Hütteldorf sein konnte. War er durch seine Verpflichtungen in St. Stephan zu Wien einmal verhindert, wurde das Fest einfach verschoben. So war es mit dem Fronleichnamsfest. Da Breitenbücher an diesem Tag im Dom verpflichtet war, hatte er die Feier in Hütteldorf auf den darauffolgenden Sonntag geplant. Der damals geübte Brauch hat sich bis heute erhalten, das Fronleichnamsfest wird in Hütteldorf nämlich immer noch am darauffolgenden Sonntag gefeiert.

Unter der Pfarrherrschaft Breitenbüchers erfolgte auch die Gründung der sogenannten Christenlehrbruderschaft, einer Vereinigung, die sich besonders der Pflege des Gottesdienstes widmete; darüber hinaus aber trug sie für die Bezahlung der Begräbnisfeier ihrer Mitglieder Sorge. In diesem Verein erkennen wir einen späten Nachfahren der einstigen Begräbnisbruderschaft Hütteldorfs aus dem Jahre 1410.

Daß sich Breitenbücher mit der Pfarrgemeinde Hütteldorf innig verbunden fühlte, beweist sein letzter Wunsch, unter dem Hochaltar der Pfarrkirche in Hütteldorf seine ewige Ruhe zu finden. Nach seinem Tod am 24. September 1749 wurde seinem Wunsch Rechnung getragen. Die damalige Hütteldorfer Pfarrkirche befand sich auf dem Areal, das zwischen Linzer Straße, Bergmillergasse und Stockhammerngasse liegt. Maria Theresia verlieh als Patronin der Pfarre Hütteldorf die Pfründe nur auf begrenzte Zeit. So hatte Dr. theol. Franz Anton Gußmann nur 2 Jahre das Pfarramt inne.

Schon 1751 bekam Hütteldorf in der Person des Dr. Franz Anton Marxer wieder einen neuen Pfarrherrn. Auch er war Weihbischof von St. Stephan. Marxer stammte aus Tisis in Vorarlberg und hatte am Jesuitengymnasium in Feldkirch und später an der Wiener Universität studiert; schließlich wurde er Universitätsprofessor (Dekan der theol. Fakultät). Sein besonderes Anliegen galt der Armen- und Krankenfürsorge. Kaiser Karl VI. berief ihn daher in die Kommission zur Regelung des Armenwesens und in den Vorstand der Armenkassa. Franz Anton Marxer war vorher, von 1743 bis 1751, Pfarrer in Kaiserebersdorf gewesen. In dieser Zeit war ihm auch die Gründung des Armenhauses am Rennweg gelungen. Hingegen muß man Marxers Wirken in Hütteldorf eher als sporadisch bezeichnen, obwohl es von großer Unternehmungslust gekennzeichnet war. Er brachte auch einen neuen Vikar in die Pfarre mit. Da sich Marxer für die Bautätigkeit besonders interessierte, ließ er die Hütteldorfer Kirche und den Pfarrhof renovieren. Marxer hatte während seines Lebens aus eigenen Mitteln insgesamt 5 Kirchen (darunter Hütteldorf), 5 Pfarrhöfe und 2 Schlösser restaurieren lassen. Seine Zeitgenossen wunderten sich, wo er die finanziellen Mittel auftrieb. Sein Testament gibt darüber Aufschluß, denn darin „gesteht er", daß er 1748 30 000 Gulden und 1754 sogar 60 000 Gulden in der Staatslotterie gewonnen hatte.

Nach seinen sechs Hütteldorfer Jahren ging Marxer wieder in seine Pfarre nach Kaiserebersdorf zurück. Dafür übernahm der dort amtierende Pfarrer Dr. Karl Josef Wahler die Pfarre Hütteldorf. Ihm kommt das Verdienst umfassender schriftlicher Aufzeichnungen über die Pfarrgemeinde zu. Darüber hinaus befaßte er sich als erster mit der Erforschung der Geschichte der Pfarre Hütteldorf. In wirtschaftlicher Hinsicht gelang ihm eine vorbildliche Verwaltung; alle Gründe, die verödet waren und der Pfarre keinen Nutzen mehr brachten, verkaufte er. Sein besonderes Augenmerk galt der Restaurierung von Kirche und Pfarrhof. Auch die Nikolaikapelle unterstand seiner Obhut. Wahler starb am 19. Jänner 1772 und fand in der Hütteldorfer Pfarrkirche seine letzte Ruhestätte.

Sein Nachfolger war Andreas Schwarzenbach. Er erlebte während seiner Amtszeit die große Umschichtung auf kirchlichem Gebiet, die durch die Reformen Josephs II. bedingt war. Man begann mit der Aufhebung des Klosters in Mauerbach. Im Zuge der josephinischen Pfarrgründungen wurde auch Mariabrunn zu einer eigenen Pfarre erhoben und dem Kloster inkorporiert. Mit Berücksichtigung, daß einmal Weidlingau eine eigene Pfarre war und die seinerzeitige Vereinigung mit Hütteldorf nur als „Provisorium" bestand, das immerhin 164 Jahre währte, erhielt nunmehr Mariabrunn alle jene Ortschaften zur pfarrlichen Betreuung zugesprochen, die einmal zum Sprengel Weidlingau gehört hatten. Das mag auch den Pfarrer Schwarzenbach sehr verärgert haben, er gab am 27. Mai 1784 seine Pfarre auf und ging als Domherr nach Linz.

Sein Nachfolger, Pfarrer Franz Xaver Muthsam, hatte nach seiner Installation am 14. August 1784 mit großer Niedergeschlagenheit erklärt, daß er nicht wisse, wo sein Pfarrsprengel beginne und wo er ende.

Muthsams Wirken lag seine jesuitische Erziehung zugrunde. Er bemühte sich aber nicht nur um die Sicherung des religiösen Lebens in seinem Pfarrbereich, sondern war auch Direktor des Theresianums in Wien und ein hervorragender Botaniker. Es kam ihm daher die Übernahme der Pfarre in Hütteldorf sehr gelegen. Hier, in dieser wunderschönen, von der Natur dominierten Landschaft, stellte er ein Herbarium von besonderen Gewächsen zusammen, das er dem Theresianum zum Geschenk machte.

Auch die kleine, beschauliche St.-Nikolai-Kapelle sollte der josephinischen Aufhebung nicht entgehen; auf landesfürstliche Weisung wurde sie 1785 gesperrt und am 25. April 1787 entweiht. Die Verordnung besagte auch, daß das Gotteshaus zum Abreißen bestimmt sei, jedoch müsse vorher der Wert des Baumaterials festgestellt und ein Käufer dafür gefunden sein. Die Fürstin Leopoldine Liechtenstein, die von der beabsichtigten Demolierung erfahren hatte, kaufte das Gotteshaus um den Materialwert von 300 Gulden. Diesen Betrag hatte die Niederösterreichische Regierung der Pfarre Hütteldorf „gnädigst überlassen". Die Fürstin überlistete den Kaiser, indem sie die Kapelle nicht der Spitzhacke preisgab, sondern der Pfarre Hütteldorf überließ, die sie um den Erlös restaurierte und wieder instandsetzte. So konnte das älteste Bauwerk des mittleren Wientales vor der Vernichtung bewahrt werden.

Muthsam setzte in seinem Testament die Armen Hütteldorfs zu Universalerben ein und bedachte die Kirche mit einem Legat.

Er brachte auch Michael Denis, seinen ehemaligen Mitbruder der Gesellschaft Jesu, nach Hütteldorf, der als bedeutender Dichter bekannt wurde. Er verwendete die Buchstaben seines Familiennamens in umgekehrter Reihenfolge und nannte sich „Sined der Barde". In der Ideenfolge der einstigen Bardendichtung Ossians gab er 1772 „Die Lieder Sineds des Barden" heraus. Michael Denis verfaßte auch viele Kirchenlieder, wie z. B. „Hier liegt vor deiner Majestät" sowie „Tauet Himmel, den Gerechten" und „Großer Gott, wir loben dich!" Außerdem war er der Verfasser des ersten Lesebuchs in Österreich. Als Professor am Theresianum und Kustos der Wiener Hofbibliothek schrieb er bibliothekswissenschaftliche und bibliographische Werke. Er war auch der Verfasser einer Geschichte der Buchdruckerkunst in Wien. Michael Denis fand seine letzte Ruhestätte an der Südseite der äußeren Kirchenmauer der alten Hütteldorfer Kirche. Anläßlich der Säkularfeier der Wiener Buchdruckerkunst im Jahre 1882 wurde von den Wiener Buchdruckern die Umbettung der irdischen Reste des Dichters an die Ostseite der neuen Kirche sowie die Errichtung eines Denkmals an dieser Stelle veranlaßt.

Muthsam starb 1801 und wurde unter dem Portal der alten Kirche beerdigt. Heute liegt sein Leichnam im Pfarrgrab am Hütteldorfer Friedhof.

Der Nachfolger Muthsams war der Subdirektor des Theresianums in Wien, Leopold Schneider. In seiner Amtszeit erlitt die Pfarre nicht nur durch die Veruntreuung eines Beamten großen wirtschaftlichen Verlust, sondern die Gemeinde Hütteldorf wurde vor allem durch die Franzosenkriege arg in Mitleidenschaft gezogen: Es entstanden große Flurschäden, und die Pfarrwälder fielen im Zuge der Operationen der Verwüstung anheim. Während die verarmte Bevölkerung den schlechten Zustand dieser Wälder zum

Abholzen nutzte, wurde nun so mancher ertragreiche Wald zu einer Wiese. Von den kriegerischen Auseinandersetzungen in Hütteldorf selbst künden noch heute französische Geschosse, die in die Hausmauern der Häuser Linzer Straße 383 und 391 eingemauert sind. Um 1810 wurde auch der alte Friedhof, der seit dem Bestehen der Kirche um diese herum angelegt war, für jede weitere Benutzung gesperrt. Dafür entstand am Ortsende des Dorfes ein neuer Friedhof, der ab 1811 belegt wurde.

In dieser Zeit entwickelte die Lieblingstochter Maria Theresias, Maria Christine, den Plan einer die westlichen Teile Wiens mit frischem Trinkwasser versorgenden Wasserleitung, die im Haltertal bei Hütteldorf ihren Ausgang nehmen sollte. Hier befanden sich später auch die beiden Brunnenstuben und das Haus des Brunnenmeisters. Maria Christine, die mit Herzog Albert von Sachsen-Teschen verheiratet war, bestimmte in ihrem Testament den Bau der genannten Wasserleitung. Sie verstarb im Jahre 1798. Ihr Gatte, Herzog Albert, ließ in den Jahren 1803 bis 1804 den Bau unter der Leitung des Oberkämmerers der Stadt Wien, Stefan von Wohlleben, des nachmaligen Wiener Bürgermeisters, durchführen. So entstand die Albertinische Wasserleitung, die in Wien zwölf Brunnen versorgte, und zwar drei in Mariahilf, zwei in Gumpendorf, zwei in der Josefstadt, zwei auf der Laimgrube und an der Wien, einen auf dem Neubau, einen in St. Ulrich und einen auf dem Spittelberg. Der Hauptbrunnen befand sich vor der Mariahilfer Kirche. Durch den späteren Bau der Wiener Hochquellenwasserleitung war die Albertinische Wasserleitung überholt und fand keine Verwendung mehr.

Die finanzielle Situation der Pfarre war in diesen Jahren denkbar schlecht. Es kam sogar so weit, daß der Nachfolger Schneiders, Alexius Wiedemann, bereits ein Jahr nach seiner Installierung resignierte. Auf ihn folgte Wendelin Simmerdinger, dem es gelang, für Hütteldorf die Bestellung eines Kaplans durchzusetzen. Einer der ersten Kapläne war der später so berühmte Kardinal Othmar von Rauscher. Seit 8. November 1832 leitete Josef Weinkopf die Pfarre, der dieses Amt 40 Jahre lang ausüben sollte. Unter ihm erfolgte zum letzten Male die Renovierung von Kirche und Pfarrhof.

In die Zeit von Weinkopfs Amtsführung fallen große Umwälzungen auf gesellschaftlichem und schließlich auch auf wirtschaftlichem Gebiet. Die Revolution von 1848 zeigte deutlich ihre Auswirkungen. Die Aufhebung der Grundherrschaften betraf auch die Pfarre Hütteldorf und die Bewohner des Gemeinwesens. Bis 1850 standen Ortsrichter den Dorfgemeinden vor. Sie befanden sich in Abhängigkeit von der Grundherrschaft. Erst am 26. Juli 1851 gab es in Niederösterreich erstmals freie Wahlen. Bürgermeister und Ausschußmänner wurden frei gewählt. Der erste Bürgermeister von Hütteldorf war Anton Bergmiller, Stellfuhrinhaber und Gutsbesitzer. Er stand der Gemeinde in den Jahren 1851 bis 1868 vor. Ihm folgte 1869 Michael Muck, Schuhmacher und Hausbesitzer, der bis 1876 das Bürgermeisteramt innehatte. Nur zwei Jahre, von 1877 bis 1879, war Nikolaus Döring, Holzhändler und Hausbesitzer, Bürgermeister von Hütteldorf. Von 1880 bis 1891 war es schließlich Ferdinand Wolf, Schlossermeister und Hausbesitzer, der dieses Amt ausübte. Nachdem Hütteldorf 40 Jahre lang von Bürgermeistern verwaltet worden war, wurde es 1890 nach Wien eingemeindet.

Während der Amtsführung des Pfarrers Weinkopf erfolgte eine für den Bestand der St.-Nikolai-Kapelle bedeutsame Entscheidung. Diese kleine Kapelle im Wiental unterstand ja bekanntlich der Pfarre Hütteldorf. Im Jahre 1833 ging die Pfarre mit dem k. k. Oberstjägermeisteramt einen Waldtausch ein. Es handelte sich dabei einerseits um das Gebiet um die genannte Kapelle und anderseits um das Waldgebiet am Wolfersberg. Mit diesem Tausch kam die St.-Nikolai-Kapelle, die 700 Jahre zu Hütteldorf gehörte, unmittelbar in den Besitz des Kaiserhofes und wurde in den ummauerten Teil des kaiserlichen Geheges des Lainzer Tiergartens einbezogen. Erzherzog Ludwig ließ das Gotteshaus renovieren und dem hl. Eustachius, dem Patron der Jäger, weihen.

Am 3. Juli 1873 starb Pfarrer Weinkopf. Ihm folgte eine bereits bekannte Persönlichkeit, Emanuel Paletz, bis dahin Pfarrer von Ottakring. Gleich nach seiner Installierung ging Paletz 1873 an die Hütteldorfer Probleme heran. Der Gedanke einer Restaurierung des Gotteshauses wurde aufgegeben: Die dem Verfall preisgegebene alte Kirche sollte durch einen Neubau ersetzt werden. Paletz konnte dafür die Zustimmung des Kaisers erlangen. Als Patronatsherr genehmigte der Kaiser an seinem 50. Geburtstag, dem 18. August 1880, den Bau einer neuen Pfarrkirche, und schon am 26. Juni 1881 wurde durch Weihbischof Dr. Angerer die Grundsteinlegung vorgenommen. Aus diesem feierlichen Anlaß verfaßte Paletz eine Gedenkschrift. Der architektonische Plan, „den

Grundsätzen der Gotik nicht minder wie dem praktischen Zweck meisterhaft entsprechend ...", stammte von Richard Jordan.

Die feierliche Konsekration wurde am 9. November 1882 durch Erzbischof Cölestin Josef Ganglbauer vorgenommen. Es muß ein besonders farbenprächtiges Bild gewesen sein, als am Nachmittag des genannten Tages das Sanctissimum in feierlicher Prozession von der alten in die neue Andreaskirche übertragen wurde.

Die alte Kirche wurde niedergerissen, der Friedhof eingeebnet und das Grundstück schließlich verkauft. Der Bauplatz allerdings ist bis heute unverbaut geblieben. Im Zuge der Übersiedlung von der alten in die neue Kirche geschah aber auch etwas sehr Bedauerliches: Trotz Bemühung des Altertumsvereins wurden viele künstlerisch und historisch bedeutsame Denkmäler der Vernichtung preisgegeben, weil nur weniges in die neue Kirche aufgenommen wurde. Manche Kunstgegenstände verschwanden spurlos. Der Grabstein des Pfarrgründers wurde, ebenso wie andere wertvolle Grabplatten, zur Pflasterung des neuen Pfarrhofes verwendet.

Paletz starb am 23. Februar 1900 und fand seine letzte Ruhestätte im ersten errichteten Pfarrgrab am Hütteldorfer Friedhof.

Eine nur zweijährige Pfarrherrschaft war Karl Latzins beschieden. Ihm folgte Josef Neindeifel, der viel vom Pfarrbesitz veräußerte; er glaubte, damit die Pfarre finanziell zu stärken, erlitt jedoch durch die ungünstigen Verhältnisse auf dem Geldmarkt jämmerlich Schiffbruch. Es gab nur wenige Grundstücke, welche über Ersuchen der Pächter vor dem Verkauf gerettet werden konnten. Das bekannteste dieser Grundstücke ist die berühmte „Hütteldorfer Pfarrwiese", die 1911 an den Fußballklub „Rapid" verpachtet wurde: Dieser Sportplatz ist für die Fußballfreunde zur Legende geworden. Nach dem Zweiten Weltkrieg errichtete man dann auf einem anderen Grundstück in der Nähe das sogenannte Weststadion (heute Hanappi-Stadion).

Nach dem Tod Neindeifels im April 1922 hatte es sein Nachfolger, Mathias Heumann, nicht leicht, die pfarrliche Finanzverwaltung wieder ins rechte Lot zu bringen, zumal die damalige Inflation noch erschwerend wirkte.

Heumann war Domprediger zu St. Stephan und gehörte mit namhaften Vertretern aus dem kulturellen Leben, wie z. B. Staatsoperndirektor Karl Schalk, der bischöflichen Kirchen-Kommission an. Nach dem Tode Heumanns wurde im Jahre 1931

Conrad Gall zum Pfarrer ernannt. Er übernahm nicht nur eine große Schuldenlast, sondern wurde auch mit Problemen der seelsorglichen Betreuung der rasch anwachsenden Pfarrgemeinde konfrontiert. Seine besondere Sorge galt dem Wolfersberg, der in den letzten Jahren des Ersten Weltkrieges wild abgeholzt worden war und auf dem in den Nachkriegsjahren eine ebenso wilde Verbauung eingesetzt hatte. Die Besiedlung erreichte bald eine solche Dichte, daß der Gedanke aufkam, für die neuen Siedler eine Gottesdienststätte zu errichten.

Weitere Bestrebungen auf dem seelsorglichen Sektor führten zu umfangreichen Neuerrichtungen von Gotteshäusern, die im Kapitel „Kirchen“ ausführlich beschrieben werden.

Natürlich hat die Gemeinde Hütteldorf auch die Ereignisse des Zweiten Weltkrieges zu spüren bekommen. Wenn der Ort auch von Luftangriffen im wesentlichen verschont blieb, so waren es gerade die letzten Kriegstage und die folgende Besatzungszeit, die Not und Elend über die Bevölkerung brachten. In dieser ereignisreichen Zeit führte Kaplan Friedrich Glotz die Chronik, die eine lebendige Darstellung der Geschehnisse gibt. Die Leute flüchteten in die Keller, wo eine notdürftige Unterkunft eingerichtet wurde. Am Weißen Sonntag, dem 8. April 1945, zogen russische Truppen in Hütteldorf ein und begannen am nächsten Tag mit der Einquartierung. Der Pfarrhof wurde von sowjetischen Offizieren beschlagnahmt, im Pfarrgarten lagerte die Mannschaft. Die Kirche ist von den Soldaten nie betreten worden, da ein Offizier ein entsprechendes Verbot mit Kreide an die Kirchentüre schrieb. Erst nach und nach begann sich das Leben zu normalisieren, wobei jedoch viele durch mangelnde Verpflegung den Tod fanden. Auch Pfarrer Gall starb am 1. Oktober 1946. Sein Nachfolger war Leo Stamm, der schon 1948 von Otto Pelucha abgelöst wurde. Ihm sind eine durchgreifende Reaktivierung des Pfarrlebens und eine Generalrenovierung der neuen Pfarrkirche zu danken. Seit 1974 betreut Erich Rötzer die Pfarre.

Vieles ist in Vergessenheit geraten. Kaum einer wird sich an das alte Brauhaus erinnern, das, wie bereits erwähnt, für Hütteldorf ein Begriff geworden war, jenes alte „prauhäusl“, das schon 1599 bestand und das bereits vor mehr als zwei Jahrhunderten durch das hier erzeugte Bier einen solchen Ruf hatte, daß darüber sogar Gedichte geschrieben wurden.

Michael Pamer, der erste Brotgeber von Strauß und Lanner,

komponierte einen Walzer mit dem Titel „Selige Erinnerungen an das Hütteldorfer Bier". Er selbst dirigierte seine Komposition und pflegte dabei jedesmal nach der Coda vor dem begeisterten Publikum ein Seidel Bier auf einen Zug zu leeren.

Ja, der „Bierwalzer" war bei den Wienern derart beliebt, daß er an ein und demselben Abend oft zwanzigmal und mehr wiederholt werden mußte.

Vergessen ist, daß sich vor dem Brauhaus der Standplatz der sogenannten „Gesellschaftswagen" befand, die die bierseligen Besucher nach Wien zurückbrachten. Man war dabei bestrebt, dem Fahrgast die lange Fahrt kurzweiliger zu gestalten. Das geschah durch ein in den Wagen eingebautes Trompetenspielwerk. Man kann sich vorstellen, welches Aufsehen diese „musikalischen Gesellschaftswagen" damals verursacht haben. Allerdings durfte das Trompetenspielwerk erst außerhalb der „Linie" betätigt werden. Vergessen sind auch die romantisch gelegenen kleinadeligen Besitzungen von einst mit den herrlichen Parkanlagen, wie z. B. jener der Familie Bruchmann; bei ihr gab es besondere Musikliebhaber, die begeistert die sogenannten Schubertiaden pflegten.

Mit der Technik der Dampftramway, der Westbahn und schließlich der Straßenbahn verstärkte sich der Besucherstrom. Die Schönheiten Hütteldorfs und seiner Umgebung werden von den Wienern auch heute noch geschätzt, trotz vieler Verbauungen und Veränderungen.

5. Penzing

Im Wiental, das eine wichtige Verbindung nach dem Westen darstellt, entstand unweit jener Stelle, wo die römische Hochstraße sich der Furt durch die Wien zuwandte (im Gebiet der heutigen Kennedy-Brücke), im Mittelalter eine kleine Siedlung, ein sogenanntes Zeilendorf, das, obwohl nicht unmittelbar am Wienfluß gelegen, doch in diese malerische Landschaft eingebettet war: das Dorf Penzing. Es lag in einer Kette von „ing-Orten", die in einem Bogen den Abfall des Wienerwaldes begleiteten und nach bisherigen wissenschaftlichen Untersuchungen „auf jeden Fall vorkarolingisch und spätestens vor der Mitte des 8. Jahrhunderts angelegt, freilich im 9. Jahrhundert noch vermehrt worden sind". Jene Orte sind wahrscheinlich im Zuge der bajuwarischen Kolonisation entstanden. Es wird auch die Meinung vertreten, daß die Anhäufung von sogenannten „ing-Dörfern" an militärisch wichtigen Punkten zu beobachten ist. Diese Siedlungen wurden von wehrhaften Freibauern errichtet. Die Sprachgeschichtsforschung läßt die Annahme zu, daß sich der jeweilige Name des Gefolgsherrn der Siedler im Ortsnamen niedergeschlagen hat. Im Falle Penzing war es ein Penzo. Urkundlich ist bisher über ihn nichts bekannt.

Daß bei Penzing eine Beziehung zu Bayern bestanden haben mag, erhärtet sich auch daraus, daß der Name Penzing im bajuwarischen Gebiet mehrmals aufscheint. Im Gegensatz zu andern „ing-Orten" liegt Penzing nicht am Rande eines Waldgebietes, sondern nimmt eindeutig eine Brückenkopfstellung ein. Wenn auch der Anbau an den mitunter gefährlichen Wienfluß vermieden wurde, so bildet diese Siedlung ein Pendant zu dem am rechten Wienufer gelegenen Ort Hietzing. Aus der Zeit der ersten Besiedlung und der Entstehung des Ortes Penzing sind keine Dokumente oder Urkunden vorhanden. Man muß sich hier nur auf die Siedlungsformenkunde und die daraus resultierenden Hypothesen stützen.

Die erste urkundliche Erwähnung des Dorfes Penzing findet sich im Traditionsbuch von Klosterneuburg aus dem Jahre 1130. In der Zeugenreihe werden „Regenbertus de Pencingen und Rudolf" genannt. Ob das Geschlecht der Penzinger auch Besitzer des ganzen Ortes war oder ob es vielleicht nur einige Teile innehatte, kann nicht bewiesen werden. Erst im 14. Jahrhundert finden sich wieder Urkunden (1360 und 1364 ausgestellt) über den Besitz der Penzinger, die aber auch nicht Besitzungen in Penzing selbst betreffen, sondern solche in der nächsten Umgebung Wiens, so auf der „Newenburgerstraße vor Schottentor ze Wienn" und in etwas weiterer Entfernung „in Chrotenpach bei Tulln". Als Besitzer wird in beiden Fällen Albrecht der Penzinger angeführt. Neben der im Traditionsbuch von Klosterneuburg genannten Urkunde, die erstmals vom Namen Penzing Zeugnis ablegt, gibt uns eine Urkunde aus dem Jahre 1267 Nachricht von der Gründung der Penzinger Kirche. In der Urkunde wird berichtet, daß „Rudeger von Radawe, miles et ministerialis" des Herzogs von Österreich, genannt Zolre, und Gisla, seine Hausfrau, dem Meister Gerhard, Pfarrer zu Wien, auf dessen Ansuchen ein „atrium" (einen Platz) in Penzing bei den Eichen zur Errichtung einer neuen Kirche als Filiale der Mutterkirche St. Stefan übergeben haben. Diese Stiftungsurkunde vom 27. Juli 1267, im Bayerischen Hauptstaatsarchiv in München aufbewahrt, läßt uns das Landschaftsbild dieser Zeit erahnen. Der Platz für den Bau der Kirche wurde nämlich bei den Eichen genannt, Beweis dafür, daß damals noch Reste des Eichenbuschwaldes Teile des Penzinger Gebietes bedeckten und sich die Bewaldung vor der einsetzenden Rodung von den Hängen des Wienerwaldes bis zum Wagram (= erhöhter Uferrand) des Wienflusses erstreckte. Es wird hier der Flurcharakter der Örtlichkeit eindeutig bestätigt, wobei jedoch der Bau der Kirche nicht unmittelbar an der heutigen Penzinger Straße erfolgte. Vielmehr dürfte mit Absicht die freie Lage zwischen den Fernstraßen — einerseits der alten römischen Hochstraße (der heutigen Penzinger Straße) und andererseits der alten Landstraße (der heutigen Linzer Straße) — gewählt worden sein. Der Platz war hochwassersicher und doch in der Nähe der Furt gelegen, welche die Verbindung aufs andere Ufer der Wien darstellte. Die freie Lage war im Hochmittelalter ein Charakteristikum für sogenannte „Feldkirchen", als die auch die Penzinger Pfarrkirche „Zum hl. Jakob" zu bezeichnen ist.

In der genannten Urkunde von 1267 fungierten Hermann, Ulrich und Walther von Penzing als Zeugen. Über die weitere Geschichte des Geschlechtes der Penzinger ist nichts Dokumentarisches erhalten. Es besteht lediglich die Vermutung, daß der Ort nach dem Aussterben der Penzinger in den Besitz der Tursen von Rauheneck kam, denen dort 1392 Besitz gefront wurde.

Die Grundbucheintragungen zu Beginn des 15. Jahrhunderts sind für die Orts- und Siedlungsgeschichte als erste Auskunftsquelle für Penzing von unschätzbarem Wert. Sie dürfen nicht nur als trockene rechtliche Berichte angesehen werden, sondern sind vielmehr Spiegel geschichtlicher Ereignisse und lassen uns deren Auswirkungen in sozialer und wirtschaftlicher Hinsicht erkennen.

Gerade das 15. Jahrhundert war mit seinen Wirren und seinem beginnenden geistigen Umbruch aus der mittelalterlichen Sphäre in den Bereich individualistischen Denkens und Handelns auch für die Siedlungsgeschichte Penzings von Bedeutung. Als Besitzer des Dorfes trat nun ein altes steirisches Geschlecht auf, das auch bald im Raum Niederösterreich zu den angesehensten Familien gezählt werden durfte: das Geschlecht der Herren von Rappach. 1407 teilten die Brüder Hans, Mert und Christof von Rappach die von ihren Eltern Christof und Chrisentzen ererbten Güter. In diesem Zusammenhang wurden alle drei Brüder urkundlich als Erbvögte von Penzing bezeichnet. Die Rappach brachten nach und nach das ganze Dorf in ihren Besitz und übten auch die niedere Gerichtsbarkeit aus.

Für die Größe der Macht der Herren von Rappach mag die Tatsache sprechen, daß weder der Bischof von Wien als Inhaber des Landgerichtes St. Veit, noch der Stadtrichter von Wien in ihr „freieigenes Dorf" Penzing eingreifen durften. Bei Ergreifung einer „Malefizperson", die sich eines schweren Verbrechens schuldig gemacht hatte, konnten die Rappach diese zur landgerichtlichen Aburteilung entweder dem Bischof oder dem Stadtrichter ausliefern.

Die Herren von Rappach hatten auch besondere Beziehungen zu dem Kloster St. Clara in Wien, weil die Äbtissin Kunigunde (1348—1369) aus dem Hause Rappach stammte. Auf Grund des Gewähr- und Satzbuches der Herren von Rappach läßt sich für das 15. Jahrhundert bereits eine Darstellung des damaligen Penzinger Hausbesitzes geben.

Wenn man der Annahme Glauben schenken darf, daß ursprünglich im Bereich zwischen Diesterweggasse und Einwanggasse der älteste Ortskern von Penzing als Zeilendorf entstand, während in späterer Zeit erst die südliche Zeile hinzugebaut worden sein soll, so kann man für das frühe 15. Jahrhundert auf Grund der beginnenden Grundbucheintragungen die topographische Lage der Siedlung feststellen.

Penzing erscheint im 15. Jahrhundert gemäß den Grundbuchaufzeichnungen bereits als typisches Straßendorf mit fünf Seitengassen, und zwar der „Kirichgasse" (heute Einwanggasse), der „Gassen oberhalb des Pfarrhofs" (heute Diesterweggasse), der „Gassen als man gen Hietzing geett" (heute Nisselgasse), der „Gassen gegen dem Würstlein über" (heute Gyrowetzgasse) und der „Prunngassen" (in der Gegend zwischen der heutigen Teyber- und Phillipsgasse). Die Häuser reihten sich zu beiden Seiten der Dorfstraße (heute Penzinger Straße), an der „oberen Zeil" und an der „Nyderzeil".

Die Hanglage des Wientales war schon seit jeher prädestiniert für den Anbau der Weinrebe. Auch der Penzinger Raum war ein Weinbaugebiet. Wie die Grundbuchaufzeichnungen beweisen, besaßen viele Penzinger einen Weingarten und fanden im Weinbau ihren Erwerb. In dem Gebiet zwischen der heutigen Gyrowetzgasse und der Einwanggasse wurde die Häuserreihe des Dorfes durch Gärten und Grundstücke aufgelockert.

Nördlich des Ortes zog die Hauptverbindungsstraße nach dem Westen vorbei, die Landstraße, die heutige Linzer Straße. Im Süden bildete der Wienfluß eine Begrenzung, wobei hier wegen der zahlreichen Überschwemmungen ein zu naher Anbau an den Fluß vermieden wurde. Dazwischen lagen die Weinrieden.

Penzing bot um die Mitte des 15. Jahrhunderts das Bild eines friedlichen Weinhauerdorfes, das seiner Anlage nach ein Straßendorf war. In dieser Zeit können bereits 76 Häuser nachgewiesen werden, davon lagen 44 an der oberen Zeile und 32 an der unteren Zeile. Dazu kamen der „Kornhyerttenhof" (der spätere Spitalshof), dann der Pfarrhof, die Schule und die Kirche. An der unteren Zeile wurden 1460 Gründe zum Bau von Häusern vergeben, die die Bezeichnung „auff der Neustifft" führten. Dieser Hausbestand blieb bis in die Mitte des 16. Jahrhunderts unverändert bestehen. Erst 1565 wurden weitere Gründe für die Neuerrichtung von acht Häusern auf der unteren Zeile vergeben, auch sie führten die Bezeichnung „auff der Neustifft".

Der größte Teil der Häuser war in Händen von Ortsansässigen. Unter ihnen befanden sich auch die für das Leben im Dorfe unentbehrlichen Gewerbetreibenden und Handwerker: ein Bäcker, drei Fleischhauer, zwei Schuster, zwei Schmiede, ein Maurer. Als Honoratioren kann man wohl den Richter Gorig Pawr, den Schulmeister Andre Ekkerl und den Bader Conrat Dröschler bezeichnen,

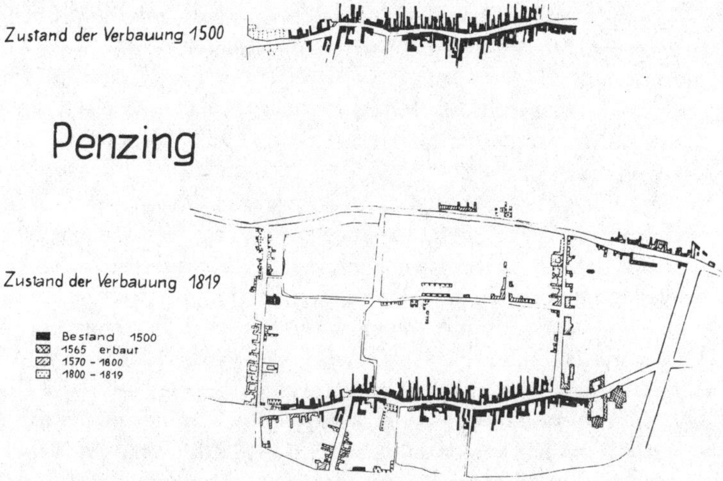

Zustand der Verbauung Penzings 1500 und 1819

die alle im Besitz eines Hauses in Penzing waren. Aus den Grundbüchern kann aber auch ein interessantes Faktum wahrgenommen werden: Ungefähr 10 Prozent der Häuser befanden sich (wenn auch nur vorübergehend) im Besitz von Wienern. Die früheste Erwähnung eines solchen Faktums stammt aus dem Jahre 1442. In diesem Jahre erwarb ein gewisser „Conrath der Chläus, des herzogen sneyder von Wienn", ein Haus. 1448 ist im Grundbuch ein „Michel Scher aus Wien" eingetragen. Es ist bezeichnend, daß es schon im 15. Jahrhundert Wiener Bürger gab, die aus der Enge der Stadt in die Weite der ländlichen Umgebung hinauszogen, um hier zu wohnen oder ein zweites Domizil zu unterhalten und Grund- und Hausbesitz zu erwerben. In den Grundbüchern lesen wir, daß im Jahre 1453 ein Wiener Bürger mit dem Namen Jacob Pawr in Penzing ein Haus erwarb. 1485 kaufte „Mertt Rietenberger zu Wien vor Widmertor" ein Haus. An anderer Stelle ist vermerkt, daß im Jahre 1508 Barbara, die Gattin von Hanns Lychberger, Mitbürger und Bäcker vor dem Schottentor, in den Besitz des Hauses Penzinger Straße 47 gelangte. Daß auch Verpflichtungen mit dem Erwerb von Häusern verbunden waren, zeigt die Eintragung, daß Meister Michael Angermayr, Mitbürger, im Jahre 1493 ein Haus in Penzing mit der Auflage erhielt, „das er sand Jacobskyrchen darumben verglast". Was die Besitzungen der Kirche St. Jakob in Penzing anlangt, waren sie ständigen Änderungen unterworfen: die Liegenschaften wurden sehr rasch wieder veräußert, weil die Kirche ererbte Gebäude und ererbten Grundbesitz infolge von „Bestimmungen gegen die Tote Hand" binnen Jahr und Tag veräußern mußte.

Die Kirche verwendete die ihr vermachten Gelder zur Ausführung frommer Stiftungen, wie etwa zur Lesung von heiligen Messen zum Seelenheil der Verstorbenen. Sie konnte aber auch die Gelder zur Erhaltung und Förderung des Kirchenbaues gebrauchen. In diesem Zusammenhang seien hier zwei Eintragungen in das Grundbuch vermerkt: 1498 erhielt die Witwe des Petter Weiss das Haus Penzinger Straße 23 in Penzing, allerdings mit der Klausel, „darumb sy dann ein gelt zw St. Jacobs Kürchen in Pentzing geben solt, zw hail seiner sel". Im Jahre 1522 erhielt die St.-Jakobs-Kirche von Steffan Stayninger das Haus Penzinger Straße 25. Damit war die Auflage gegeben, dieses Haus zu verkaufen und das erhaltene Geld für den weiteren Bau der Pfarrkirche zu verwenden.

Die Geldverleihung auf Liegenschaften in Form von Darlehen war der Kirche ursprünglich wegen des kanonischen Zinsverbotes nicht erlaubt. Die Möglichkeit, an der weltlichen Geldwirtschaft teilzuhaben, ergab sich durch die Burgrechtskäufe. So verpfändeten zum Beispiel der Kürschner Hanns Gauster und seine Frau Margreth im Jahre 1438 ihr Haus für 8 Pfund Pfennig Burgrecht (Hypothek) der St.-Jakobs-Kirche. Und schließlich finden sich auch noch Vermerke über Darlehen, die von der Kirche auf Liegenschaften gegeben wurden.

Obgleich das Gebiet südlich der Donau von den Hussitenkriegen verschont blieb, war es doch infolge der hohen Steuerlasten, die das Volk zu tragen hatte, indirekt in Mitleidenschaft gezogen. Dazu kam noch die allgemeine Unsicherheit, die während der Regierungszeit Friedrichs III. in den österreichischen Landen herrschte. Nicht unwesentlich dazu beigetragen hat die geringe Entschlußkraft des Kaisers. Die Zustände im Reich hatten einen hohen Grad von Verworrenheit erreicht. Dazu kamen der unselige Bruderkrieg zwischen Kaiser Friedrich III. und Albrecht VI., der Vormundschaftsstreit mit den Ungarn und der frühe Tod von Ladislaus. Die Völker kamen im 15. Jahrhundert nicht zur Ruhe. Herumziehende Söldner plünderten und brandschatzten, um sich für die ausstehenden Soldzahlungen an der wehrlosen Bevölkerung

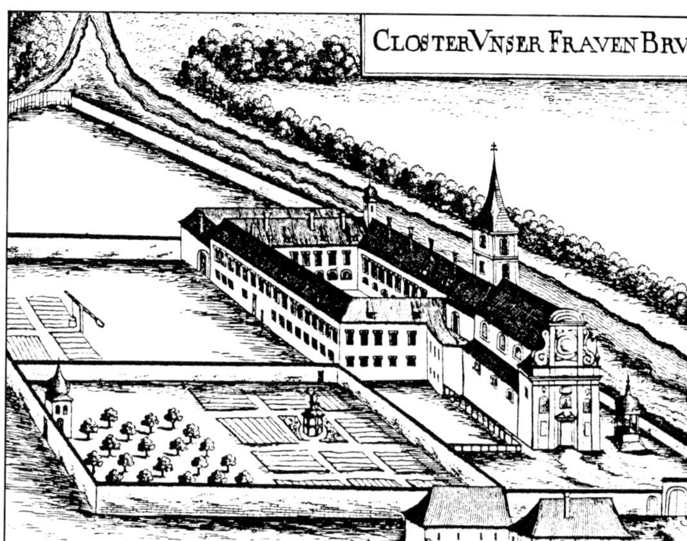

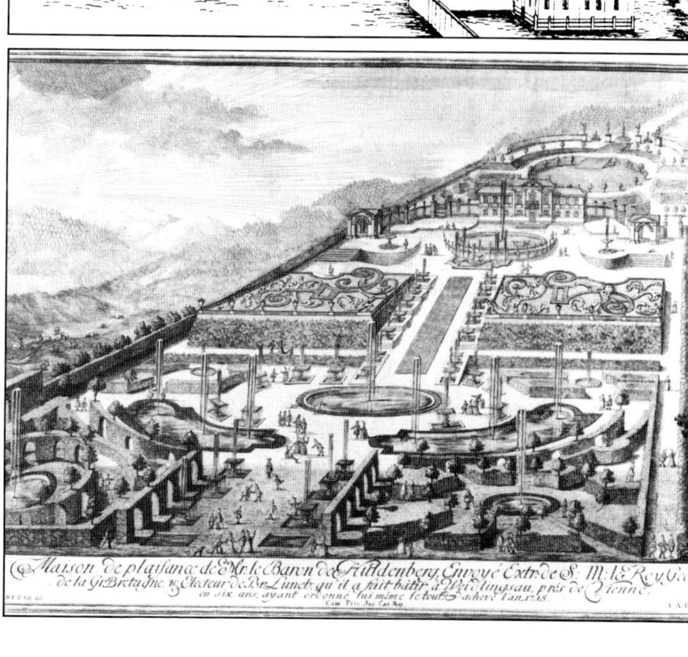

Georg Matthäus Vischer, Kloster Mariabrunn, älteste Ansicht, 1672

Palais Huldenberg in Weidling

Pfarr- und Wallfahrtskirche Mariabrunn

Gnadenstatue der Wallfahrtskirche Mariabrunn

„Jupantschku Ferenz", eine groteske Zwergenfigur aus Weidlingau

Lederer-Schloß, Hauptansicht

schadlos zu halten. Aber auch große Heerzüge verwüsteten das Land. Im Jahre 1461 gelangte Albrecht VI. mit einem Heer bis in die Gegend von Penzing. 1462 belagerte der rebellische Herzog seinen kaiserlichen Bruder in der Hofburg zu Wien. Er erzwang sich schließlich das Gebiet von Österreich unter der Enns mit Wien. Doch auch der Tod Herzog Albrechts VI. im Jahre 1463 brachte der Bevölkerung in den österreichischen Landen keinen Frieden. Die Einnahme Wiens durch den Ungarnkönig Matthias Corvinus, der hier fünf Jahre residierte und die Rechte und Freiheiten dieser Stadt bestätigte, brachte auch keine wesentliche Entspannung, zumal der König schon am 6. April 1490 in Wien starb. Die Kriegswirren ließen die Bevölkerung verarmen. Nicht selten hatten sie Hab und Gut und ihre Erwerbsquelle verloren.

Der kurze sachliche Grundbuchvermerk „oed reissig guet" (ödes verwüstetes Gut) läßt die ganze Tragik und Trostlosigkeit jener unruhigen Zeit erkennen. Erst unter der Regierung Maximilians I. beruhigten sich die Verhältnisse, das Leben begann sich wieder zu normalisieren, wenn auch nicht für lange Zeit.

Die von den Heerzügen besonders heimgesuchten Weinorte erholten sich verhältnismäßig rascher als die Ackerbaudörfer. Es war aber auch nur zu verständlich, daß die Siedlungsdichte in den Weinbaugebieten rascher anwuchs, da ja der Weinbau begründete Hoffnung auf besseren Lebensunterhalt zuließ.

Das Dorf Penzing verblieb bis 1542 im Besitz der Herren von Rappach. Dann wurde es samt allen „Holden" (dienstpflichtigen Untertanen) in Penzing, den „vier Holden zu Baumgarten" und etlichen Weingartendiensten in der Rein (heute 15. Bezirk), samt einem Holz- oder Waldberg nächst Hadersdorf, um 550 Pfund an das Bürgerspital verkauft. Die Gülteinlage des Bürgerspitals über „Gült und dienst auf behausten gütern auf dem lande" aus dem Jahre 1544 gibt für Penzing ein Gülteinkommen von 12 Pfund 3 Schilling 8 Pfennig an.

Das Bürgerspital war von Bürgern der Stadt Wien um die Mitte des 13. Jahrhunderts gegründet worden. Es lag vor dem Kärntnertor am linken Ufer des Wienflusses. In der wohl ältesten Urkunde aus dem Jahre 1257 scheinen als „gubernatores" (Leiter des Bürgerspitals) drei Brüder mit den Namen Otto, Kuno und Konrad in Foro auf. Sie gehörten zu den wohlhabendsten Bürgern Wiens. In diesem Spital fanden sowohl Einheimische als auch Fremde Aufnahme. Infolge der anfänglich schlechten pekuniären Verhältnisse des Spitals wurden von seiten der Kirche Anstrengungen zur Erhaltung dieser Zufluchtsstätte für Kranke unternommen. Durch Ablaßerteilung und Gnadenakte versuchte man, die Finanzen in Ordnung zu bringen. Das Spital konnte bald zwei Stadthäuser und auch Liegenschaften außerhalb der Stadt erwerben.

Nach einer Eintragung in einem alten Dienstbuch zu schließen, besaß das Wiener Bürgerspital schon 1326 Einnahmen von einem Hof und einem Weingarten in Penzing und konnte schließlich auf Grund zahlreicher Schenkungen und Stiftungen einen beachtlichen Wohlstand erreichen. Viele Häuser, Höfe und Weingärten in der Umgebung der Stadt Wien zählten zum Besitz des Bürgerspitals. Über zwei Jahrhunderte war Penzing im Besitz dieser großen und wohlhabenden Grundherrschaft.

Penzing im Türkenjahr 1529

Von großer Bedeutung für den kleinen Ort Penzing war aber jenes Jahr, als die Herren von Rappach noch Besitzer des Dorfes waren. Es war das Schicksalsjahr 1529, als die Türken unaufhaltsam bis vor Wien vordrangen und diese Bastion abendländischer Kultur belagerten. Daß die kleinen Orte außerhalb des Stadtgebietes in hohem Maße in Mitleidenschaft gezogen waren, ist verständlich. Und Penzing bekam den Ansturm des Türkenheeres besonders zu spüren.

Zu Beginn des 16. Jahrhunderts hatte Sultan Soliman, von der Geschichte als „der Große" bezeichnet, die Herrschaft angetreten. Mitteleuropa war in dieser Zeit durch Macht- und religiöse Parteikämpfe zerrissen und uneinig. Und doch gelang dem Hause Habsburg durch die berühmte Doppelhochzeit im Jahre 1515 eine Bindung des ungarischen Königshauses der aus Polen stammenden Jagellonen mit dem Hause Habsburg. Doch die türkischen Truppen setzten ihren Vormarsch fort. Ihr Ziel war nunmehr der mitteleuropäische Raum. 1521 fiel die Stadt Belgrad in die Hände der Türken, der Weg nach Ungarn war frei. Sultan Soliman bereitete mit seinen Verbänden dem ungarischen Heer 1526 bei Mohács eine vernichtende Niederlage. Der ungarische König Ludwig II. fand dabei den Tod. Durch die erwähnte Heirat fiel nun die Herrschaft über Ungarn als Erbe dem Haus Habsburg zu. Für mehrere Jahrzehnte war es Österreich und dem Hause Habsburg

Rundplan der Stadt Wien zur Zeit der Ersten Türkenbelagerung, von Niklas Meldemann, 1530. Ausschnitt.

vorbehalten, den Abwehrkampf gegen die Türken zu führen. Die Ostpolitik Österreich-Ungarns war bis Ende des 18. Jahrhunderts von dieser schwerwiegenden Auseinandersetzung mit der Türkei gekennzeichnet.

Wie eine Lawine wälzte sich das Türkenheer Sultan Solimans im Jahre 1529 gegen die Hauptstadt Wien heran. Am 22. September sah man bereits die ersten Türken als Vorhut vor den in aller Eile notdürftig errichteten Schutzwällen der Vorstädte. Erzherzog Ferdinand befand sich in diesen schicksalsschweren Tagen in Linz. Er dachte nicht an eine Aufgabe der Stadt Wien. Vielmehr setzte er einen Kriegsrat ein, dem Graf Niklas Salm vorstand. Obwohl man das Eintreffen der Reichshilfstruppen erwartete, mußte für die Verteidigung der Donaustadt ein schmerzliches Opfer gebracht werden. Der Kriegsrat befahl die Schleifung der Vorstädte, wobei mehr als 800 Häuser der Vorstädte der Zerstörung anheimfielen.

Im Bereich der Vororte war das kriegerische Geschehen noch härter: Es gab keine Befestigungen, keinen Schutz vor den heranrükkenden Soldaten. In den letzten Septembertagen des Jahres 1529 standen die Truppen des Paschas von Anatolien im Raume zwischen St. Theobald (Laimgrube, heute 6. Wiener Gemeindebezirk) und Penzing. In diesen schicksalshaften Tagen bestand der Ort Penzing neben der Kirche zum hl. Jakob, der Rochuskapelle, dem Pfarrhof, der Schule und einem Gutshof aus 77 Häusern. In der berühmten Rundansicht Niklas Meldemanns wird die Situation dieser entscheidenden Tage bildlich festgehalten. Er versah diesen Plan mit Erläuterungen und Vermerken. Aus einem dieser Vermerke geht hervor, daß in einem hinter der Ortschaft Penzing befindlichen Wald „die türcken etlich tausend von man, weib und kindern erbermlich erwürgt, die man an vil orten hin und wider also ligent gefunden hat“.

Viele Penzinger wurden von den Türken verschleppt, ihr weiteres Schicksal blieb ungewiß. Andere Auskünfte über die tragischen Ereignisse des Jahres 1529 liefern die Grundbücher. Sie geben über den Zustand Aufschluß, in welchem das türkische Belagerungsheer die nächste Umgebung Wiens, also auch Penzing, zurückgelassen hatte. Noch unter dem Eindruck der furchtbaren Kriegsereignisse berichten sie vom „turckhischen erstlichem uberzug des landes Oesterreich“ und vom „durckhischen einzug und uberfallung des erzhertzogthumb Oesterreich“. Über das Schicksal so mancher Bewohner von Penzing finden wir die in knappen Worten gehaltene Eintragung: „durch den turckhen uberzug des 29th jarss verloren oder hinweggefurt“ oder „durch den turckhen verfeuert“.

Doch wie dies nach solchen kriegerischen Ereignissen üblich ist, verblaßte die Erinnerung bald, und die Nachrichten über das Geschehen von 1529 wurden in den Penzinger Grundbüchern immer seltener; nur die lakonische Eintragung „Prandtstatt“ läßt später auf eine Zerstörung durch die Türken schließen. Bei 26 Häusern des Dorfes Penzing werden keine bemerkenswerten Schäden durch die Türkeninvasion vermerkt. Bei drei Häusern wird der Türkensturm ausdrücklich erwähnt, zwei dieser Häuser wurden in Brand gesteckt, die Besitzer des dritten Hauses verschleppt. Die Menschenverluste lassen sich zahlenmäßig nicht erfassen, jedenfalls dürften sie in Penzing beträchtlich gewesen sein. Auch das Penzinger Gotteshaus ist durch den Türkensturm nicht verschont geblieben. Einem Bericht des Bischofs Faber zufolge, wurde der Pfarrer von seinem Posten vertrieben. Später war er nicht mehr zu bewegen, in die Pfarre zurückzukehren. Vielmehr ließ er einen Dechant aus „Freyenstatt" nach Penzing kommen, den er eine Zeitlang aus seinen eigenen Mitteln unterstützte. Nach seinem Tod wurde ein neuer Pfarrer in Penzing eingesetzt. Er fand einen abgebrannten Pfarrhof und eine schwer beschädigte Kirche vor und wurde schließlich aus dem „Säckel" des Bischofs unterstützt. Die Gemeinde, bereits von vielen Wiedertäufern durchsetzt, lehnte es ab, beim Bau der zerstörten Kirche und des Pfarrhofes freiwillig mitzuhelfen. Noch 1533 spricht Bischof Faber in einem Bericht von der Not und dem Elend, die in seinem Kirchensprengel herrschten. Aber auch im Realitätenverkehr war eine Stockung eingetreten. In der Grundbuchführung, die mitunter viele Lücken aufweist, erfolgte nur langsam eine Rückkehr zu geordneten Verhältnissen.

Die Grundherrschaft wollte schließlich wieder Ordnung in diese wirren Verhältnisse bringen. Ihr ging es darum, daß die Häuser wieder aufgebaut und die Äcker wieder ertragsfähig gemacht wurden und daß es Untertanen gab, die Abgaben leisteten. Soweit noch die alten Eigentümer der Liegenschaften lebten, stellte dies kein Problem dar. In den meisten Fällen jedoch waren Erbansprüche und Mündelgut zu behandeln, die großen Arbeitsaufwand notwendig machten.

Was das Gebiet von Penzing für seine Lebenshaltung besonders auszeichnete, waren die umfangreichen Weingärten. Aber auch sie waren beim Türkensturm nicht verschont geblieben. In den Gewährbüchern wird immer wieder von öden und verwüsteten Weingärten berichtet.

Die Vernichtung des Weinbaugebietes während der Türkenkriege bewog die Regierung der niederösterreichischen Lande, schon 1534 eine Weingartenordnung für Hauer und Weingartenarbeiter zu erlassen, in der alle einschlägigen Fragen, wie Beschaffung von Arbeitskräften, Entlohnung und Arbeitszeit, behandelt wurden.

Durch die Türkenbelagerung von 1529 wurde die Entwicklung der Kulturlandschaft unterbrochen und die Bevölkerungszahl vermindert. Das hatte zur Folge, daß noch 1544 bei einer Pfarrvisitation viel Elend festgestellt wurde. Stiftungs- und Pfarrgründe waren in überwiegender Anzahl verödet, und die Pfarrgeistlichkeit vermochte sich oft vom Erträgnis der Pfründe oder der Pfarre selbst nicht zu ernähren.

Im Jahre 1537 klagte der Pfarrer Gregor Rottschacher von Penzing, daß er in bitterer Not leben müsse: „Fürstliche Gnaden möge um Gottes willen bedenken, ob ein Pfarrer nicht auch essen und trinken muss. Ja, wenn ich nicht essen und trinken, meines Kleides und Hauses und Notdurft bedürfte, möchte es mich wohl leiden."

Trotz aller dieser Schwierigkeiten begann die Bevölkerung mit dem Wiederaufbau der Häuser und der Neubearbeitung des Bodens.

Reformation und Gegenreformation

Eine große Veränderung in den Lebensbedingungen der Bevölkerung in der näheren Umgebung Wiens bewirkte in der ersten Hälfte des 16. Jahrhunderts das Vordringen der Reformation. Penzing war damals Hauptsitz der von Dr. Balthasar Hubmayer geführten niederösterreichischen Wiedertäuferbewegung und ein Mittelpunkt religiöser Auseinandersetzungen. Zwei Angehörige dieser Sekte, ein Penzinger Schuster und ein Bauer, bekannten sich zu einer gesellschaftlichen Erneuerung im Sinne der Wiedertäuferbewegung. Ihr Ziel war die Befreiung der von den Lasten der Grundherrschaft ausgebeuteten Bauern. Diese Auflehnung mußten sie mit dem Feuertod bezahlen. Am 24. März 1528 verbrannte man die beiden Rebellen auf der sogenannten „Gänsweid", einem Gebiet im heutigen dritten Wiener Gemeindebezirk (Weißgerberlände 2—10). Die „Gänsweid" war im alten Wien die Hinrichtungsstätte für jene Verurteilten, die den Tod durch Verbrennen zu erleiden hatten. Auch Dr. Balthasar Hubmayer wurde der Folter unterzogen und sodann auf der „Gänsweid" verbrannt. Seine Gattin hat man drei Tage später in einen Sack genäht und von der Taborbrücke in die Donau geworfen. Die Verfolgung der Wiedertäufer wurde mit größter Grausamkeit durchgeführt, und doch wurden weite Teile Europas von dieser Lehre erfaßt.

Im Jahre 1533 bedrohte der Ortsrichter Lienhart Schärdinger den Pfarrer sogar mit der Waffe in der Hand. Er wollte auf keinen Fall wieder katholisch werden. Über diesen Vorfall führte man bei dem im gleichen Jahr abgehaltenen Banntaiding vergeblich Beschwerde, da es auch bei den Verwaltungsstellen viele Lutheraner gab.

Zu Beginn des 16. Jahrhunderts hatte Bischof Faber, der auch Vorsitzender des Landgerichtes St. Veit war, längere Zeit hindurch auf eigene Kosten Priester gehalten. Die Penzinger hatten zwar dem Bischof Faber versprochen, den Pfarrer zu erhalten und zu unterstützen, jedoch kamen sie diesem Versprechen nicht nach, denn der größte Teil der Bevölkerung von Penzing hatte bereits den lutherischen Glauben angenommen, und daher war das Interesse sehr gering, den katholischen Pfarrer zu unterstützen. Er konnte daher nur aus fallweisen Zuwendungen sein Leben fristen. Über das Einkommen seines Gotteshauses in der Höhe von jährlich 11 Pfund 6 Schilling weiß er zu berichten: „hab dieser zeit nichts".

Auch die kirchlichen Visitationsberichte geben ein anschauliches Bild der herrschenden Verhältnisse. Im Jahre 1577 heißt es zum Beispiel, daß in Penzing „lutheranische Predikanten in den letzten Tagen hätten predigen lassen und die Besitzverhältnisse der Pfarre immer verwirrter werden ..."

Der Widerstand der Bevölkerung gegen den Klerus wurde auch durch die Grundherrschaft, die Herren von Rappach, gefördert.

Anderseits waren die größtenteils verarmten Bauern gegen den Grundherrn eingestellt. Dem großen Bauernaufstand von 1596/97 schloß sich das Viertel unter dem Wienerwald zwar nicht an, es kam jedoch zu einer Erhebung der Weingartenarbeiter dieses Gebietes gegen die Grundherrschaft. Sie erklärten, um den bisherigen Lohn nicht mehr arbeiten zu wollen, und forderten eine Lohnerhöhung. Diese Erhebung brach letztlich aber ebenso kläglich zusammen wie der Bauernaufstand.

Die Gegenreformation begann in Penzing zuerst nur langsam voranzuschreiten. Erst 1643 konnte der Pfarrer berichten, „daß sich wenigstens äußerlich niemand mehr zum lutherischen Glauben bekannte".

Trotz der großen Schäden, welche die Türken im Jahre 1529 in den Weinkulturen angerichtet hatten, entwickelte sich der Weinbau im Penzinger Raum um die Mitte des 16. Jahrhunderts ganz gewaltig. Der Wein wurde wieder zu einem wichtigen Ausfuhrprodukt, und für Weinbau und Weinhandel brach eine Periode höchster Blüte an, wie sie später nie mehr in der Geschichte des österreichischen Weinbaues erreicht wurde. Im Gegensatz zu den ackerbautreibenden Orten konnten die Weinbauorte, zu denen auch Penzing zu zählen war, die Folgen der Kriegswirren bald überwinden. Um den Ertrag möglichst zu steigern, wurden die Weingartenflächen immer weiter vergrößert. Diese expansive Entwicklung aber führte zu einer Überproduktion. Vereinzelt berichten die Grundbücher von dieser Umwandlung. Erzherzog Ferdinand verbot daher schon in einem Mandat (Verordnung) von 1527 die Umwandlung von Ackerflächen und Wiesen in Weingärten, um so die zum Anbau für lebenswichtige Nahrungsmittel notwendigen Grundstücke zu erhalten. 1559 erging eine Verordnung, daß Handwerker keinen Weingartenbau ausüben durften. Im Jahre 1565 wurde die Anlage neuer Weingärten auf Ackergründen neuerlich untersagt. 1595 wird in einer Verordnung bestimmt, daß nur diejenigen Gründe für den Weinbau verwendet werden dürfen, die nicht mit dem Pflug bearbeitet werden können.

Das unruhige 17. Jahrhundert

Die Wirren des Dreißigjährigen Krieges hatten die Lebensverhältnisse entscheidend negativ beeinflußt. Zwar blieben die Vororte Wiens von den eigentlichen Kampfhandlungen verschont, doch wurden der Bevölkerung schwere Steuerlasten auferlegt. Herumziehende Söldner und Vagabunden machten die Gegend um Wien unsicher. Das beweist ein Befehl der niederösterreichischen Regierung aus dem Jahre 1641 an alle Obrigkeiten, daß „zu ... Pentzing ... alsobalden visitationes nach herrenlosen, unnützen gesindel, welches sich auf das betteln und den müssigang allain verlegt und des almosens nicht würdig ist, vorzunehmen" seien. Dieses zwielichtige Gesindel möge „ohn allen verzug" abgeschafft werden. Über solche Vorgänge ist der niederösterreichischen Regierung innerhalb von 14 Tagen schriftlich zu berichten. Im Jahre 1644 wird dieser Befehl verschärft. Es werden vierteljährliche Visitationen verlangt und die Untertanen angewiesen, ein Verzeichnis aller Einwohner ihrer Häuser vorzulegen. Wieder sind es die Grundbücher, die ein Spiegelbild der damaligen unsicheren Verhältnisse vermitteln. 1622 kaufen Georg und Magdalena Khälshofer ein Haus in Penzing, nachdem aber beide „sich in dass kriegswesen begeben", bleibt dieses Haus weiterhin „öd". Auch Georg Khalshofer der Jüngere ist in den „khrieg zogen" und hat „das haus stehn lassen ..." Der Besitzer eines anderen Hauses begibt sich im Jahre 1624 gleichfalls in den Krieg. Die jahrzehntelangen Kriegswirren in der ersten Hälfte des 17. Jahrhunderts hatten auch einen katastrophalen Niedergang der Wirtschaft zur Folge. Viele Weingärten im Penzinger Raum wurden wieder in Äcker umgewandelt. Das einstige Überhandnehmen der Weingartenflächen im 16. Jahrhundert bedurfte nun keiner behördlichen Einschränkung mehr. Der Ackerbau mußte also vordringlich betrieben werden, um die notwendigen Grundnahrungsmittel zu erhalten.

Natürlich mußte es durch die Umwidmung der Gründe zum Niedergang des Weinbaues kommen. Damit ging eine der gewinnbringendsten Einnahmequellen im Penzinger Raum verloren. Die Folgen waren die Verarmung der Bevölkerung und die Verödung der Wohnstätten. Noch Jahrzehnte nach dem Ende des Dreißigjährigen Krieges hielt die allgemeine Unsicherheit an.

Der Pfarrer von Penzing berichtet, daß im Jahre 1660 die Pfarrkirche ausgeraubt worden ist, da sie zu weit vom Dorfe entfernt war: Zur Abhilfe solle eine Kapelle neben dem Pfarrhof errichtet werden, zu welcher der Bischof bereits den Konsens gegeben hat (siehe Rochuskapelle). Der Pfarrer bat sogar den Kaiser um eine finanzielle Hilfe für den Bau des Gotteshauses. Zu alldem kamen noch die Unbilden durch Naturgewalten. Es wird berichtet, daß im Winter anno 1671 ein starker Sturm ein Haus in Penzing „völlig der massen in grund niedergerissen" hat, „daß enniche wohnung nit verblieben". Die Winter dieser Jahre waren sehr streng und forderten sogar Menschenleben.

Doch eine Heimsuchung von verheerender Auswirkung breitete sich über Europa aus: die Pest. Beim Auftauchen der Krankheit im Jahre 1645 gehörte Penzing zu den „infizierten" Orten des Viertels unter dem Wienerwald. 1646 wurde Penzing „wegen der laidigen infection bannisiert". Neuerlich brach die Pest mit vehementer Heftigkeit 1679 aus. Sie wurde aus Ungarn eingeschleppt und forderte viele Menschenleben. Anhand der Grundbücher konnten in Penzing allerdings im Jahre 1679 nur sieben Pesttote festgestellt werden, unter anderen Friedrich von Lindenberg, röm. kaiserlicher Majestät Diener und Mitglied des äußeren Rates, der in Penzing Weingärten besaß. Das Ausmaß der Penzinger Opfer im Pestjahr 1679 kann nur auf Grund von Vergleichen mit anderen Orten vermutet werden, da die Pfarrmatriken, die darüber Auskunft geben könnten, von den Türken anno 1683 ausnahmslos vernichtet wurden. Es ist daher anzunehmen, daß die Zahl der Pestopfer von 1679 in Penzing um ein bedeutendes höher war, als die Grundbücher berichten.

Penzing im Türkenjahr 1683

In der ersten Hälfte des 17. Jahrhunderts erhöhte sich die Gefahr eines neuen osmanischen Feldzuges. Ein großes türkisches Heer sammelte sich bei Adrianopel (Edirne) und zog gegen Belgrad. Hier übertrug Sultan Mohammed IV. den Oberbefehl über seine gewaltige Streitmacht dem Großwesir Kara Mustapha.

Dieser Mann hatte bei Hof viele Neider und war daher bestrebt, einen baldigen Sieg zu erringen, Im Frühjahr des Jahres 1683 fand in Belgrad eine Lagebesprechung statt, bei der es dem Großwesir gelang, den sofortigen Vormarsch nach Wien durchzusetzen. Im Gefolge der türkischen Streitmacht waren Tatarenhorden, welche als Vorausabteilungen die Landstriche durchstreiften, Gehöfte niederbrannten und die Bewohner niedermetzelten. Die ersten Flüchtlinge verbreiteten Schreckensmeldungen von der furchtbaren Grausamkeit der Türken. Lähmende Angst beherrschte die Bevölkerung. Die kaiserliche Kavallerie erlitt am 7. Juli bei Deutsch-Altenburg eine empfindliche Niederlage. Für viele Bewohner Wiens war das Veranlassung zu einer panikartigen überstürzten Flucht. Auch der Kaiser und der gesamte Hof verließen die bedrohte Stadt unverzüglich.

Die meisten Ortschaften östlich von Wien gingen am 12. Juli 1683 in Flammen auf. Bereits am 13. Juli gelangte die türkische Streitmacht bis nach Schwechat, während sich Reiterspitzen über Schönbrunn gegen Grinzing vorschoben. Am 14. Juli errichteten die Türken zwischen dem Wienfluß und dem Alserbach eine riesige Zeltstadt. In den nächsten Tagen besetzten sie die Taborau und das linke Donauufer. Die Osmanen hatten mit diesen Maßnahmen einen halbkreisförmigen Ring um die Stadt Wien gelegt.

Am 12. September 1683 bahnte sich eine entscheidende Wende an, als das Entsatzheer unter der Führung von Herzog Karl V. von Lothringen und Polenkönig Sobieski von den Hängen des Kahlengebirges aus das türkische Belagerungsheer angriff und den Belagerungsring sprengte. Die Türken ergriffen die Flucht. Im Zuge dieser militärischen Operationen fielen die Vororte der Zerstörung anheim. Sie war so nachhaltig, daß der Bevölkerung nach dem Ende der Belagerung die schwersten Opfer auferlegt werden mußten. Eine soziale Umschichtung war die Folge, und das Landschaftsbild unterlag einer Veränderung, die für die weitere Wirtschaftsentwicklung von entscheidender Bedeutung war.

Diesmal war keines der Häuser in Penzing von den Kriegseinwirkungen verschont geblieben. Viele Bewohner waren vermißt oder von den türkischen Soldaten verschleppt. Der ganze Ort bot ein trostloses Bild. Nur sehr langsam vollzog sich die Rückkehr zu geregelten Lebensverhältnissen. Aus den Grundbüchern ist zu ersehen, daß auch der Realitätenverkehr völlig lahmgelegt war. Gewährleistet war der Wiederaufbau eines Hauses dann, wenn das Bürgerspital als Grundherrschaft eine Brandstatt ankaufte; da es über die nötigen Geldmittel verfügte, konnte noch im gleichen Jahr darauf ein Haus erbaut werden. Oft hatte jedoch der neue Gewährnehmer seine finanziellen Mittel überschätzt, sodaß sich beim Kauf und Wiederaufbau eines Hauses Schwierigkeiten ergaben. Wenn der Gewährnehmer nun den Besitz nicht verkaufen konnte, so hatte er doch die Möglichkeit, ihn der Grundherrschaft zurückzugeben.

Einen sehr probaten Ausweg fand ein gewisser Michael Pennhauser, der im Jahre 1690 eine Brandstatt um 8 Gulden kaufte: Er „hat solche prandstatt bald wieder verlassen und ist heimblich davon gegangen".

Von seiten der Bevölkerung war wohl der Wille zum Wiederaufbau vorhanden, jedoch die materiellen und finanziellen Mittel hiezu fehlten meistens. Dazu muß bemerkt werden, daß beim Wiederaufbau natürlich jene Personen im Vorteil waren, die ein Handwerk ausübten, wie z. B. Maurer, Zimmerleute, Tischler usw., oder auch jene Handwerker, die bedeutende finanzielle Einnahmen verzeichnen konnten (Bäcker, Schneider- und Müllermeister usw.). Aber auch von seiten der Grundherrschaft versuchte man, den Gewährnehmern besonders beschädigter Liegenschaften durch gewisse Begünstigungen entgegenzukommen und die Brandstatt ohne Bezahlung „mit nachsehung all und jeder der darauf gehafften ausstendt" zu vergeben, damit „selbiges sich wider erhebt und zu pau gebracht werde".

Man hat aber auch an die Rückkehr der verschleppten Personen gedacht und versucht, ihre Rechte zu wahren. Das wird beim Kauf einer Liegenschaft im Jahre 1688 bewiesen, der unter einer Bedingung abgeschlossen wurde: Bei der Rückkehr des von den

Türken verschleppten früheren Besitzers sollte dieser gegen Bezahlung der Unkosten, die dem neuen Besitzer entstanden waren, wieder in die alten Besitzrechte eintreten. Doch die von den Türken verschleppten Bewohner sind meist nicht mehr zurückgekehrt. Ein einziges Mal nur berichtet ein Grundbuch von der Rückkehr eines Verschleppten.

Infolge der tristen wirtschaftlichen Verhältnisse nach dem Türkensturm von 1683 veränderte sich auch das ökonomische Bild des Penzinger Gebietes. Die Umwandlung der Weingartenfluren in Ackerland war, wie gesagt, eine Notwendigkeit geworden. Die Weingärten hätten für ihre Wiederherstellung große finanzielle Mittel und mehr Arbeitskräfte erfordert und erst nach Jahren Ertrag gebracht. Nun war der Ackerbau die Lebensgrundlage der Bevölkerung; ihm wird von nun an größte Aufmerksamkeit geschenkt, er wird Basis des neuen Wohlstands. Im 19. Jahrhundert verliert der Weinbau für Penzing jede Bedeutung. Das Parzellenprotokoll zum Franziszeischen Katasterplan von 1819 verzeichnet für den Penzinger Raum keine Weingärten mehr. Das Antlitz der Landschaft hatte sich somit durch die geschichtlichen Ereignisse grundlegend verändert, und es begann sich ein geradezu euphorischer Lebenswille durchzusetzen: trotz finanzieller Schwierigkeiten und materieller Not. Das äußerte sich nicht zuletzt in der allenthalben beginnenden Baugesinnung, die in der Lebensfreude signalisierenden Barockarchitektur deutlichen Niederschlag fand. Einen wesentlichen Anstoß gab hierzu schließlich auch der Hof Kaiser Leopolds I.: Durch den Prachtbau des Schlosses Versailles in Frankreich angeregt — unter Ludwig XIV. war es von den Baumeistern Le Veau und Jules Hardouin-Mansart zu einem Symbol barocker Schönheit gestaltet worden —, beabsichtigte der Kaiser, ein ähnlich ausgestattetes Jagd- und Lustschloß auch vor den Toren Wiens zu errichten.

Mit dem Baubeginn des Schlosses Schönbrunn im Jahre 1696 begann auch für den kleinen Ort Penzing, der am anderen Wienflußufer lag, ein wirtschaftlicher und sozialer Aufstieg; bald setzte ein Zuzug von Handwerkern ein, die am Bau des Schlosses mitwirkten. Wie die Grundbucheintragungen beweisen, entstand in der heutigen Einwanggasse um die Mitte des 18. Jahrhunderts eine Handwerkersiedlung. Maria Theresia hatte, seit 1747 Grundherrin der Herrschaft Penzing, guten Grund, im Sinne der binnenkolonisatorischen Maßnahmen auch hier Verbauungen zu veranlassen: Dahinter stand natürlich der Wunsch, diensthabende Personen in der Nähe des kaiserlichen Schlosses zu haben. Nicht nur viele Handwerker brachte der Bau des Schlosses Schönbrunn in den kleinen, verträumten Ort Penzing, es war auch merklich ein Zuzug von Adeligen und Hofbediensteten festzustellen. Im Jahre 1685 erhielt der Fürstlich Schwarzenbergische Hofmeister Ignaz Paraty den früheren Spitlhof.

Ebenso Besitzer eines Hauses war im Jahre 1711 Phillip Ferdinand Edler von Gudenus, kurfürstlicher Hof- und Regierungsrat zu Mainz und Resident am kaiserlichen Hof zu Wien.

Auch Herzog Emanuel von Silva-Tarouca, wirklicher geheimer Rat des Königs von Ungarn und Böhmen, Stadtrat in Brüssel und niederländischer Hofratspräsident, Ritter des Goldenen Vlieses, scheint als Hausbesitzer auf. Daneben gab es aber auch noch eine Reihe von kleineren Beamten und Hofbediensteten, die in Penzing ihr Domizil hatten: einen wohlbestallten kaiserlichen Hofkammerheizer, einen k. k. Kammerheizer, einen königlichen Hoföler, einen „edlen und kunstreichen Generalstabsbarbier", einen kaiserlichen „Bixenspanner", einen kaiserlichen Leibchirurg, einen kaiserlichen wirklichen Kammerdiener und einen k. k. Hof- und Kabinettskurier. Überhaupt kamen die Grundbesitzer in diesen Jahren aus den verschiedensten Bevölkerungsschichten. Immer wieder ist davon die Rede, daß die Müllermeister von Baumgarten sich für Überlandgründe (= vom Haus weiter entfernte Gründe) in Penzing interessierten und diese auch kauften. An „auswärtigen Besitzern" sind auch Beamte des kaiserlichen Waldamtes Hütteldorf sehr häufig anzutreffen. Anschaulich vermeldet im Jahre 1692 das Dienstbuch als Besitzer von insgesamt 17 Achtel Grund in der „Rein" in Penzing einen Leopold Wilhelm Reichsgraf zu Königseck und Rottenfels, Herr zu Audendorf und Stauffen, Ritter des Goldenen Vlieses, kaiserlicher Kämmerer, geheimer Rat und Konferenzrat, Vizekanzler des römischen Reiches.

Im Jahre 1746 gingen die genannten Gründe in das Eigentum von Theresia Rechberger, einer Braumeisterin aus Gumpendorf, über, wobei die Liegenschaft auf 3 Äcker zusammengelegt wurde.

Zu Beginn des 18. Jahrhunderts überschattete eine neue Katastrophe großen Ausmaßes den Wiederaufbau, die Pest. Die Grundbucheintragungen geben Aufschluß über diese Seuche. Eine „Infektionstafel, deren um die Stadt Wien herumliegenden und inficirt gewesenen Oerter im Jahre 1713" gibt die Dauer der Pest für Penzing vom 12. Mai bis 26. November an und verzeichnet 83 Tote und 18 Geheilte. In den Pfarrmatriken sind jedoch für diesen Zeitraum nur 61 Tote verzeichnet. Oft wurden ganze Familien oder gleich mehrere Bewohner eines Hauses von dieser Seuche dahingerafft. Ende November des unglückseligen Jahres 1713 war ein Nachlassen der Seuche festzustellen, und die Bevölkerung wandte sich wieder dem Aufbau zu.

Entscheidend für das weitere Schicksal des einst blühenden Weinhauerortes war ein allmählich großer Zuzug von auswärtigen Personen, wodurch sich auch das Ortsbild in baugeschichtlicher Hinsicht mehr und mehr veränderte. Auf so mancher Grundfläche, die bis kurz vorher noch landwirtschaftlich genutzt wurde, entstand ein Haus. So manche Lücke in einem Straßenzug wurde verbaut, und bald fanden sich geschlossene Häuserzeilen, wie sie auch in der Kirchengasse (heute Einwanggasse) durch die schon erwähnte Handwerkersiedlung entstanden waren. Aus dem Jahre 1737 stammt ein Plan des Schreibers der Grundherrschaft Penzing. In ihm findet man auch den Weg von der Hauptstraße (heute Penzinger Straße) zur Pfarrkirche eingezeichnet. Er verlief zwischen dem sogenannten „Kirchen-Kuchelgarten" und der Liegenschaft des Herrn Fournier etwas bergan. Sein mittlerer Teil wird bereits in Urkunden des 15. Jahrhunderts als „Kirichgasse" bezeichnet. Auf dem Plan von 1737 ist auch zu ersehen, daß die Kirchengasse zu dieser Zeit fast nicht verbaut war: Nur ein Haus stand an der Ecke der heutigen Einwanggasse und Penzinger Straße. Die linke Seite dieser Gasse, die vom Küchengarten der Pfarrkirche St. Jakob eingenommen wurde, war zu jener Zeit noch unverbaut.

1751 wurde das Areal dieses „Küchengartens" in acht gleiche Teile aufgeteilt und um den Preis von je 50 Gulden an sogenannte „Inleute" (Mitbewohner eines Hauses ohne Hausbesitz) verkauft. Es handelte sich dabei um in Penzing wohnende Handwerker, von denen jeder einen Grund von 12 Klafter (= Längenmaß. 1 Klafter = 189 cm) und 4 Schuh (1 Schuh = 31,6 cm) erhielt. Die neuen Siedler genossen außerdem die Begünstigung, auf Veranlassung Maria Theresias auf die Dauer von acht Jahren von der Entrichtung des jährlichen Robotgeldes (= Ablöse für Robot) in der Höhe von vier Gulden befreit zu sein.

Die neuen Besitzer waren ein Webermeister, ein Maurergeselle, ein Uhrmacher, ein Schuster, ein Zimmergeselle und ein Hauer. Die linke Häuserzeile der Einwanggasse war somit geschlossen.

Auch in anderen Teilen Penzings war ein Zuzug von Handwerkern festzustellen. Da gab es einen Hutmacher, einen Buchbinder, einen Landkutscher, einen Bäcker, einen Bader und Wundarzt und einen Spiegelmacher. Das alte Bäckenhäusel, das an der Stelle stand, wo sich heute das Haus Penzinger Straße Nr. 39 befindet, gab Zeugnis des alten Handwerkerlebens. Anhand von grundbücherlichen Aufzeichnungen kann das Bestehen eines Hauses an dieser Stelle bis ins 16. Jahrhundert verfolgt werden. Während der Zweiten Türkenbelagerung abgebrannt, erfolgte der Wiederaufbau im Jahre 1697 durch den Bäckermeister Hanns Zöchpauer. Schon Mitte des 18. Jahrhunderts läßt sich eine Weißbäckerei nachweisen. Im Jahre 1912 mußte das alte Bäckenhäusel einem Neubau weichen.

Aber auch in anderen Teilen des Ortes setzte eine durchgreifende Verbauung ein. Die Neubauten wurden an jenen Straßenzügen errichtet, die eine Verbindung von der Dorfstraße (heute Penzinger Straße) zur damals bereits wichtigen Reichspoststraße nach Westen darstellten.

Auch an der Penzinger Straße entstand eine Reihe von prächtigen Häusern, einige sind noch bis in unsere Tage erhalten geblieben, wie z. B. das Töpfelhaus (Penzinger Straße 34). Sie spiegeln noch heute eine versunkene Epoche wider, in der die Ästhetik besondere Rechte hatte.

In der zweiten Hälfte des 18. Jahrhunderts wechseln sowohl die Grundstücke als auch die Häuser ihre Besitzer in rascher Folge. Wieder bietet sich dem Leser von Grundbüchern ein intersoziologisches Bild dar. Unter den Hausbesitzern finden wir einen sächsisch-gothaischen Legationsrat, den k. k. Leibchirurg Franz von Herbeck, einen k. k. pensionierten Oberpiqueur (berittener Jäger) bei der Parforcejagd, eine „Edelknabentrakteurin" (Erzieherin) in Wien und einen k. k. Sommelier (Kellermeister) beim Prinzen Ferdinand. Es gab aber auch Besitzer, welche im militärischen Dienst standen, und eine große Zahl von Hofbediensteten, so z. B. einen k. k. Maschinisten, einen k. k. Wagenmeister, einen „k. k. Bäckereykoch", einen k. k. Schloßmeier zu Hetzendorf, einen k. k. Jäger zu Kaltenleutgeben und einen k. k. Bierkutscher. Aber auch Künstler haben in Penzing Hausbesitz erworben. Im Jahre 1804 kaufte die k. k. Hoftheatersängerin Irene Tomeoni ein Haus. Es ist aber anzunehmen, daß die Künstlerin in Penzing nicht ihren ständigen Wohnsitz hatte, sondern das Haus nur über den Sommer bewohnte. Franz Castelli berichtet hiezu ergänzend, daß sich in diesem Haus ein privates Theater befand, das vor allem im Sommer eifrig bespielt wurde.

Neben namhaften Künstlern fanden sich alsbald auch Vertreter der sogenannten „Hohen Schule zu Wien" ein, die Penzing zu ihrem Domizil wählten. Einer von ihnen war der Abbé Jean Mares, k. k. Hofmathematikus, der 1772 ein Grundstück kaufte. Für das darauf befindliche Gebäude erhielt er mit der Gemeinde ein gemeinsames Besitzrecht. Der Abbé dürfte Bauherr eines anderen Hauses gewesen sein, über das im Jahre 1774 ein Müllermeister und seine Frau die Gewähr (= Besitzrecht) erhielten. Auf diesem Grundstück befand sich auch eine Windmühle (Linzer Straße 45).

Als Käufer eines neuerbauten Hauses scheint 1803 in den Grundbüchern der k. k. Professor der Physik und Mechanik an der „Hohen Schule zu Wien", Anton Ambschell, auf. Das Mitglied der k. k. kommerzialen Zeichnungsakademie, Johann Michael Schrey, hat 1794 in Penzing ein Haus in der Nisselgasse erworben. Dieses Objekt ging später in eine „Stiftung für arme Lehrjungen" über und diente auch als Heim für arme Bürger und Professionisten.

In der zweiten Hälfte des 18. Jahrhunderts wurde auch Penzing von der Industrialisierung erfaßt. Im Jahre 1762 entstand mit staatlicher Unterstützung die Baumwollindustrie. In diese Zeit fällt auch die Gründung der Penzinger Seidenbandfabrik. 1776 wurde die Fabrik von dem Penzinger Bürger Thaddäus Berger übernommen. Die in diesem Unternehmen beschäftigten Arbeiter, zumeist nur „Inleute", erwarben im Laufe der Zeit auch Hausbesitz in Penzing. Die Verbauung nahm bald so große Ausmaße an, daß man darangehen mußte, diesem Vorgehen Einhalt zu gebieten. Das beweist eine Verordnung des Kaisers Franz I. aus dem Jahre 1806, die verbot, landwirtschaftlich nutzbare Vorortegründe im Umkreis von einer Meile außerhalb der Linie weiter zu verbauen. Die letzte konkrete und geplante Bauperiode des Ortes Penzing reichte bis in die erste Hälfte des 19. Jahrhunderts; damit erhielt diese Siedlung das Aussehen eines vormärzlichen Dorfes, das untrennbar mit dem „Biedermeier" verbunden ist. Diese biedermeierliche Atmosphäre hat sich sogar in gewisser Hinsicht bis in unser Jahrhundert in Penzing erhalten.

Die Besitzverhältnisse hatten sich jedoch bereits im 18. Jahrhundert geändert. Die Grundherrschaft, die seit dem Jahre 1542 dem Wiener Bürgerspital oblag, erwarb 1747 die kaiserliche Hofkammer. In diese Zeit fällt ein großer Teil der gewaltigen Bauinitiative. 1784 erlangte das Bürgerspital wieder das Besitzrecht über Penzing, das es bis zum Jahre 1806 ausübte. Fast der gesamte Besitz kam dann in die Hände des Franz Freiherrn von Mayr. In den Jahren 1846 bis 1848 war Penzing im Besitz des Wiener Schottenstiftes, bis es schließlich ab 1848 eine autonome Gemeinde und 1890 nach Wien eingemeindet wurde.

II. DAS ORTSBILD

1. Der Bezirk und seine Grenzen

Der 14. Wiener Gemeindebezirk unserer Tage ist ein kompliziertes administratives Gebilde. Penzing, Teil des jetzigen Bezirkes, der ihm auch den Namen gab, schließt auch die Orte Breitensee, Baumgarten, Hütteldorf und Hadersdorf-Weidlingau zusammen. Es gibt nicht viele Bezirke Wiens, die im Laufe der Zeit eine so bewegte Geschichte in bezug auf Benennung und Größe verzeichnen können; 1938 entstand der Bezirk Penzing, heute flächenmäßig der viertgrößte Bezirk Wiens.

Wenn man aber den Grenzänderungen nachgehen will, muß man weiter ausholen und tiefer in die Vergangenheit zurückgreifen, um für das gegenwärtige Gefüge eine Erklärung zu finden.

Zu Beginn des 18. Jahrhunderts begann von der Stadt her eine erste Welle der Bautätigkeit über den Linienwall hinauszugreifen. Zu diesem Zeitpunkt waren die Vororte im Westen Wiens noch weitgehend vom städtischen Leben unbeeinflußt. Lediglich Penzing, bedingt durch die binnenkolonisatorischen Maßnahmen von Maria Theresia als Grundherrin von Penzing, welche die Gründung einer Seidenbandfabrik unterstützte und die Errichtung einer Handwerkersiedlung förderte, konnte ein rasches Ansteigen der Bevölkerungszahl verzeichnen. Im Jahre 1819 befanden sich 52,6% des Penzinger Hausbesitzes in Händen von Handwerkern und Bauern. Zu Beginn des 19. Jahrhunderts wird Penzing von der Industrialisierung erfaßt; viele kleine und mittlere Betriebe werden errichtet. Die Orte Breitensee und Baumgarten bekamen dagegen nur wenig von der Industrialisierung zu spüren, und auch Hütteldorf, Hadersdorf und Weidlingau waren bis zu ihrer Eingemeindung vorwiegend ländliche Siedlungen.

Die Stadt Wien erlebte als glanzvolle Kaiserresidenz im 18. Jahrhundert eine ungeahnte wirtschaftliche Blüte und Machtentfaltung und damit eine starke Bevölkerungsvermehrung. Eingeengt von den Basteien, die jede Stadterweiterung unmöglich machten, kam es sehr bald zu akuter Wohnungsnot. Fabriken und Gewerbetreibende, in der Stadt nicht geduldet, wurden in die Vorstädte und Vororte hinausgedrängt. Durch die Aufhebung der grundherrlichen Gerichts- und Verwaltungsbefugnis im Jahre 1848 wurde mit

Beschluß des Gemeinderates vom 23. März 1849 die kommunale Verwaltung der Vorstädte ganz dem durch den Gemeinderat beaufsichtigten Magistrat untergeordnet. Im provisorischen Gemeindestatut vom 6. März 1850 wurde die verwaltungsmäßig vollständige Vereinigung von Stadt und Vorstädten verankert; acht Gemeindebezirke wurden geschaffen.

Schon damals tauchte die Idee auf, 16 vor dem Linienwall liegende Gemeinden in das Wiener Stadtgebiet einzubeziehen. In einer am 20. März 1849 dem Gemeinderat übergebenen „Skizze zu einem Entwurf der städtischen Verfassung für die k.k. Haupt- und Residenzstadt Wien" hatte der damalige Minister des Inneren, Franz Graf von Stadion, diesen Vorschlag unterbreitet. Er ist dabei beim Gemeinderat keineswegs auf Gegenliebe gestoßen. Die Einbeziehung von Vororten wurde abgelehnt, es blieb lediglich bei der Eingemeindung von 34 Vorstädten. Die Bedenken der Gemeinderäte, der Stadt könnten schwere Belastungen durch die Fürsorge für die Armen und die Zunahme der Arbeitslosen erwachsen, verhinderten den Plan.

Das ständige Anwachsen der Einwohnerschaft bewirkte eine rege Bautätigkeit, die den Zusammenschluß der Stadt mit den Vorstädten förderte. Ein erster Schritt wurde mit dem kaiserlichen Handschreiben vom 20. Dezember 1857 getan, in dem die Schleifung der Basteien angeordnet wurde. Dieser Entschluß sollte richtungweisend für die Zukunft werden.

Die Stimmen, die für den Zusammenschluß von Vorortegemeinden mit der Stadt Wien waren, verstummten nicht. Mehrmals wurden Gemeinderatskommissionen eingesetzt, die die Eingemeindung vorbereiten sollten; aber es fehlten brauchbare Ergebnisse.

1871 richteten die Bewohner von 32 Gemeinden beiderseits der Donau eine Petition an den niederösterreichischen Landtag, um die Eingemeindung nach Wien vorzubereiten. Im Wiener Gemeinderat entwickelte sich eine lebhafte Debatte (10. März 1871), die mit einer prinzipiellen Zustimmung endete. Als jedoch die einzelnen Gemeinden um ihre Meinung befragt wurden, sprachen sich fast alle dagegen aus. Sicherlich sind die Gründe für die Ablehnung in wirtschaftlicher und finanzieller Hinsicht zu suchen. Wohlhabende Gemeinden wollten ihr Vermögen nicht mit anderen teilen, ebenso wollten sich wahrscheinlich auch Gemeindefunktionäre der Vororte nur ungern von ihren angesehenen

Ehrenstellen trennen. Die Gemeinde Penzing sprach sich gegen die Eingemeindung aus. Anderseits aber scheute wieder der Wiener Gemeinderat die zu erwartenden finanziellen Mehrbelastungen.

Wesentliches Hindernis für die Eingemeindung war auch die Verzehrungssteuerlinie entlang des Linienwalls, die für die Einwohner der Stadt wesentlich höhere Lebenshaltungskosten mit sich brachte. Mit der Verlegung der Verzehrungssteuerlinie im Jahre 1890 wurden 33 Ortsgemeinden zur Gänze und 20 weitere Gemeinden zu Teilen in das Verzehrungssteuergebiet einbezogen. Jetzt war das letzte Hindernis beseitigt, die Eingemeindung der Vororte nur mehr eine Frage der Zeit und des geschickten Verhandelns. Mit Gesetz vom 19. Dezember 1890 wurde schließlich die Eingemeindung vollzogen und trat bereits mit der Kundmachung am 20. Dezember 1890 in Kraft. Mit 1. Jänner 1892 war die Eingemeindung durchgeführt. Mit diesem Datum nahmen die Magistratischen Bezirksämter ihre Tätigkeit auf und vertraten als politische Behörde erster Instanz den Magistrat in den Bezirken. Mit der Eingemeindung hatte sich das Flächenausmaß der Stadt Wien verdreifacht, die Bevölkerungszahl stieg auf 1 360 000 an. Seit 1893 wurde der Linienwall abgetragen. Die bisherigen Vororte Hietzing, Lainz, Speising, Ober- und Unter-St.-Veit, Hacking, Hütteldorf, Baumgarten, Penzing, Breitensee und die Katastralgemeinde Schönbrunn bildeten von nun an den 13. Wiener Gemeindebezirk. Um eine vernünftige Grenzziehung zu erreichen, wurden kleine Gebiete der Katastralgemeinden Auhof, Hadersdorf und Mauer in diesen Bezirk mit einbezogen. Teile von Hütteldorf und Dornbach kamen zu Hadersdorf und Teile von Speising zu Mauer.

Die Vororte Rudolfsheim und Sechshaus bildeten von nun an den 14. Bezirk Rudolfsheim, und die bisherige Ortsgemeinde Fünfhaus wurde zum 15. Wiener Gemeindebezirk.

Bei dieser Gelegenheit soll nicht unerwähnt bleiben, daß 1938 der nördlich des Wienflusses gelegene Teil des damaligen 13. Bezirkes zum 14. Bezirk kam und die früheren Bezirke Rudolfsheim (14. Bezirk) und Fünfhaus (15. Bezirk) zum heutigen 15. Bezirk (Rudolfsheim-Fünfhaus) vereinigt wurden.

Grenzänderungen bis 1938

Die neue Bezirkseinteilung wurde nach verwaltungstechnischen Gesichtspunkten getroffen. In erster Linie war man bemüht, alle jene Orte in einem Bezirk zu vereinigen, die vorher schon in einem Gerichtssprengel zusammengefaßt waren. Außerdem wollte man die Bevölkerungszahl der Bezirke annähernd gleich groß halten. Daß diese Einteilung in den der Eingemeindung folgenden Jahren viele größere und kleinere Änderungen erforderlich machte, war vorauszusehen.

Mitten durch die in den Jahren 1904 bis 1907 erbaute „Niederösterreichische Landes-Heil- und Pflegeanstalt Am Steinhof" verlief die Grenze zwischen dem 13. und 16. Bezirk. Da eine derartige Grenzziehung zu verwaltungstechnischen Schwierigkeiten geführt hätte, verlegte man die Grenze mit Wirkung vom 1. Jänner 1907 in der Weise, daß das gesamte Territorium der Anstalt dem 13. Bezirk zugeordnet wurde. Die Bezirksgrenze bildete die östliche Einfriedungsmauer der Anstalt.

Im gleichen Jahr wurden — mit Wirksamkeit vom 7. August 1907 — weitere Grenzänderungen zwischen dem 13., 14. und 16. Bezirk durchgeführt. Vom Gebiet der ehemaligen Katastralgemeinde Breitensee wurde fast ein Drittel der Fläche dem 14. bzw. 16. Bezirk einverleibt. Die neue Ostgrenze der Katastralgemeinde Breitensee, also die Bezirksgrenze, führte nun von der südwestlichen Ecke des Wilhelminenspitals am Flötzersteig in gerader Linie bis zur Steinbruchstraße, knapp vor der heutigen Montleartstraße weiter durch die Steinbruchstraße bis zur Kendlerstraße, von hier wieder in gerader Linie über den Sporckplatz und die Schanzstraße bis zur Hütteldorfer Straße.

Die Grenze zwischen dem 13. und 14. Bezirk im Bereich der Katastralgemeinde Penzing führte in weitem Bogen von der Kreuzung Linzer Straße — Johnstraße bis zur Abzweigung der Breitenseer Straße von der Hütteldorfer Straße. Da diese Grenze, bedingt durch die Parzellierung, mitten durch die Baublöcke, ja sogar mitten durch einzelne Bauparzellen geführt hätte, wurde sie ebenfalls mit Wirksamkeit vom 7. August 1907 verändert. Die neue Bezirksgrenze zwischen Hütteldorfer Straße und Linzer Straße führt nun durch die Beckmanngasse, Fenzlgasse und Johnstraße.

Eine kleine Grenzkorrektur nördlich des Gasthauses „Zum Wolf in der Au" wurde 1910 durchgeführt. Unmittelbar beim

Gasthaus befand sich ein Bahnschranken der „Kaiserin-Elisabeth-Westbahn", welcher infolge des ansteigenden Zugsverkehrs sehr oft geschlossen wurde und dadurch den Straßenverkehr auf der Reichspoststraße nach Linz stark behinderte. Um diesem Übelstand abzuhelfen, wurde eine Straßenbrücke über die Westbahn erbaut. Für die Anlage einer Auffahrtsrampe zur neuen Brücke mußte eine Grundparzelle der Ortsgemeinde Hadersdorf-Weidlingau (Katastralgemeinde Auhof) erworben und dem Stadtgebiet einverleibt werden.

Die Grenzkorrekturen des Jahres 1912 in der Verlängerung der Sampogasse, der Schanzstraße und der Hütteldorfer Straße waren unbedeutend, da sie hauptsächlich Straßengrund betrafen.

Als 1932 die städtische Siedlung Am Spiegelgrund errichtet wurde, lag der Fall ähnlich wie bei der Erbauung der Heilanstalt „Am Steinhof". Die Grenze zwischen dem 13. und 16. Bezirk verlief mitten durch die neue Anlage. In diesem Fall wurde die neue Siedlung dem 16. Bezirk einverleibt und die Grenze, die ursprünglich zwischen der Reizenpfenninggasse und der Spiegelgrundstraße verlief, in die Reichmanngasse verlegt.

Nach dem Einmarsch der deutschen Truppen im März 1938 erfolgte die Einführung der Deutschen Gemeindeordnung. Das „Ostmarkgesetz" vom 21. April 1939 regelte den Aufbau der Verwaltung in den Gauen der Ostmark. Am 15. Oktober 1938 wurde die Stadt durch die Schaffung „Groß-Wiens" mit seinen 26 Bezirken wesentlich erweitert. Der Plan für die Schaffung von „Groß-Wien" geht schon auf das Jahr 1890 zurück. Später war dieses Vorhaben wieder mehr in den Hintergrund getreten. 1937 wurde dieser Gedanke wieder aufgegriffen und heftig diskutiert; man war zu der Erkenntnis gelangt, daß es notwendig sei, Großstädte aufzulockern und in diesem Zusammenhang die Siedlungsbewegung des Umlandes systematischer zu gestalten. Das Wiener Stadtbauamt hatte sich ebenfalls mit Plänen für eine Erweiterung Wiens befaßt und eine „große" und eine „kleine" Variante vorgestellt. In diesem Zusammenhang taucht auch die Bezeichnung Randgemeinde auf. Als Randgemeinden verstand man alle jene Gemeinden, die als Kranz außerhalb der Ortsgrenze rund um Wien lagen. Sie wurden Wien durch die Kundmachung des Reichsstatthalters in Österreich Nr. 443 einverleibt. Wien war zu dieser Zeit laut statistischer Berechnungen die sechstgrößte Stadt der Welt geworden. Selbstverständlich mußten sich bei einer Eingemeindung so gewaltigen Ausmaßes, wie sie 1938 durchgeführt wurde, Probleme verfassungsrechtlicher, städtebaulicher, verkehrstechnischer, insbesondere aber finanzieller Natur ergeben.

Der ehemalige 14. Bezirk (Rudolfsheim) und der 15. (Fünfhaus) wurden 1938 zum 15. Bezirk zusammengelegt. Der nördlich des Wienflusses gelegene Teil des ehemaligen 13. Bezirks wurde zum 14. Wiener Gemeindebezirk und umfaßte nun die ehemaligen Vororte Baumgarten, Breitensee, Hütteldorf und Penzing sowie die neu zu Wien gekommenen Randgemeinden Hadersdorf-Weidlingau und Purkersdorf.

Die neue Grenze des 14. Bezirkes verlief, an der Amundsenstraße beginnend, bis zur Kreuzung der Linzer Straße mit der verlängerten Winckelmannstraße, entsprechend der nördlichen und östlichen Bezirksgrenze des ehemaligen 13. Bezirks, dann weiter durch die Winckelmannstraße bis zum Wienfluß und, diesem stadtauswärts folgend, bis zur alten Stadtgrenze beim „Wolf in der Au". Von hier führte die Grenze weiter zur Tiergartenmauer beim Auhof und im Verlauf längs der Katastralgemeindegrenzen der einverleibten Ortsgemeinden Purkersdorf und Hadersdorf-Weidlingau bis zum Ausgangspunkt der Grenzbeschreibung an der Amundsenstraße. Abgetrennt und dem neuen 15. Bezirk einverleibt wurde jenes Gebiet der Katastralgemeinde Penzing, das von den Straßenzügen der Linzer Straße, Hollergasse, Linke Wienzeile und Winckelmannstraße umschlossen wird.

Nach dem Ende des Zweiten Weltkrieges wurde vielfach die Meinung vertreten, daß alle Maßnahmen staatsrechtlicher Natur aus der Zeit zwischen 1938 und 1945 nun ungültig seien und auch die neu hinzugekommenen Gemeinden ohne Staatsakt wieder ihre Selbständigkeit erhalten sollten. In den 1938 mit Wien vereinigten Orten wurden daher Bürgermeister und provisorische Gemeinderäte entweder von der russischen Besatzungsmacht oder mit deren Förderung eingesetzt. Das Verfassungsgesetz vom 1. Mai 1945 bestimmte jedoch, „daß die Grenzen zwischen Wien und Niederösterreich vorläufig nach dem Stand vom 10. April 1945 bestehen bleiben sollten". Diese Bestimmung enthält auch das Gesetz vom 10. Juli 1945. Trotzdem wurden die Randgemeinden noch monatelang durch selbständige Bürgermeister weiter verwaltet. Erst im Herbst 1945 setzte sich langsam die Autorität der Wiener Zentralbehörde auch in diesem Gebiet durch.

Die Besatzungsmächte legten ihrer Zoneneinteilung den Gebietsumfang Wiens vom 31. Dezember 1937 zugrunde. Sie anerkannten die Gebietserweiterung Wiens vom Jahre 1938 nicht. Durch ein von der provisorischen Staatsregierung beschlossenes Gesetz wurden die Bundesländer Niederösterreich und Wien ermächtigt, die neuen Grenzen durch Landesgesetze zu regeln. Mangels der erforderlichen Zustimmung des Alliierten Rates kam diese Regelung jedoch nicht zustande.

Im Gebietsänderungsgesetz vom 29. Juni 1946 zwischen Niederösterreich und Wien wurde für den Bereich des 14. Bezirkes die Rückgliederung der Ortsgemeinde Purkersdorf an Niederösterreich festgelegt. Der Alliierte Rat verweigerte in der Sitzung vom 23. Dezember 1946 seine Zustimmung, da eine einstimmige Beschlußfassung nicht zustande gekommen war.

Als Folge dieses Vetos kam es nun zu unliebsamen Verhältnissen. Die Bevölkerung der sogenannten Randgemeinden wurde ab 18. Oktober 1946 auf Grund einer vorläufigen Übereinkunft zwischen den Vertretern der Bundesländer Wien und Niederösterreich weiterhin von den Organen der Stadt und des Bundeslandes Wien verwaltet, wobei sich aber ihre parlamentarischen Vertreter im Landtag von Niederösterreich befanden. Die in den Randgemeinden bereits als provisorische Bürgermeister eingesetzten Personen blieben weiter als Ortsvorsteher in ihren Funktionen.

Alle Versuche, diesem unerträglichen Zustand ein Ende zu bereiten, blieben durch Jahre ohne Erfolg. Erst in der Sitzung vom 11. Juni 1954 entschloß sich der Alliierte Rat, das Gebietsänderungsgesetz zu genehmigen, worauf dieses Gesetz in den Gesetzblättern verlautbart werden und am 1. September 1954 in Kraft treten konnte.

Nach dem Abzug der Besatzungstruppen konnte das unter Druck entstandene Bezirkseinteilungsgesetz 1954 durch die Bezirkseinteilungsnovelle 1955 korrigiert werden. Mit Wirkung vom 1. Jänner 1956 gehören nun die Katastralgemeinden Hadersdorf und Weidlingau sowie Teile der Katastralgemeinde Auhof wieder zum 14. Wiener Gemeindebezirk Penzing.

Mit Wirkung vom 21. November 1958 wurde zwischen dem 14. und 16. Bezirk eine abermalige Grenzänderung durchgeführt. Die Bezirksgrenze, die bisher die Steinbruchstraße nach der Montleartstraße verließ und in Richtung Nordwesten quer durch die Kleingartenanlage zum Flötzersteig verlief, führt nun in der Steinbruchstraße weiter bis zum Flötzersteig.

2. Das Altstraßennetz

Die Ausfallstraßen Wiens erstrecken sich nach allen Richtungen. Diese Straßenzüge sind aber nicht erst heute eine verkehrstechnische Notwendigkeit, sondern galten schon immer als bevorzugte Handelsverbindungen zwischen Nord und Süd, zwischen Ost und West. In diesem geographisch begünstigten Raum zwischen Alpen- und Karpatenbogen lagen schon in frühesten Zeiten die Verkehrswege im Schnittpunkt von einander begegnenden Kulturkreisen. Diese Verkehrswege hatten auch wesentlichen Anteil am Entstehen von Siedlungen, ja, sie waren sogar die Voraussetzung dafür.

Besonders die nach Westen führenden Verkehrswege waren seit ältester Zeit von großer Bedeutung. Voraussetzung war hier die geographische Beschaffenheit des Wientales, das sich als Tor nach Westen anbot. Auch die Ausfallstraßen verlaufen parallel zum Wiental. Daß diese Straßen wesentlichen Einfluß auf die siedlungsgeschichtliche Entwicklung in diesem Raum genommen haben, beweist die Entstehung der dörflichen Siedlungen. A. Klaar bezeichnet diese Straßenzüge als „Siedlungserreger". Schon vor der Römerzeit waren diese Fernverkehrswege am sogenannten Zwischenwagram des Wientales für den sich hier abwickelnden Handel von Bedeutung. Die sogenannte „römische Hochstraße" zeigt sich noch heute im Verlauf der Mariahilfer Straße — Penzinger Straße. Nach Abzweigung über den Wienfluß ist die Fortsetzung dieses wichtigen Verkehrsweges in der Linienführung der Lainzer Straße — Speisinger Straße bis nach Mauer und Kalksburg zu erkennen.

Das „Altstraßennetz" einer Stadt ist nicht nur eine Frage der historischen Forschung, sondern auch von Interesse für die Planung der Gegenwart. Trotz grundlegender Änderung des Straßenbaues von heute bleibt die Linienführung des Verkehrs doch an den geologisch-tektonischen Unterbau der Landschaft gebunden. Die Stadt Wien bietet für „das Beharrungsvermögen eines alten Straßennetzes" das beste Beispiel. Neun Altstraßenzüge haben ihre Bedeutung bis heute beibehalten: sie sind für Verkehr und Siedlungsanlagen ausschlaggebend geblieben.

Die Wurzel eines Altstraßenzuges nach dem Westen, der Mariahilfer Straße, liegt im Mittelpunkt des einstigen Römerlagers Vindobona und der sich später aus ihm entwickelnden Wiener Altstadt. Sie verläuft in westlicher Richtung als Hangstraße parallel zum Wienfluß. Im Grenzbereich des heutigen 14. und 15. Bezirkes teilt sich diese Altstraße, wobei der nördliche Ast als Penzinger Straße bis zur Nisselgasse führt und sich weiter über die heutige Kennedy-Brücke, der einstigen Furt durch die Wien, nach Hietzing und über Lainzer Straße — Speisinger Straße nach Mauer fortsetzt, um schließlich im Liesingtal bei Kalksburg in die Hochstraße von Rodaun-Perchtoldsdorf einzumünden.

Die Linzer Straße führt nördlich der heutigen Penzinger Kirche vorbei, übersetzt den Ameisbach, erreicht zwischen Zehetnergasse und Pachmanngasse den Ort Baumgarten und durchquert Hütteldorf. In der Gegend von Hütteldorf-Hacking verengt sich das Wiental und tritt in den Bereich des Wienerwaldes ein. Die Straße erreicht Weidlingau und schließlich Mariabrunn, von wo die Mauerbachstraße abzweigt. Sie ist als „Altweg" seit der Römerzeit bekannt und führt weiter als „Bäckersteig" ins Tullnerfeld.

In Purkersdorf zweigt neben der Burg die Linzer Straße über den Riederberg ab und erreicht, an Gablitz vorbeiführend, den Altsiedelraum von Ollern, Sieghartskirchen und Rappoltenbach.

Ein weiterer Übergang, der „Rittersteig", verlief das Wiental aufwärts, parallel zur 1856 errichteten Trasse der Westbahn, über Dürrwien und den Rekawinkler Sattel in das Gebiet von Anzbach.

Eine mit dem Bezirk Penzing eng verbundene Altstraße ist der „Flötzersteig", der ebenfalls im Wiental, an der Engstelle von Hütteldorf und Hacking, am „Austritt des Wienflusses aus dem Gebirge", seinen Anfang nimmt. Bei Hütteldorf zweigt dieser Verkehrsweg von der Linzer Straße ab und steigt bis zur Schmelz an. In einer Höhe von 271 m erreicht er die Wasserscheide zwischen Wienfluß und Ottakringer Bach und, ständig fallend, die Talsohle des Ottakringer Baches bis Lerchenfeld und das Alserbachtal.

Der Name „Flötzersteig" hat zu vielen Vermutungen Anlaß gegeben und ist bis heute nicht restlos geklärt. Es ist jener Verkehrsweg, den die in ihre westliche Heimat zurückkehrenden Donauflößer benützten. Er nahm seinen Anfang in der Roßau, verlief über das Gelände, auf dem später das Allgemeine Krankenhaus errichtet wurde, folgte dem Verlauf der heutigen Skodagasse, durchquerte Ottakring und mündete in das Wiental.

3. Kirchen

Katholische Kirchen

Kirche Am Steinhof, Baumgartner Höhe 1 (Hl. Leopold)

Der Bezirk Penzing hat einen besonderen Schatz der Kirchenbaukunst aufzuweisen. Es ist die das Landschaftsbild beherrschende katholische Kirche „Am Steinhof", eine der genialsten Bauschöpfungen Otto Wagners. Anfänglich arger Kritik ausgesetzt und abwertend als „Grabmal eines indischen Maharadschas" bezeichnet, gilt sie heute als das sakrale Hauptwerk des Jugendstils und als erste moderne Kirche Europas. Das Gotteshaus wurde in den Jahren 1904 bis 1907 erbaut, zu gleicher Zeit wie die großzügige Anlage der Niederösterreichischen Heil- und Pflegeanstalt, die im Jahre 1922 in den Besitz der Stadt Wien übergegangen ist. Der Gesamtlageplan der Irrenanstalt stammt wohl von Otto Wagner, doch mit der Ausführung der einzelnen Pavillons wurde er nicht betraut. Wagner hatte mit der Kirche ein den modernen Erfordernissen dienendes Objekt geschaffen, wobei das ästhetische Prinzip voll gewahrt wurde. Die Kuppelkirche erhebt sich am Hang des abfallenden Gallitzinberges, auf dem höchsten Punkt einer gestaffelten Anlage von 61 Pavillons. Die Parklandschaft stellt eine prächtige Komponente zu dem Bau her, den man von vielen Punkten in Wien aus erblickt. Wagner ging es vor allem darum, dem Gotteshaus eine beherrschende Stellung zu geben, welche Absicht durchaus geglückt ist. Am Bau mitgewirkt haben auch Otto Wagners Schüler, Otto Schönthal und Marcel Kammerer. Die Außenseiten der Kirche wurden mit Marmor verkleidet und mit Kupferknöpfen befestigt. Über der Fassade befinden sich zwei kurze Türme, auf denen die Statuen der Heiligen Leopold und Severin Platz gefunden haben; sie wurden von Richard Luksch geschaffen. Im Inneren der Kirche wurde vor allem auf den Lichteinfall Bedacht genommen. Koloman Moser, Gründungsmitglied der Wiener Secession und der Wiener Werkstätte, entwarf die herrlichen Glasmosaikfenster. Über Wunsch Otto Wagners, der sich die Auswahl der für ihn arbeitenden Künstler vorbehalten hatte, sollte Kolo Moser auch das Hochaltarbild gestalten. Von kirchlicher Seite aber wurde seine Mitarbeit „aus religiösen Gründen“ abgelehnt und Carl Ederer mit der Arbeit betraut. Allerdings stellte man sein Werk nur zur Eröffnung der Kirche als Karton auf.

Über Einspruch Otto Wagners wurde aber der Ederer-Entwurf nicht ausgeführt. Der Kunststreit, der in Zusammenhang mit dieser Arbeit entstand, führte sogar zu einem Plagiatsprozeß zwischen Kolo Moser und Carl Ederer. Das heute in der Kirche hinter dem Hochaltar die Wand beherrschende Mosaik wurde in mühevoller Arbeit von Remigius Geyling und Leopold Forstner in Keramik, Marmor, Feueremail und Glas gestaltet und erst 1913 vollendet. Rudolf Jettmar fertigte die beiden Mosaiken der Seitenaltäre.

Wagner hatte nicht nur eine Abneigung gegen Leinwand und die „unverläßliche Freskotechnik“, sondern auch gegen die „abnorme Höhenentwicklung“ des Raumes in der Architektur. Sehr wichtig erschien ihm eine gute Akustik, die er durch das Anbringen einer gekrümmten Zierdecke erreichte.

Beim Kirchenbau wollte Wagner vor allem den Erfordernissen der modernen Medizin und Hygiene Rechnung tragen, waren doch im ursprünglichen Entwurf im Untergeschoß ein Rettungszimmer und Toiletten vorgesehen. In den Erläuterungen zur Bauvollendung dieser Kirche aus dem Jahre 1907 steht über die hygienische Absicht eines kleinen Details im Rahmen des Bauwerkes zu lesen: „Die beiden an den Eingängen liegenden Wasserbecken sind zu Brunnen geformt, sodaß der das Weihwasser Benützende nicht in ein Becken greift, sondern seine Hand unter einen dünnen, während des Kirchenbesuches laufenden Wasserstrahl hält, wodurch Infektionen verhindert werden.“

Der Sakralbau war für 800 Personen vorgesehen. Dabei wurde auf viele, heute noch gültige Gegebenheiten Rücksicht genommen. Der besseren Reinigung wegen ist der Fußboden leicht abfallend verlegt, die Bänke sind kurz gehalten, um den Pflegern ein helfendes Eingreifen zu ermöglichen. Die Eingänge für Frauen und Männer sind voneinander getrennt angelegt.

Und doch begegnete man den fortschrittlichen Ideen Otto Wagners vielerorts mit Befremden und Unverständnis. So berichtet der Architekt eine für seine spätere Laufbahn bestimmende Episode aus dem Jahre 1907 im Vorwort zu seinem „Tagebuch“: „Zur Eröffnung der Steinhofer Kirche kam, in Vertretung des Kaisers, Erzherzog Franz Ferdinand. Ich mußte ihm den Bau erklären, worauf er als Schlußbemerkung einer Ansprache sagte: ‚Der Maria-Theresien-Stil ist doch der schönste.' Ich erwiderte ihm, daß zur Zeit Maria Theresias die Kanonen verziert gewesen seien, während man sie heute vollkommen glatt mache. — Mit ungeheurem Hochmut wendete er sich von mir ab, und sein Haß verfolgte mich, trotz mehrfachen Interventionen, derart, daß ich eine Anzahl Aufträge verlor, für die ich in Aussicht genommen war ..."

Von anderen wurde jedoch der Bau des Gotteshauses „Am Steinhof" als architektonische Meisterleistung anerkannt. Anläßlich der Einweihung der Kirche am 26. Juli 1913 durch Kardinal Dr. Piffl äußerte sich dieser Otto Wagner gegenüber, daß er „förmlich gepackt" gewesen sei „von der Monumentalität des Baues".

Kordon-Kirche, Wegerichgasse 31 (Maria, Mutter der Gnade)

Die seelsorgliche Betreuung der Bewohner der Siedlungen Eden, Kordon und Jägerwald bereitete zunächst große Schwierigkeiten. Ein Vorkriegsprojekt und drei Nachkriegsprojekte waren zum Scheitern verurteilt.

Erst das fünfte Projekt brachte eine Lösung, wenn auch keine endgültige. 1957 konnte die Ausflugsgaststätte des Wirtes Anton Kordon in der Ulmenstraße 4 erworben werden. Der ehemalige Gasthaussaal wurde zu einem Weiheraum eingerichtet, in dem am 9. Juni 1957 die erste Meßfeier stattfand. 1958 erfolgte die Einweihung der Notkirche.

Nach Ankauf des 3 706 m² großen Grundstückes, auf dem noch die alte Notkirche stand, begann man mit Planung und Bau eines neuen Projektes, das sich über die Jahre 1958 bis 1974 erstreckte. Die Grundsteinlegung wurde am 17. Jänner 1971 vorgenommen. 1972 verhinderte ein Brand die Fertigstellung der Kirche und verursachte einen Schaden von mehr als 2 Millionen Schilling, aber am 29. Juni 1974 konnte schließlich die Kirche „Maria, Mutter der Gnade" geweiht werden.

Pfarrkirche Am Wolfersberg, Anzbachgasse 89 (Hl. Josef)

Da es sich bei allen in diesem Bezirk liegenden Pfarren um sehr große Pfarrgebiete handelt, scheint das Verlangen nach einer neuen Pfarr-Regulierung und dem Bau neuer Gotteshäuser nur allzu verständlich. Die nach dem Zweiten Weltkrieg einsetzende Baubewegung hat diesem Verlangen Rechnung getragen und im Bezirk Penzing mehrere neue Kirchen entstehen lassen. Die tieferen Ursachen liegen aber bereits am Beginn des 20. Jahrhunderts begründet, als bei der städtischen Bevölkerung der Trend einsetzte, aus der Enge der Stadt hinaus aufs Land um Wien zu ziehen und ein Stück Grünland als Eigentum zu erwerben. In den Wald- und Wiesengebieten im Westen der Stadt errichteten sie ihre kleinen Häuser, die sie den Sommer über bewohnten. Für diese Zeit aber war die pfarrliche Betreuung äußerst schwierig. So mußten die Siedler vom Wolfersberg bis zur nächsten Pfarrkirche einen weiten Weg zurücklegen. Der Wunsch der Siedler nach einem Versammlungsort führte schließlich zum Bau eines Genossenschaftshauses innerhalb der Siedlung. In dem sogenannten „Schutzhaus" waren zuerst die Verwaltung der Baugenossenschaft und eine Gaststätte untergebracht. Als die Siedler 1932 Baurechtsverträge erhielten, hatte das „Schutzhaus" seinen ursprünglichen Sinn verloren. Da sich im Laufe der Zeit die Errichtung eines eigenen Gotteshauses als notwendig erwies, war der nächstliegende Gedanke, das einstige Schutzhaus als Stätte für die Abhaltung von Gottesdiensten zu verwenden. Durch freiwillige Arbeitsleistungen und finanzielle Unterstützungen wurde es schließlich unter der Leitung von Baumeister Rudolf Hammer als Notkirche zum „Hl. Joseph" (Anzbachgasse 89) eingerichtet und 1934 von Prälat Josef Wagner eingeweiht. Sie bot Sitzplätze für 90 Besucher, dazu kamen „60 Gasthaussessel und 30 Sitzplätze auf Bänken" und doppelt so viele Stehplätze. Am 1. Oktober 1939 wurde das Gotteshaus zur Pfarrkirche erhoben. 1946 ging Baumeister Hammer daran, eine notwendig gewordene Vergrößerung vorzunehmen. Aber nach einigen Jahren wurde ein Neubau unumgänglich notwendig und durch Ankauf eines 1 701 m² großen Grundstückes schließlich ermöglicht. 1948 führten anfängliche Schwierigkeiten vorübergehend zur Einstellung der Bauvorbereitungen. Doch schon am 23. Mai 1949 wurde unter der Leitung des Architekten Dipl.-Ing. Ladislaus Hruska mit dem Bau begonnen. Die Weihe konnte Kardinal Dr. Theodor Innitzer am 30. Oktober 1949 vornehmen. Für die künstlerische Ausgestaltung des Innenraums brauchte man fast ein Jahrzehnt.

Pfarrkirche Baumgarten, Gruschaplatz — Linzer Straße 259 (Hl. Anna)

Die kirchliche Betreuung des Ortes Baumgarten erfolgte seit dem Jahre 1267 von der Pfarrkirche in Penzing aus. Da aber der Weg zur Mutterkirche nach Penzing doch weit und beschwerlich

Der mittelalterliche Bau der alten Hütteldorfer Pfarrkirche in Wien 14, Bergmillergasse 3. Aquarell um 1880

Hütteldorf um ca. 1830. Aquarell von Joseph Höger

Pfarrkirche Hütteldorf

„Wolf in der Au“, Aquarell von Tobias Raulino

Ansicht des Bräuhauses in Hütteldorf, um ca. 1830

Erste Otto-Wagner-Villa, Hüttelbergstraße 26

Haltestelle der Straßenbahnlinie 49 in Hütteldorf, um ca. 1913

war, errichtete man im 15. Jahrhundert in Unterbaumgarten eine kleine spätgotische Kapelle, in der Gegend der heutigen Höritzergasse und Linzer Straße, in der zweimal wöchentlich die heilige Messe gelesen wurde. Pankraz Höritzer soll der Stifter dieses ersten Gotteshauses gewesen sein. Sein Grabmal, er starb 1511, befindet sich an der Ostfassade der heutigen Pfarrkirche.

Beim Türkeneinfall 1529 wurde auch die kleine Kirche arg beschädigt. Noch 1562 befand sie sich in einem „elenden Zustand". Viele Bewohner Baumgartens hatten sich der Lutherischen Lehre zugewendet, und so wurden in der St.-Anna-Kirche in manchem Jahr überhaupt nur zehn Messen gelesen.

Erst 1666, also viele Jahre nach Beendigung des Dreißigjährigen Krieges, konnte in Baumgarten das Fest der Hl. Anna wieder festlich begangen werden.

Nach 517 Jahren erfolgte 1784 die Loslösung von der Mutterpfarre in Penzing; seit dem 18. Dezember 1784 gibt es eine eigene Pfarre Baumgarten.

1786 erhielt das Gotteshaus von den durch Joseph II. aufgehobenen Kirchen und Klöstern eine Reihe von Einrichtungsgegenständen.

Vom Pfarrhof (in der heutigen Kefergasse) wird berichtet, daß es ein ebenerdiger, mit Schindeln gedeckter Bau war, in dem sich fünf Wohnzimmer, eine Küche, eine kleine Speis und ein Weinkeller befanden. An Wirtschaftsgebäuden waren ein Kuhstall, ein zweiter Stall und ein „Holzschupfen" vorhanden, für die Wasserversorgung diente ein Brunnen im Hof.

Auch eine Beschreibung der Kirche zu Beginn des 19. Jahrhunderts ist überliefert. Sie besaß einen hölzernen Turm, war nach „alter Art gebauet" und in gutem Zustand. Der Hochaltar war aus Marmorstein und mit dem Bild der hl. Mutter Anna und Maria verziert. Um die Mitte des 19. Jahrhunderts wurde die Kirche renoviert, und der hölzerne Turm, bereits baufällig geworden, wurde durch einen gemauerten ersetzt.

Das Ende des 19. Jahrhunderts brachte einen starken Bevölkerungszustrom aus Wien. 1898 zählte Baumgarten bereits 8 000 Einwohner; für die große Anzahl der nunmehr hinzugekommenen Gläubigen aber war in der kleinen St.-Anna-Kirche mit ihren 120 Plätzen nicht mehr genügend Raum. Ein Neubau wurde notwendig.

Man nahm das 50jährige Regierungsjubiläum Kaiser Franz

Josephs im Jahre 1898 zum Anlaß, einen „Kaiser-Jubiläums-Kirchenbauverein St. Anna“ zu gründen und so die finanziellen Voraussetzungen für den Kirchenneubau zu schaffen. 1904 wurde der neue Pfarrhof in der Pachmanngasse 10 fertiggestellt.

Erst am 31. Mai 1906 konnte die Grundsteinlegung erfolgen. Dieser Anlaß war Grund zu einem wahren Volksfest, denn der Kaiser selbst, der Thronfolger Franz Ferdinand, fünf Erzherzöge, mehrere Minister, Graf Kielmannsegg, der Statthalter von Niederösterreich, und der Wiener Bürgermeister Dr. Karl Lueger sowie der Weihbischof Dr. Gottfried Marschall waren erschienen. Die Bauarbeiten schritten zügig voran, und schon am 24. November 1908 konnte Weihbischof Marschall die feierliche Einweihung der Kirche vornehmen. Bald darauf hat man die „alte“ St.-Anna-Kirche abgetragen. An sie erinnern an der neuen Kirche nur noch das Epitaph von Pankraz Höritzer und das Hochaltarbild im Innenraum. Im Jahre 1925 hatte man als Folge von Konstruktionsfehlern und schlechtem Baumaterial eine Außenrenovierung durchgeführt und ein neues Geläute angeschafft. Im Zweiten Weltkrieg mußten die Glocken abgeliefert werden, nur das Zügenglöcklein blieb erhalten. Bombenschäden hatte die Kirche keine zu verzeichnen. 1958 bahnte sich die Abtrennung eines Teiles des Baumgartner Seelsorgegebietes an. Diese Regelung war notwendig geworden, da die Baumgartner Geistlichkeit infolge der ständig zunehmenden Bevölkerung die seelsorgliche Betreuung des Pfarrsprengels nicht mehr bewältigen konnte. Daher wurde 1965 die neue Pfarrkirche „Zu den vier heiligen Evangelisten“ von Erzbischof Dr. Jachym geweiht und die selbständige Pfarre Oberbaumgarten errichtet.

Pfarrkirche Breitensee, Laurentiusplatz (Hl. Laurentius)

Ursprünglich war Breitensee ein Teil der Pfarre Penzing. Die Ortsbewohner mußten zur kirchlichen Andacht die Kirche in Penzing aufsuchen, und die Toten wurden auf dem alten Penzinger Friedhof beerdigt. In den dreißiger Jahren des 18. Jahrhunderts erhielt Breitensee eine eigene Kirche, gehörte aber immer noch zur Pfarre Penzing.

Ludwig Sampo, von 1739 bis 1740 Herrschaftsbesitzer von Breitensee, erwarb um 1726 das Schloß in Breitensee. Er gilt als Stifter der dem heiligen Laurentius geweihten Schloßkapelle, die 1740 der Öffentlichkeit zugänglich gemacht wurde, nachdem der Besitz in die Hände von Johann Michael Freiherr von Kienmayer übergegangen war. 1751 wurde die Laurentiuskapelle (heute: Breitenseer Straße 53—55) vergrößert. Sie bot kaum 100 Personen Platz. Dieser Umstand wurde aber in der zweiten Hälfte des 19. Jahrhunderts immer unhaltbarer, da die Bevölkerung von Breitensee innerhalb von 30 Jahren auf das Siebenfache angewachsen war. Mit der Gründung eines Kirchenbauvereines begannen 1886 die Vorbereitungen für einen Kirchenneubau. Nachdem ursprünglich der Schützplatz als Standort für die neu zu erbauende Kirche vorgesehen war, erwarb die Gemeinde schließlich das Grundstück Kendlerstraße 26 im Ortszentrum. Mit der Planung und Durchführung des Kirchenbaues betraute man den Baumeister Ludwig Zatzka. Am 10. Oktober 1895 wurde der erste Spatenstich vorgenommen. Sicherlich erforderte die Aufbringung der finanziellen Mittel größten Einsatz der Ortsbewohner. Doch es fanden sich großzügige Spender; der Baumeister Zatzka stiftete die Orgel und die Kirchenbänke, seine Eltern, Maria und Bartholomäus Zatzka, spendeten die Glocken, und sein Bruder, der akademische Maler Hans Zatzka, malte das Hochaltarbild. Auch die Stadt Wien und der Wiener Kirchenbauverein halfen mit namhaften Beträgen. Im Beisein des Kaisers erfolgte am 22. April 1896 die Grundsteinlegung und schon am 8. Oktober 1898 die feierliche Einweihung des neugotischen Backsteinbaus, der dem heiligen Laurentius geweiht ist. 1905 wurde das Schloß der Herrschaft Breitensee und auch die alte Laurentiuskapelle abgerissen.

Der Erste Weltkrieg forderte seinen Tribut; 1916 mußte ein Drittel der vorhandenen Glocken für die Kriegsrüstung abgegeben werden. 1923 spendete der Erbauer der Kirche drei neue Glocken zum Gedenken an seine verstorbenen Eltern. 1927 erschien das erste Breitenseer Pfarrblatt. 1929 war eine Kirchenrenovierung unumgänglich notwendig geworden, die schwere finanzielle Sorgen auslöste und Pfarrer Held zu der Äußerung bewog: „Wer in einer solchen Kirche Pfarrer ist, ist wahrhaft nicht zu beneiden!“

Während des Zweiten Weltkrieges, 1941, mußten die Kirchenglocken wiederum für Kriegszwecke abgegeben werden. Die Kirche selbst erlitt bei den Kampfhandlungen keine größeren Schäden. 1950 erhielt das Gotteshaus zum drittenmal neue Glocken, die große Innenrenovierung der Kirche fiel in das Jahr 1953, und 1972 nahm man die Außenrenovierung in Angriff.

Pfarrkirche Hütteldorf, Linzer Straße 424 (Hl. Andreas)

Der Gründer der Pfarre von Hütteldorf war der Forstmeister Wernhard Schenk von Ried, wie aus einer Urkunde vom 8. September 1356 hervorgeht. Das erste kleine Gotteshaus befand sich an der Ecke der heutigen Bergmillergasse und Stockhammerngasse. Wernhard Schenk war Berater der habsburgischen Herzöge Albrecht des Weisen und Rudolf des Stifters. In seinem Testament vom 25. Oktober 1362 setzte er die Habsburger zu seinen Erben ein. Wernhard, der 1364 starb, wurde auch in der Kirche begraben. In der neuen Kirche weist eine in die Kirchenwand eingelassene Platte auf den Gründer des Gotteshauses hin. Beim Pfarrhof dürfte es sich um ein Gutsgebäude gehandelt haben. Ein Gutshof in der Nähe war wahrscheinlich das heutige Fuhrmannhaus (Linzer Straße 404—406). Sowohl während der Ersten Türkenbelagerung 1529 und auch 1683 gingen beide Objekte in Flammen auf. Der Wiederaufbau ging sehr langsam vor sich. An eine Restaurierung der Kirche und des Pfarrhofs schritt man erst im Jahre 1754. In der zweiten Hälfte des vorigen Jahrhunderts dachte man daran, eine neue und größere Kirche zu bauen, da das alte Gotteshaus bereits in einem recht baufälligen Zustand war. Wie die alte Kirche in dieser frühen Zeit ausgesehen hat, vermittelt ein anschaulicher Bericht des im Jahre 1910 verstorbenen Buchbindergehilfen Karl Haager, der in Hütteldorf aufgewachsen war. Er schrieb in sein Tagebuch: „Das wohl nach einem einheitlichen Plane erbaute Gotteshaus ist durch Zu- und Umbauten im Laufe der Zeiten sehr entstellt worden. Besonders nach 1753 ging der gotische Stilcharakter fast ganz verloren. Die Bauanlage zeigt den Typus alter gothischer Landkirchen, ein dreiteiliges Schiff von 4 Jochen, ein Presbyterium aus 2 Jochen mit dreiseitigem Abschluß und einem Sakristeianbau. Das Hauptschiff, welches fast doppelt so breit und nahezu ebenso viel höher ist als die Seitenschiffe, wurde mit diesen unter ein Dach gebracht. Vier recht plumpe Frei- und ebenso viele Ecksäulen stützen das Gewölbe (Tonnenform) des Mittelschiffes, welches jetzt fensterlos ist. Doch sieht man im Dachraume noch an mehreren Stellen die vermauerten einstigen Lichtöffnungen. Das nördliche Seitenschiff ist jüngeren Datums als das südliche, welches noch Reste eines schönen originellen Gewölbes zeigt. Der Turm ist auf der Vierung aufgesetzt. Er trägt ein Kreuz mit 2 Balken. Der Hochaltar steht frei und besteht aus einem alten, mit vergoldeten Figuren gezierten Tabernakel."

Der Grundstein zur neuen Kirche wurde am 26. Juni 1881 gelegt. Das Gotteshaus wurde nach den Plänen des Architekten Richard Jordan errichtet und am 9. November 1882 geweiht und befindet sich in der Linzer Straße 424, schräg gegenüber der einstigen alten Kirche, die schließlich der Demolierung anheimfiel. An der Außenseite der neuen Kirche wurde vom alten Gotteshaus die Grabplatte (mit Reliefbildnis) des Dichters und Jesuiten Michael Denis, des ersten Kustos der Hofbibliothek, übertragen und angebracht. Die Wiener Buchdrucker stifteten die Reliefbüste des Dichters, die Vinzenz Pilz schuf. Eine genaue Geschichte der neuen Hütteldorfer Kirche ist im Absatz Hütteldorf beschrieben.

Pfarrkirche Oberbaumgarten, Hütteldorfer Straße 282—284 (Zu den vier heiligen Evangelisten)

Am 24. November 1908 war in Baumgarten die St.-Anna-Kirche als Kaiser-Jubiläums-Kirche eingeweiht worden. Das Anwachsen der Bevölkerung ließ die Kirche bald als zu klein erscheinen. Einen Kirchenneubau verhinderten jedoch kriegsbedingte Sparmaßnahmen. Erst nach Ende des Ersten Weltkriegs wurde vom Wiener Kirchenbau-Verein zu Beginn der zwanziger Jahre eine auf dem Areal Linzer Straße 299 von russischen Kriegsgefangenen errichtete Baracke erworben. Sie diente zunächst als Kriegsspital, aber später konnte die Umwandlung in eine Kapelle erfolgen. Sie war dem Hl. Florian geweiht und bot ungefähr 80 Personen Platz. Der schon in den vierziger Jahren unseres Jahrhunderts gehegte Plan, alle auf dem genannten Areal vorhandenen Baracken zu schleifen und Wohnbauten zu errichten, wurde erst 1950 realisiert, aber der ebenso geplante Kirchenneubau blieb unausgeführt. Wieder mußte man sich mit einer Notlösung behelfen und zwei Räume im Hause Hütteldorfer Straße 266 als Kapelle einrichten. 1957 wurde diese „Notkapelle" der „Muttergottes von der wundertätigen Medaille" geweiht und bis 1964 für Gottesdienste verwendet. In all den Jahren bemühte man sich, für den Neubau einer Kirche ein passendes Grundstück zu finden. 1958 erwarb man den Baugrund an der Ecke Hütteldorfer Straße und Karl-Toldt-Weg. Mit dem Bau wurde am 26. Juli 1963 begonnen, am 20. Dezember 1963 erfolgte die Grundsteinlegung; am 19. Dezember 1965 feierte man die Einweihung der Kirche „Zu den vier heiligen Evangelisten", und mit Wirksamkeit vom 1. Jänner 1966 stimmte Kardinal Dr. Franz König der Errichtung einer eigenen Pfarre zu.

Das moderne Bauwerk fand in Fachkreisen ebenso wie bei der Pfarrbevölkerung geteilte Aufnahme.

Pfarrkirche Penzing, Einwanggasse 30 (Hl. Jakob)
Als älteste Kirche des 14. Bezirks kann wohl die Penzinger Pfarrkirche angesehen werden; im Jahre 1267 wurde sie erstmals urkundlich erwähnt. Auf Bitten des Magisters Gerhard, des Pfarrers von St. Stephan zu Wien, stifteten Rudeger von Rodaun, genannt Zolre, und seine Gattin Gisla in Penzing einen genau bezeichneten Acker für den Bau einer Filialkirche von St. Stephan. Die Bezeichnung lautete: „Bei den Eichen im heiligen Tal zu Penzing". Die Lage des Grundstückes auf der Anhöhe erwies sich als günstig, da somit keine Gefahr eines etwa auftretenden Hochwassers bestand und auch der Übergang über den Wienfluß in der Nähe lag sowie die Verbindung zu den Fernstraßen gegeben war.

Magister Gerhard erhielt das Patronatsrecht über die von ihm mit eigenen Mitteln erbaute Kirche, das 1365 der von Herzog Rudolf dem Stifter gegründeten Propstei Allerheiligen zufiel. 1469 wurden dem neugegründeten Bistum von Wien die Pfarren Penzing, Ottakring, Atzgersdorf und Laa übergeben. Seither übte der jeweilige Bischof von Wien das Patronatsrecht über die Kirche St. Jakob aus. Mit der im Mittelalter weit verbreiteten Verehrung des hl. Jakob rückte die Penzinger Kirche in das Blickfeld der Öffentlichkeit und wurde ein gern und oft besuchter Wallfahrtsort. Das Anwachsen der Bevölkerung erforderte bald eine Vergrößerung der ursprünglichen Kapelle, die auch in der zweiten Hälfte des 14. Jahrhunderts vorgenommen wurde. Im 15. Jahrhundert erfolgte eine zweite Erweiterung des Gotteshauses.

Die Erste und die Zweite Türkenbelagerung fügten jedoch dem Bau arge Schäden zu. Trotz verschiedener Ausbesserungsarbeiten befand sich die Kirche lange Jahre in einem beklagenswerten Zustand. Erst 1758 erfolgte schließlich der grundlegende barocke Umbau und die neuerliche Erweiterung der Kirche durch den Hofbaumeister Matthias Gerl. Im Laufe des 19. und 20. Jahrhunderts wurden ebenfalls mehrfache Restaurierungen vorgenommen. 1845 erhielt die Kirche ein neues Turmkreuz, 1884 eine Turmuhr; 1888 baute man die heutige Sakristei, und 1933 wurde an der Westseite ein Vordach angebracht. Am 9. April 1945 schossen russische Panzer den Kirchturm in Brand; Turmdach und Sakristeidach wurden völlig vernichtet.

Den Wiederaufbau 1945/46 leitete der Stadtbaumeister Franz Wöber. Mit Zustimmung des Bundesdenkmalamtes erhielt der Turm statt der alten Zwiebelform ein Keildach, ohne das wir uns die Penzinger Kirche heute gar nicht mehr vorstellen können. Das Innere der Kirche ist ein dreijochiges Langhaus mit Netzrippengewölbe. Im Zuge der Restaurierung wurden die barocken Verzierungen entfernt.

Pfarrkirche St. Josef, Reinlgasse 25
Die dem hl. Josef geweihte Kalasantiner-Kirche wurde 1891 im Neorenaissance-Stil erbaut und im Jahre 1935 zur Pfarre erhoben. Im Zweiten Weltkrieg wurden durch einen Bombenangriff das Dach und die gesamte Inneneinrichtung zerstört. Die Pfarrgemeinde feierte bis zum Wiederaufbau des Gotteshauses die Messen in der Breitenseer-Kirche.

Nach Ende des Krieges wurde die Kirche in den Jahren 1945/46 nach Plänen der Baumeister Anton Lorenz und Franz Josef Wöber wiederaufgebaut. 1984 erhielt das Gotteshaus eine neue Orgel.

Rochuskapelle, bei Penzinger Straße 70
Neben der 1267 gegründeten St.-Jakobs-Kirche wurde in Penzing in der zweiten Hälfte des 17. Jahrhunderts eine Kapelle errichtet. Anlaß für ihren Bau war ein Bittschreiben des Pfarrers Georg Einwang, in dem er den Landesfürsten um Unterstützung für den Bau des Gotteshauses ersuchte. Er begründete sein Ansuchen damit, daß in letzter Zeit einige „Gottesheußer herumb seyen außgeraubt und sonderlich das hochheilige Sacrament gottslästerlich verunehrt worden" sei. Diese Beraubung und „Verunehrung" hatte auch die St.-Jakobs-Kirche in einem Jahr dreimal über sich ergehen lassen müssen. Den Grund für diesen Umstand sah er darin, „weillen dißе Pfarrkirche vom Dorf zimblich weit abgelegen" war. Um 1660 wurde die Kapelle wahrscheinlich von Georg Gerstenbrandt errichtet und den beiden Pestheiligen Rochus und Sebastian geweiht. Beim Türkeneinfall 1683 wurde die Kirche schwer beschädigt. Der Wiederaufbau mußte aber nicht sehr rasch und intensiv betrieben worden sein, denn noch 1750 berichtet die Pfarrchronik über den baulichen Zustand der Kapelle, „welche mehr einer Mördergrube als einem Gotteshause gleichsah". Zuletzt wurden 1842 bis 1845 Renovierungsarbeiten durchgeführt.

Im Inneren der Kirche befindet sich auf dem Hochaltar ein 1739 gestiftetes Kruzifix, das zwei Türkenbelagerungen überstanden hat, ein Bild des hl. Rochus von Johann Höfel und eine klassizistische Kanzel.

Evangelische Kirchen

Hietzinger Kreuzkirche, Cumberlandstraße 48
Im Jahre 1913 wurde die evangelische Pfarrexpositur Hietzing errichtet und in diesem Zusammenhang auch an den Bau einer eigenen Kirche gedacht. Die Kriegswirren des Ersten Weltkrieges verzögerten das Vorhaben. Schließlich wurde in den Jahren 1930/31 die Kirche nach Plänen von Architekt Theophil Niemann im neugotischen Stil errichtet. An der Planung und Innenausstattung war der nachmalige Pfarrer DDr. Erwin Schneider ganz wesentlich beteiligt; er betätigte sich auch als Maler. Der Komponist Franz Schmidt hat der Kirche seine Hausorgel zur Verfügung gestellt.

Trinitatis-Kirche, Freyenthurmgasse 20
Die evangelisch-lutherische Pfarrkirche Hütteldorf wurde in den Jahren 1967/68 von Architekt Sepp Schuster erbaut. Das Gotteshaus weist ein zeltdachförmiges Kirchenschiff auf. Im Inneren gewährt ein großes Trinitatis-Altarfenster einen Durchblick ins Freie.

Baptisten-Kirche

Baptistengemeinde Wien-Hütteldorf, Bujattigasse 5
Anfang des Jahres 1985 wurde das neue Gemeindezentrum Hütteldorf errichtet. Der kirchliche Versammlungsraum ist in Achteckform gebaut. Der Raum wird durch vier Lichtkuppelbänder an der Decke vom Tageslicht beleuchtet. Die Vorderfront wurde mit hellen Sichtziegeln gestaltet.
Die Anfänge der Baptistengemeinde Hütteldorf reichen bis in das Jahr 1919 zurück. Zu diesem Zeitpunkt errichtete man aus Mitteln schwedischer Baptisten ein Haus in der Knödelhüttenstraße 4—12. In den Jahren 1948 wurde eine Notkirche erbaut. Vor der Übersiedlung in das neue Pfarrzentrum versammelte sich die Baptistengemeinde in der Knödelhüttenstraße 1a.

4. Friedhöfe

„Alter" Baumgartner Friedhof (aufgelassen), Hütteldorfer Straße/Seckendorfstraße

Im Jahre 1783 wurden, auf Grund der Josephinischen Pfarrordnung, in allen Orten, die bisher zur Pfarre Penzing gehört hatten — mit Ausnahme von Breitensee —, eigene Pfarren errichtet. Am 18. Dezember 1784 erklärte man Baumgarten zur selbständigen Pfarre, fünf Tage später erfolgte die Installierung von Anton Müller als Lokalkaplan. Nun mußte auch ein eigener Ortsfriedhof angelegt werden. 1786 war ein Grundstück nordöstlich des Dorfes im heutigen Gebiet Hütteldorfer Straße — Seckendorfstraße ausgewählt worden. Da die neue Pfarre sowohl „Baumgarten oberes Gut" als auch „Baumgarten unteres Gut" zusammenschloß — zwei auch heute noch im Grundbuch getrennte Katastralgemeinden —, waren auch die beiden Gemeinden je zur Hälfte Besitzer des Friedhofes. Das Friedhofsgebiet wurde mit einer Mauer umgeben und ein Kreuz aufgerichtet; am 15. Jänner 1786 wurde in Gegenwart der Gemeindeangehörigen der Friedhof von Seelsorger Anton Müller eingeweiht. Knapp einen Monat später erfolgte am 10. Februar 1786 die erste Beerdigung.

1827 wird im Pfarrgedenkbuch von Pfarrer Ambros Ferdinand Zettl über den schlechten Zustand des Friedhofes berichtet. Er beklagte sich, daß sowohl die Friedhofsmauer als auch die Friedhofskapelle schon sehr baufällig seien und der Friedhof selbst ein ungepflegtes Aussehen habe. Aber erst mehr als 10 Jahre später, im Jahre 1839, wurde die Totenkammer neu erbaut und die Mauer instandgesetzt. Den Betrag von 180 Gulden, den man für diese Instandsetzungsarbeiten bezahlen mußte, erachtete man als annehmbar, zumal der Friedhof nun, laut Pfarrgedenkbuch, „einen anmuthigen Anblick gewähret". 1876 erfolgte die letzte Beisetzung auf dem alten Friedhof. 1884 wurde ein Teil des Friedhofsgrundes für den Ausbau der Hütteldorfer Straße abgetreten und 1899 dieser Gottesacker völlig aufgelassen. 1901 errichtete man auf den ehemaligen Friedhofsgründen und den angrenzenden Liegenschaften die Kaiser-Franz-Joseph-Landwehrkaserne. Hier war das Landwehr-Infanterieregiment Nr. 1 stationiert. 20 Jahre später wurde die Kaserne in ein Versorgungshaus umgewandelt und ist heute, baulich umgestaltet, Pflegeheim der Stadt Wien.

„Neuer" Baumgartner Friedhof, Waidhausenstraße 52
Der alte Baumgartner Friedhof war fast 100 Jahre lang Begräbnisstätte. Dann stellte sich aber auch hier Raummangel ein, und man suchte ein passendes Grundstück für die Errichtung eines neuen Ortsfriedhofes. In der zweiten Hälfte des 19. Jahrhunderts legte man in der Ried „Unter-Waidhausen" einen neuen Ortsfriedhof an. 1874 wurde der neue Friedhof von Dechant Emanuel Paletz, Pfarrer in Hütteldorf, eingeweiht. Aber bereits drei Jahre später mußte die Begräbnisstätte wieder erweitert werden.

Seit 1976 gibt es einen Grabsteinhain mit kulturhistorisch wertvollen und interessanten Grabsteinen, um diese nach Auflassung der ursprünglichen Grabstelle vor der Vernichtung zu bewahren. Auf dem Friedhof sind viele ehedem bekannte Persönlichkeiten begraben, so u. a. der Heimatforscher Heinrich May, der Komponist Louis Dité, der Gründer des Penzinger Bezirksmuseums Anton Scheiblin, der Schriftsteller Edmund Daniek, der Schriftsteller Alfred Eduard Forschneritsch, der Sänger Anton Moser, die Schauspielerin Mimi Stelzer, der Gynäkologe Dr. Wilhelm Weibel, der Maler Ernst Klimt, der Schriftsteller Hans von Tabarelli, der akademische Maler Fritz Schönpflug.

Hadersdorfer Friedhof (= „Neuer" Mariabrunner Friedhof), Friedhofstraße 89 (Siehe auch „Alter" Mariabrunner Friedhof)
1873 wurden die entsprechenden Verhandlungen eingeleitet, die damit endeten, daß sich die Gemeinde Hadersdorf-Weidlingau verpflichtete, auf ihre Kosten einen „neuen Friedhof" anzulegen. Das k. k. Ackerbau-Ministerium stellte für die Errichtung des „neuen Friedhofes" einen Zuschuß in Aussicht. Ein 800 Quadratklafter großes Grundstück am Fuße des Bierhäuselberges wurde dafür von der Pfarre Hütteldorf angekauft. Die Bewilligung zur Anlage des Friedhofes erfolgte am 3. November 1873, und am 28. Juni 1875 wurde die Einweihung vorgenommen. Bereits nach acht Jahren erwies sich der Friedhof als zu klein. Wieder war es die Hütteldorfer Pfarre, die 795 Quadratklafter Grund für die Vergrößerung verkaufte. Zwei Jahre später, am 15. August 1885, konnte mit der Einfriedung, Entwässerung und Grundausgleichung begonnen werden. Am 6. November 1885 wurde die Belegung des

erweiterten Friedhofes bewilligt, 1886 erfolgte die Einweihung, gleichzeitig wurden eine Friedhofsordnung und eine Totengräberinstruktion erlassen. 1895 sah man sich gezwungen, den alten Teil des neuen Friedhofes wieder zu belegen. Diesem Umstand wurde 1896 von der Bezirkshauptmannschaft Hietzing-Umgebung dahingehend Rechnung getragen, daß sie eine entsprechende Vorsorge für die Trockenlegung des Friedhofes verlangte.

Eine neue „Leichen- und Secierkammer“ wurde geplant und nach stattgefundener Kommissionierung genehmigt.

1901 kam es neuerlich zu einer Erweiterung des gesamten Friedhofsgeländes im Ausmaß von 8 898 m^2. Max Hegele entwarf 1908 den Plan für den Bau der Friedhofskapelle. Von ihm stammen auch die Pläne für die Dr.-Karl-Lueger-Gedächtniskirche auf dem Wiener Zentralfriedhof (Wien 11).

„Alter“ Hütteldorfer Friedhof (aufgelassen), Bergmillergasse/Stockhammerngasse

Über seinen Bestand berichtet uns im Jahre 1826 der Dichter Johann Gabriel Seidl. Er schreibt: „Um die Kirche läuft der mit einer Mauer umgebene vormalige Totenacker.“ Ein Aquarell von Joseph Höger, um 1830 entstanden, zeigt uns eine Ansicht der alten Hütteldorfer Kirche mit dem Kirchhof und den an der Friedhofsmauer lehnenden Grabsteinen. Die alte Kirche stand bis 1882 auf dem von der Bergmiller- und Stockhammerngasse begrenzten Grundstück. 1887 wurde sie demoliert und somit auch der Friedhof aufgelassen. Wie viele Grabsteine auf die neue Begräbnisstätte übertragen wurden, ist nicht bekannt. Von einem Grabstein können wir wohl annehmen, daß es sich um einen Stein vom alten aufgelassenen Friedhof handelt; es ist jener für den Bäcker („Beckh“) Christoph Harkhammer, der im Jahre 1638 starb.

„Neuer“ Hütteldorfer Friedhof, Samptwandnergasse 6

Mit der Anlage des neuen Hütteldorfer Friedhofes wurde bereits 1811 begonnen. Auf ihm sind die Grabstätten einer großen Zahl berühmter Persönlichkeiten der Kultur- und Geisteswelt, so u. a. der Burgschauspielerin Josephine Wessely, des Industriellen Rudolf Isbary und des Malers Max Kurzweil. Hier fanden auch der Dichter Friedrich Halm, der Schriftsteller Ignaz Franz Castelli, der Ingenieur und Erfinder Siegfried Marcus, der Hofzuckerbäcker August Dehne und der Schneidermeister Joseph Gunkel ihre letzte Ruhestätte. Von diesen Gräbern ist heute jedoch nichts mehr vorhanden, sie wurden aufgelassen und die Leichen zum Teil auf andere Friedhöfe übergeführt. Der heutige Hütteldorfer Friedhof ist bis in die jüngste Zeit immer wieder erweitert worden. Auch dieser Friedhof besitzt einen Grabsteinhain.

(„Alter") Mariabrunner Friedhof

Er lag südöstlich des Klosters Mariabrunn und wurde seit 1875 nicht mehr belegt. 1869 beabsichtigte das k. k. Ackerbau-Ministerium den Ankauf des Klostergebäudes in Mariabrunn, in dem die k. k. Forstakademie untergebracht war. Als es um 1869 wegen der Benützung des alten Friedhofes zwischen der Pfarre und der k. k. Forstakademie zu Unstimmigkeiten kam, nahm man wohl sanitäre Gründe zum Anlaß, um den Friedhof zu verlegen.

(„Neuer" Mariabrunner Friedhof = Hadersdorfer Friedhof)

„Alter" Penzinger Friedhof (aufgelassen), Einwanggasse

Als ältester Friedhof des Bezirkes Penzing muß wohl jener bezeichnet werden, der sich rund um die Penzinger Kirche erstreckte, wie es noch heute in den ländlichen Gebieten üblich ist. Ein Stich von Vinzenz Grüner aus dem Jahre 1804 zeigt die Ansicht des „alten" Penzinger Friedhofs. Der Blick ist von Nordwesten auf die Pfarrkirche zum hl. Jakob gerichtet, die von einer Friedhofsmauer umgeben ist, über die vereinzelt Grabsteine hinausragen. Die Auflassung des Friedhofs wurde 1854 beschlossen; die Beilegungen erfolgten aber noch bis zum Jahre 1879, wie aus einem Bericht des Gemeindevorstands von Penzing vom 16. September 1879 hervorgeht.

1868 hatte ein k. k. Statthaltereierlaß die Auflassung des „alten Friedhofes" nach Ablauf von 10 Jahren bewilligt. Da jedoch die Familien nach den abgelaufenen 10 Jahren sich nicht um die Auflassung gekümmert hatten, erging von der Gemeinde Penzing folgendes Schreiben: „Nachdem dieser Termin mit Ende des Jahres 1878 abgelaufen ist und die Familien der Gruftbesitzer wiederholt durch die Wiener Zeitung zur Räumung der Grufte und Übertragung der Leichen in den neuen Friedhof zu Penzing aufgefordert worden sind, ergeht nunmehr die dritte und letzte Aufforderung, diesem Ansinnen nur mehr bis längstens 15. Oktober d. J. nachzukommen, weil von der k. k. Bezirkshauptmannschaft Sechshaus bereits der 20. August d. J. zur Transferierung der Leichen bestimmt war; von der Gemeinde aber im Interesse der Betreffenden eine Frist bis Spätherbst d. J. erwirkt worden ist. Nach Ablauf dieses Termines wird seitens der Gemeinde die Exhumierung und Übertragung der Leichenreste vorgenommen und mit den Grabsteinen etc. weiter verfügt werden."

Leider sind die nach der Auflassung des alten Friedhofes zurückgelassenen Grabtafeln im Laufe der Zeit verlorengegangen. Über zwei Gräber sind jedoch Berichte überliefert. Wohl existiert der Grabstein oder Gruftdeckel einer Gräfin Fuchs nicht mehr, aber die darauf befindliche Inschrift ist auf der Kopie eines Aquarells erhalten geblieben, sie lautet: „Hier ruht Maria Cäcilia Gräfin von Fuchs, geborene von Fillenbaum, gestorben den 4. Januar 1806, alt 96 Jahre. Gott gib ihr die ewige Ruhe."

Der Schweizer Maler Jean Etienne Liotard hat mit seinem Gemälde „Das Schokoladenmädchen" Anna Baldauf berühmt gemacht. Sie war die Tochter des bürgerlichen Schwertfegermeisters Melchior Baldauf und seiner Frau Maria Theresia. Als Melchior Baldauf 1780 starb, hinterließ er vier großjährige Kinder, die Söhne Joseph und Ignatz, welch letzterer den Beruf des Vaters ausübte, sowie Melchior, der Kaufmannsdiener war; die Tochter Anna diente als herrschaftliche Kammerjungfrau. Im Jahre 1802 heiratete die bildschöne Anna Baldauf den damals 74jährigen Fürsten Karl Johann von Dietrichstein. 1808 starb der Fürst, die Witwe überlebte ihren Gatten aber nur um sieben Jahre und starb am 25. Februar 1815. Sie wurde auf dem alten Penzinger Friedhof bestattet. Noch 1927 soll sich an der Mauer der Kirche ihre marmorne Grabtafel befunden haben.

Ein Grabmal, das uns erhalten geblieben ist, weil es auf den neuen Friedhof übertragen wurde, ist jenes des Michael Freiherrn von Kienmayer, der sich als Reitergeneral 1788/89 im Türkenkrieg und 1809 in den Kämpfen gegen napoleonische Truppen bei Aspern besonders ausgezeichnet hatte.

„Neuer" Penzinger Friedhof, Goldschlagstraße 178

Die ständige Bevölkerungszunahme war Anlaß, an die Anlage eines neuen Friedhofes für Penzing zu denken. Schon 1801 war vom damaligen Grundherrn von Penzing, Baron Mayr, die Anregung für die Errichtung eines neuen Friedhofes gegeben worden. Dieser Antrag wurde aber sowohl von der Regierung als auch vom Konsistorium abgewiesen.

Als die Grundherrschaft im Jahre 1826, also 25 Jahre später, den Antrag erneuerte und gleichzeitig auch den dazu benötigten Grund zur Verfügung stellen wollte, fand der Plan auch die Zustimmung des Pfarrers Chudoba. In die Tat umsetzen ließ er sich allerdings nicht, da der Kirche das Geld für eine Umzäunung des neuen Friedhofes fehlte. 1848 wurde die Gemeinde unter Bürgermeister Töpfel initiativ und wollte einen eigenen Gemeindefriedhof anlegen. Mittlerweile war auch die Kirche daran interessiert, den Friedhof für die Pfarre zu erhalten. Erzbischof Milde bewilligte den Ankauf eines geeigneten Grundes aus den Geldmitteln der Kirche. Um den Preis von 1 450 Gulden wurde nach langwierigen Verhandlungen am 8. August 1856 ein 1 722 Quadratklafter großes Grundstück erworben.

Am 9. Oktober 1859 konnte der Pfarrer von Hütteldorf, Josef Weinkopf, unter großer Beteiligung der Bevölkerung und in Anwesenheit des Gemeindevorstandes die Weihe vornehmen. In den folgenden Monaten begann man mit der Belegung des Friedhofes. Der alte Friedhof war nur mehr für Grüfte vorgesehen. Da sich die Bevölkerungszahl von Penzing binnen kurzer Zeit fast verdreifacht hatte, erwies sich auch bald dieses Friedhofsgrundstück als zu klein. Nach Verhandlungen, die sich über fünf Jahre hinzogen, und nach einem Rechtsstreit mit der Gemeinde wurde am 27. Februar 1887 der Vergrößerung um 800 Quadratklafter zugestimmt. Heute ist der Penzinger Friedhof als einzigartige Besonderheit anzusehen; er ist der einzige Pfarrfriedhof von Wien. Eingeschlossen zwischen Häusern und Fabriken, sind hier Leben und Tod nahe beieinander.

III. WIRTSCHAFT UND GEWERBE

Den 14. Bezirk Penzing gibt es erst seit dem Jahre 1938. Ursprünglich zum 13. Bezirk Hietzing gehörig, wurden mit 15. Oktober 1938 die nördlich des Wienflusses gelegenen Teile dieses Bezirks von Hietzing abgetrennt und die Vororte Baumgarten, Breitensee, Hadersdorf-Weidlingau, Hütteldorf und Penzing zum 14. Bezirk Penzing zusammengefaßt.

Auf Grund dieser Entwicklung sind die Quellen für den Bezirk nach der Eingemeindung von 1890 nicht so aussagekräftig, wie man erwarten würde. Der damals erfolgte Zusammenschluß von Baumgarten, Breitensee, Hadersdorf-Weidlingau, Hütteldorf und Penzing mit Hietzing, Lainz, Speising, Hacking und Ober-St.-Veit zum 13. Bezirk findet sich auch in der Statistik, die den Bezirk nur in seiner Gesamtheit erfaßte. So können heute fast keine Einzelwerte für die jeweiligen Orte erstellt werden. Vorhandene statistische Angaben sind daher erst ab 1938 auswertbar. Zum großen Teil machten auch die Erfassung der Betriebsgröße und die Lokalisierung der jeweiligen Betriebe Schwierigkeiten, da oft nur der Name des Unternehmens, nicht aber der Standort überliefert ist. Es besteht auch nicht die Möglichkeit, aus den statistischen Unterlagen für den Bezirk Hietzing Durchschnittswerte für Penzing herauszuarbeiten, zumal die Struktur von Hietzing und Penzing völlig verschieden ist. Hietzing war und ist der vornehme Villenvorort, während Penzing eine industrielle Entwicklung durchmachte. Es ist daher notwendig, die einzelnen Bezirksteile mit ihren Besonderheiten zu beschreiben, um sie dann wieder zu einem Ganzen zusammenzufügen. Die besondere Eigenheit beginnt schon bei den Grenzen des Bezirks, die längs des Wienflusses und der Westbahn weit nach dem Westen vorstoßen und in das große Waldgebiet hineinragen. In oft schroffen Übergängen wird man mit Fabriken, neuen Wohnblöcken, alten Wohnhäusern, Kasernen, aber auch noch bäuerlichen Gehöften konfrontiert.

Der 14. Bezirk ist an der Westeinfahrt von Wien gelegen. Von hier erhält jeder Besucher, ob er nun mit dem Auto reist oder mit der Eisenbahn kommt, den ersten Eindruck von Wien. Der Bezirk Penzing ist gleichsam eine Visitenkarte der Bundeshauptstadt.

In diesem Zusammenhang sei ein historischer Rückblick über die Orte des Wientales gegeben, die heute diesen Bezirk bilden. Der Reisende, der sich der Stadt aus dem Westen nähert, erreicht zuerst den Ort Hadersdorf, der an der Mauerbachstraße in einem „angenehmen Thale“ gelegen ist. Die Bevölkerung betrieb Anfang des 19. Jahrhunderts Ackerbau und Viehzucht. Neben einer herrschaftlichen Mühle in Hadersdorf und einer Sägemühle nächst Mariabrunn wurde auch noch Fischerei betrieben. Vom herrschaftlichen Steinbruch am Mühlberg stammen jene Steine, die für die Pflasterung in der Stadt Wien benötigt wurden. Ebenso versorgte man die Wiener mit landwirtschaftlichen Produkten, wie Milch und Obst. Der Ort wurde, seiner waldreichen Umgebung wegen, gerne als Sommerfrische aufgesucht. Park und Schloß des Feldmarschalls Laudon bildeten einen großen Anziehungspunkt für Einheimische und Fremde.

Südlich davon, im Wiental, liegt Weidlingau. Einst besaß der Ort ein Schloß, inmitten eines großen Parks gelegen. Die Nähe der Hauptstadt und die herrliche Waldgegend waren ausschlaggebend dafür, daß sich Weidlingau zu einer beliebten Sommerfrische entwickelte. Selbst im Winter war der Ort nie ohne Gäste, da sie hier auf dem kulinarischen Sektor sehr gut betreut wurden. Das bedeutete für die Bevölkerung eine nicht zu unterschätzende Einnahmsquelle. Ein Teil der Bewohner übte ein Gewerbe aus, vereinzelt wurden Ackerbau und Viehzucht oder Gemüse- und Obstbau betrieben. Auch der Wald war ein nennenswerter wirtschaftlicher Faktor. Eine gute Trinkwasserversorgung war durch die Mühlberg-Wasserleitung gesichert, und für Ortsbewohner und Gäste stand eine Warm- und Kaltwasser-Badeanstalt zur Verfügung. Vom Schloß ist so gut wie nichts erhalten geblieben. Auf dem Areal des Schlosses und des Gartens wurde in den Jahren 1970 bis 1973 die „Stadt des Kindes" errichtet; der Park ist heute öffentlich zugänglich. Am Fuße des Bierhäuselberges befindet sich der Wallfahrtsort Mariabrunn, ein Pfarrdorf mit wenigen Häusern. Beeindruckend ist der Komplex der Wallfahrtskirche mit dem ehemaligen Klostergebäude, das heute die Forstliche Bundesversuchsanstalt beherbergt. Die Bewohner betrieben zum Teil ein Gewerbe und hatten nur unbedeutenden Viehbestand. In den Zeiten der Wallfahrten und Kirchweihfeste war Mariabrunn ein gern besuchter Ort.

Weiter führt der Weg in Richtung Hütteldorf, dessen Bewohner in früherer Zeit Weinbau betrieben hatten. Die übrige Landwirtschaft war von geringer Bedeutung. Der Ort selbst liegt im Wiental, das Ortsgebiet aber erstreckt sich bis hin zu den Höhen des Gallitzinberges und des Schottenwaldes, einer romantischen Landschaft, die schon im vorigen Jahrhundert von Sommergästen gerne aufgesucht wurde. Später errichtete man hier eine Poststation.

Die Industrialisierung setzte in Hütteldorf sehr früh ein. Es bestanden hier die Druckwarenfabrik Franz Appiano (1854), die Baumwoll- und Schafwollfabrik G. Seidel (1851), die Essigerzeugungsfirma J. Hietzgern, die Waffenfabrik Stanislaus Striberny (1860) und schließlich die Hütteldorfer Bierbrauerei, die 1898 ein Geschäftskapital von 1 200 000 Gulden und eine Jahresproduktion von 200 000 hl Bier auswies. Vor allem im Sommer lockte das Gastlokal mit dem herrlichen Garten, den ausgedehnten Kellereien und Vorratsräumen viele Besucher an. 1599 besaß das Unternehmen schon die „Braugerechtigkeit" (= Braubewilligung). Das alte „Präuhäusel", wie die Wiener es nannten, wurde in den Jahren 1732, 1791 und 1835 wesentlich erweitert und 1826 von Johann Gabriel Seidl als eines der „ansehnlichsten" in Niederösterreich gerühmt. Als Besitzer ist für die Zeit von 1845 bis 1862 Anton Bergmiller bekannt, an den noch heute die Bergmillergasse erinnert. In seinem Riesenkeller sollen laut Überlieferung bei 80 000 Eimer Bier gelagert gewesen sein, „eine ganze Sintflut brauner Vertilgungsflüssigkeit". Später wurde das Brauunternehmen in eine „Aktiengesellschaft" umgewandelt. Im Jahre 1928 erfolgte ein Zusammenschluß der „Vereinigten Brauereien Schwechat, St. Marx, Simmering, Hütteldorf, Dreher, Mautner und Meichl". 1937 wurde das Unternehmen in „Mautner Markhof Brauerei Schwechat AG" umbenannt und 1940 als „Brauerei Schwechat AG" weitergeführt. Vor dem Zweiten Weltkrieg fand der Betrieb in Hütteldorf ein Ende. Die Gebäude dienten schließlich für Heimkehrer aus der Kriegsgefangenschaft als Auffanglager, bis ein Teil der Anlage 1950 von der Margarinefabrik Ebhart und Herout erworben wurde.

Der Wienfluß hat nicht nur wesentlich das Landschaftsbild geformt, sondern er war auch für die Wirtschaft ein entscheidender Faktor. Schon seit dem 12. Jahrhundert war das Wasserrad als Arbeitsmaschine in Verwendung. Bäche begünstigten die Anlage von Mühlen, die dann in späterer Zeit den Ausgangspunkt für die Gründung von Fabriken bildeten. In Hütteldorf war es die Glutmühle, die vom Mühlbach betrieben wurde und von deren Existenz wir aus dem Jahre 1759 Kenntnis haben. Bei normalem Wasserstand lag die Tagesleistung bei 50 bis 60 Metzen Weizen. Bis in unsere Tage hat sich die Flurbezeichnung „Zur Gluth Mühle" erhalten.

Für den weiter östlich gelegenen Ort Baumgarten war der Weinbau eine wesentliche Einnahmequelle, ebenso der Milchhandel mit der Residenzstadt. Immer wieder wurde die gute, gesunde Lage der Siedlung „unfern des Wienflusses" hervorgehoben. In späteren Jahren erhöhte sich der Viehbestand in beträchtlichem Ausmaß. Um die Mitte des 19. Jahrhunderts hatte sich Baumgarten bereits zu einem Industrieort entwickelt. 1854 wurde im Ort die Lederfabrik Samson und Fleischl errichtet, die durch die Nähe des Wienflusses einen günstigen Standort hatte und 35 Arbeiter beschäftigte.

Der Bau der Westbahn (1856—1858) hatte das Leben der Bewohner des Wientales entscheidend beeinflußt und die wirtschaftliche Entwicklung der Vororte und Wienerwalddörfer wesentlich gefördert.

Schon in den dreißiger Jahren des vorigen Jahrhunderts befaßte sich der Pionier des österreichischen Eisenbahnwesens, Prof. Franz Xaver Riepel, mit dem Plan für den Ausbau eines großzügigen Eisenbahnnetzes. Vorerst galt das Interesse jedoch der Schaffung einer verkehrstechnisch wichtigen Nord-Süd-Verbindung. So erfolgte 1836/37 die Errichtung der „Kaiser-Ferdinands-Nordbahn". Im Jahre 1838 wurde mit dem Bau der „Wien-Gloggnitzer-Eisenbahn" begonnen. Erst um die Mitte des 19. Jahrhunderts faßte man den Gedanken, den Westen durch eine Eisenbahnverbindung verkehrstechnisch zu erschließen. Hermann Dietrich Lindheim und Ernst Merk bewarben sich um die Konzession. Am 8. März 1856 unterzeichnete Kaiser Franz Joseph I. die Konzession für den Bau der Westbahn. Vier Tage später konstituierten sich die Mitglieder der neu gegründeten Aktiengesellschaft als „K. k. priv. Kaiserin-Elisabeth-Westbahn". Die technische Leitung für den Bau hatte Carl Ritter von Keissler inne. Aus strategischen Gründen wählte man die Route über Purkersdorf, Rekawinkel und Neulengbach. Der Bau schritt zügig voran, so daß man am 19. November 1858, dem Namenstag der Kaiserin Elisabeth, die Einweihung und Eröffnung der Strecke Wien—Linz vornehmen und sie einen Monat später dem allgemeinen Verkehr übergeben konnte. Die Eröffnungsfeierlichkeiten wurden im Bahnhof Penzing abgehalten, da der Bau des Wiener Westbahnhofes zu dieser Zeit noch nicht fertiggestellt war. Die Bahnlinie hatte, der damals noch geringen Dichte des Zugsverkehrs entsprechend, ursprünglich nur ein Gleis. 1878 wurde eine zweite Gleisanlage errichtet.

Die Fahrt von Wien bis Linz dauerte sieben Stunden und 30 Minuten.

Mit dem Ausbau der Westbahn ergaben sich gerade für Penzing viele Probleme, da durch die Gleisführung das Gebiet in zwei fast gleich große Teile zerschnitten wurde. Es mußten viele Übergänge und Durchlässe für Fußgeher und Fuhrwerke geschaffen werden. Viele Brücken wurden errichtet, wie z. B. die noch heute bestehende Fußgängerbrücke über den Bahnhof Hadersdorf-Weidlingau.

Die verkehrstechnischen Probleme wurden aber durch die Belebung aller Wirtschaftsteile bei weitem aufgewogen. Durch den Güterverkehr konnte eine Ausweitung der Industrialisierung im gesamten Wiental erfolgen. Trotzdem war aber die nach Westen führende Fernstraße, die Linzer Straße, immer noch von eminenter Bedeutung. Viele Zuwanderer, Meister und Handwerksgesellen, kamen auf dieser Straße aus dem Westen in die Stadt Wien, um in den Gewerbebetrieben Arbeit zu finden.

In der Spätgründerzeit (1890—1918) aber ist dann ein Stagnieren der spätindustriellen Impulse zu bemerken. Deshalb findet man in Baumgarten neben Arbeiterwohnblöcken und Hochbauten der Industrie auch noch niedrige Streckhöfe. Die alte Dorfstraße entwickelte sich zu einer bescheidenen Geschäftsstraße. In der Gegend des alten Baumgartner Schloßparks entstand — unter dem Einfluß der Wienerwaldsiedlungen Hütteldorf, Hietzing und Ober-St.-Veit — ein Villenviertel. Die frühere agrarwirtschaftliche Funktion war um das Jahr 1870 bereits verlorengegangen. Baumgarten war zu einem Arbeitervorort geworden.

1891 wurde die Spielkartenfabrik „Ferdinand Piatnik & Söhne" (heute Hütteldorfer Straße 227) errichtet, die auf Grund der hervorragenden Qualität ihrer Erzeugnisse Weltruhm erlangte. In der Anfangszeit hatte die Firma mit großen Schwierigkeiten zu kämpfen, da Wasser, Gas und Elektrizität nicht vorhanden waren. Die Straßen in Baumgarten waren ungepflastert, und es gab keine Kanalisierung. Trotzdem ließ man sich nicht entmutigen, stellte die neuesten Spezialmaschinen auf und konnte durch die rationelle Arbeitsweise den Verkaufspreis für Spielkarten senken. 1903 wurde eine firmeneigene Druckerei eingerichtet und 1911 mit dem Bau eines neuen Fabrikgebäudes (heute: Hütteldorfer Straße 229—231) begonnen. Weit mehr als 250 verschiedene Kartendessins wurden vor dem Ersten Weltkrieg hergestellt. Nach dem Ende des Zweiten Weltkrieges und dem Verlust aller Fabriken außerhalb Österreichs wurde mit dem Ausbau des Stammhauses in Wien begonnen. 1951 wurde der Mehrfarben-Offsetdruck eingeführt und 1962, 1973 und 1984 das bestehende Fabrikgebäude neuerlich erweitert. Die Leistung des Unternehmens für Österreich fand ihr äußeres Zeichen in der Genehmigung zur Führung des Bundeswappens.

Die Firma Piatnik hat eine eigene Spielkartensammlung angelegt, die einen Überblick über ihre gesamte Erzeugung gibt und somit von unschätzbarem kulturhistorischem Wert ist.

Die Firma „Langbein-Pfanhauser", das erste Spezialunternehmen für Galvanotechnik, erwarb in Baumgarten ein Grundstück und erbaute darauf im Jahre 1896 ein Fabrikgebäude (Felbigergasse 12). Wilhelm Pfanhauser, der Gründer der Firma, ist als Schöpfer der heutigen Versilberungsmethode anzusehen. Das erste Spezialgeschäft für Galvanotechnik war in der Windmühlgasse 39, Wien 6. 1873 erfolgte eine Erweiterung des Geschäftes und die Adaptierung eines Geschäftshauses im damaligen Zentrum der Wiener Metallindustrie, in der Schottenfeldgasse am Neubau. 1896 übersiedelte das Unternehmen nach Baumgarten. Im Zuge der Entwicklung hat man, um billiger produzieren zu können, die Handarbeit durch vollautomatische Anlagen ersetzt. Ende des 19. Jahrhunderts erwirkte Wilhelm Pfanhauser, daß ihm der Alleinvertrieb von Dynamos, magnet-elektrischen Maschinen, überlassen wurde. 1930 verließ der 5 000. Dynamo das Wiener Werk. Die Firma beschäftigte 62 Mitarbeiter. Seit August 1980 befindet sich der Betrieb im 23. Bezirk, Großmarktstraße 20.

In den Jahren 1906/07 errichtete die Firma „Hofmann & Czerny" (Linzer Straße 174—180) in Baumgarten eine der größten und modernsten Klavierbaufabriken der österreichisch-ungarischen Monarchie. Hier wurden im Jahre 1928 von 450 Arbeitern ungefähr 5 000 Musikinstrumente, davon allein 3 000 Klaviere, hergestellt. 1961 erfolgte die Stillegung des Betriebes. 1982 fiel das Fabrikgebäude der Spitzhacke zum Opfer.

Eingebettet in das Gebiet zwischen Linzer Straße und Wiental liegt der Ort Penzing. Ursprünglich ein Weinhauerdorf, hatte sich später, durch viele Faktoren verursacht, ein Rückgang des Weinbaues eingestellt. Kriegsläufte, ungünstige wirtschaftliche Verhältnisse, Absatzschwierigkeiten, Konkurrenz fremder Weine und nicht zuletzt obrigkeitliche Entscheidungen, die die Ausbreitung von Weinkulturen verhinderten, führten zu einer rückläufigen Entwicklung im Weinbau. Diesen Zustand machte sich die Industrie zunutze, um weiter in diese Gebiete vorzudringen. Die Enge der Stadt bewirkte, daß die Industrie zuerst in die Vorstädte und später in die Vororte „abwanderte". Es erfolgten viele Neugründungen von Unternehmen, wobei vor allem die Lage an den Ausfallstraßen bevorzugt wurde. Bereits in der ersten Hälfte des 18. Jahrhunderts entstanden außerhalb des Linienwalls Gewerbesiedlungen. Begünstigungen, die Maria Theresia den gewerblichen Betrieben gewährte — den Fabrikanten wurde das Recht zugestanden, Arbeitskräfte nach eigenem Ermessen in beliebiger Anzahl aufzunehmen, die Hausbesitzer wurden von allen Reallasten befreit —, waren maßgebend für die Errichtung von „Manufakturen" und Handwerkersiedlungen. Auch in Penzing entstand eine solche Ansiedlung in der heutigen Einwanggasse.

In der zweiten Hälfte des 18. Jahrhunderts errichtete man hier eine Seidenbandfabrik. 1767 war die Schweizer Seidenbandfabrik „Marcus von Känel" von ihrem Standort in der Roßau nach Penzing übersiedelt. Nach einer Betriebserweiterung durch neue Teilhaber nannte sich die Firma „K. k. Erbländische Penzinger Seidenbandfabrik". Der Wert des Warenlagers wurde 1771 mit 4 000 Gulden angegeben, neun Jahre später war er bereits auf 106 000 Gulden angewachsen. Aus dem Jahr 1772 weiß man, daß die Firma 314 Menschen beschäftigte: davon waren „39 Frauen, 40 Lehrmägdlein, 94 ‚verlegte' Seidenwinderinnen", die an 81 Webstühlen arbeiteten. 1791 wird Thaddäus Berger Alleininhaber der Penzinger Seidenbandfabrik. Um diese Zeit beschäftigte er rund 1 000 Arbeiter und hatte 182 Webstühle in Betrieb. Er exportierte seine Erzeugnisse nach Bayern, Polen, Rußland und in die Türkei, der Jahresgewinn betrug 700 000 bis 800 000 Gulden. Als Thaddäus Berger am 10. Oktober 1807 starb, hinterließ er ein Vermögen von 773 000 Gulden. Die Bandfabrik ging in den Besitz von Thaddäus Berger jun. über, der den Betrieb bis zu seinem Tode (27. Juni 1842) weiterführte. 1843 wurde die Firma aufgelassen. Thaddäus Berger jun. wurde im Jahr 1819 infolge der Verdienste, die er sich um „Österreichs industrielles Emporblühen" erworben hatte, mit dem Prädikat „Edler von" in den österreichischen Adelsstand erhoben.

In der ersten Hälfte des 19. Jahrhunderts hatte das Dorf Penzing mehr und mehr sein ländliches Aussehen verändert. Unter den Bewohnern fanden sich bereits viele Gewerbetreibende. Und doch gab es auch noch Handel mit landwirtschaftlichen Erzeugnissen; man lieferte Milch und Obst in die Residenzstadt. Ein Teil der Penzinger Bevölkerung besaß noch immer Ackergründe, Wein- und Obstgärten, mit denen er nicht selten seinen Lebensunterhalt bestritt. Da auch die Lage des Ortes klimatisch günstig war, wurde Penzing gerne von den Stadtbewohnern als Erholungsort aufgesucht. Und da der Ort als „überaus anmuthig" geschildert wurde, war es nur verständlich, daß viele Stadtbewohner hier Aufenthalt nahmen, eine Wohnung mieteten oder sich ein Landhaus erbauten. Um den Zustrom aus der Stadt nicht abreißen zu lassen und dem Gast den Aufenthalt angenehm zu gestalten, entstanden mehrere „gute und bedeutende Gasthäuser", ein Kaffeehaus, ein schönes Badehaus und eine „vermischte Warenhandlung".

Die Entwicklung vom Bauerndorf zum Industrieort schritt jedoch weiter fort: 1846 begann die „Apollo-Kerzenfabrik" (Penzinger Straße 76) mit der Kerzenproduktion in Penzing, 1875 wurde in diesem Unternehmen auch Margarine erzeugt und 1904 die Fabrikation von „Gloriol-Kokosfett" aufgenommen. In Penzing befand sich somit die älteste Margarinefabrik Österreichs. 1918 stellte man die Fabrik ausschließlich auf die Fabrikation von Toiletteseife um, bis dann die Erzeugung eingestellt und nach 1939 die Realität verkauft wurde. Schließlich kam die Liegenschaft an die Firma „Elin AG", die die alten Baulichkeiten in den sechziger Jahren abtragen und auf dem Grundstück ein neues Verwaltungsgebäude errichten ließ.

1895 kam der Klavierbauer „Anton Stelzhammer" nach Penzing (Linzer Straße 24—26). Zu dieser Zeit beschäftigte er bereits drei Gehilfen und zwei Lehrlinge. Erzeugt wurden zunächst nur Flügel, ab der Jahrhundertwende auch Pianinos. Im Mai 1982 ist die Firma in das neue Haus, Linzer Straße 20—22, übersiedelt, wo auf einer Fläche von ca. 1 400 m^2 Erzeugung und Verkauf abgewickelt werden. Die Firma beschäftigt derzeit 27 Mitarbeiter, die jährlich ca. 30 Klaviere herstellen.

Ebenso übersiedelte 1904 die Firma „Johann Nemetschke" mit ihrem Klavierbaubetrieb in die Reinlgasse 10.

Zu Anfang des 20. Jahrhunderts errichtete auch die „Optische Anstalt Karl Kahles" ihre neue Werkstätte in der Einwanggasse 48 und erlangte mit der Erzeugung von Zielfernrohren und Feldstechern Weltruf. Sie beschäftigte im Laufe der Jahre bis zu 100 Mitarbeiter. Die Firma blieb bis zum Jahre 1945 hier ansässig und übersiedelte, nachdem das Werk vollständig ausgebombt worden war, in die Karl-Bauer-Gasse 28 (heute Vogtgasse). Dort baute sie eine neue Werkstätte auf und arbeitete hier mit 30 bis 40 Mitarbeitern weiter. Im Jahre 1970 übersiedelte der Betrieb in den 17. Bezirk, Zeillergasse 20—22. Heute erzeugt die Firma nur mehr Zielfernrohre.

Als letzter Ort sei Breitensee genannt. Die Anlage dieses Dorfes, im Zuge einer planmäßigen Kolonisation entstanden, läßt auf ein Dreifelderdorf mit Ackerbau schließen. Erst um die Mitte des 12. Jahrhunderts ist es zum Weinbauerndorf geworden. Die Quellen berichten über eine sehr erträgnisreiche Zeit. Kriegseinwirkungen fügten schließlich dieser Entwicklung argen Schaden zu. Die Bewohner betrieben zwar weiterhin Wein- und Ackerbau, wobei jedoch der Wein schlecht und auch die „Wiesengründe nur mittelmäßig" eingestuft wurden.

Anfang des 19. Jahrhunderts befand sich in Breitensee eine „Waidanlage" der Indigofabrik Joseph Czasek, die das sogenannte „deutsche Indigo" (= Farbstoff) herstellte. 1832 gab es eine große „Wachsleinwandmanufaktur", in der 1854 an die 4 000 Stück Wachstuch in verschiedener Farbe und Qualität erzeugt wurden. Außerdem befand sich in Breitensee auch ein großer Ziegelofen.

Bedeutende Erwerbszweige waren die Perlmutter-Industrie und eine Hutfabrikation der Firma Eduard Zeisel (Breitenseer Straße 74). Später wurden eine Gummifabrik (1881), die Hutfilzfabrik Wilhelm Pless (Kendlerstraße 12) und eine Seidenbandfabrik errichtet.

Durch die Baukonjunktur der Gründerzeit erlebten die Zementwarenfabriken einen gewaltigen Auftrieb. 1878 erwarben Josef und Wilhelmine Schöninger eine Liegenschaft in Breitensee im Gebiet zwischen Hütteldorfer Straße und Heinrich-Collin-Straße. Spätere Grunderwerbe ließen hier ein Riesenindustriegrundstück entstehen, auf dem eine Zementfabrik errichtet wurde. Das Gründungsjahr ist nicht bekannt.

Nach 1830 umfaßte Breitensee noch immer erst 30 Häuser. Um die Mitte des 19. Jahrhunderts setzt dann jene hektische Bauperiode ein, die Baublock um Baublock zu der für sie typischen Rastersiedlung werden ließ.

Von der Firma „Carl Zeiss" wurde in den Jahren 1916/17 ein imposantes und weithin sichtbares Fabrikgebäude gebaut. Die exponierte Lage und die große Kuppel machten es zu einem markanten

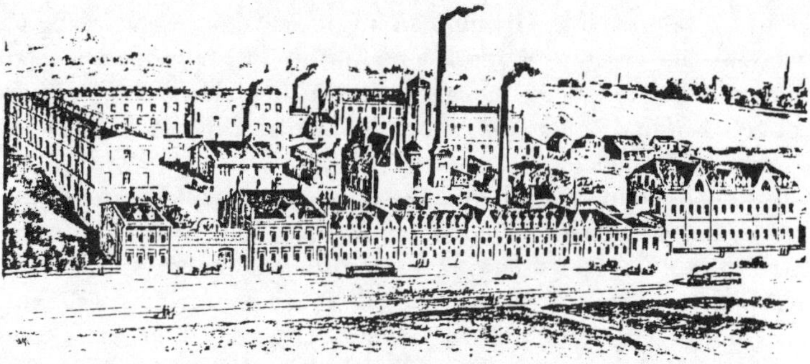

Fabriksanlage der Spätgründerzeit; ehemal. Zementfabrik, 1881 von der Österr.-Amerikanischen Gummiwarenfabrik (heute Semperit) erworben, 1898

Merkmal der westlichen Bezirke Wiens. Nach dem Ende des Ersten Weltkrieges wurde das Fabrikgebäude von der Firma „Carl Zeiss" nicht mehr bezogen und blieb bis 1929 leerstehend. In diesem Jahr erwarb das Radiowerk „E. Schrack AG" das Gebäude für seine Produktion. Das Unternehmen gehörte dem weltweiten Philips-Konzern an. Im Jahre 1936 erfolgte die bis heute gültige Änderung des Firmenwortlautes auf „Wiener Radiowerke AG". Zu dem Erzeugungsprogramm des Unternehmens gehören unter anderem Radioröhren, komplette Radioapparate, Rundfunkeinzelteile, Diktiergeräte, Tonbandgeräte, Lautsprecher, Videogeräte usw.

An der Westeinfahrt der Autobahn gelegen, befindet sich das Gelände des Industriezentrums Auhof. Die Stadt Wien hat dieses große Areal als Industriegelände bestimmt und ist bestrebt, hier Betriebe anzusiedeln, die aufgrund ihrer Lage in dichtverbauten Gebieten von Wien keinen Platz mehr für eine Betriebsausweitung vorfinden. Hier seien einige dieser Unternehmen aufgezeigt:

Die Firma „Jacobs Kaffee Ges.m.b.H." hatte in der Jacobsgasse 3 eine Fabrikanlage errichtet. Auf einem 10 000 m^2 großen Areal wurde am 2. Jänner 1968 mit dem Bau der Verwaltungs-, Produktions- und Lagerräume begonnen. Bereits am 10. Oktober desselben Jahres konnte der Probebetrieb aufgenommen werden. Hier wird Kaffee aus vielen Ländern der Erde nach den modernsten wissenschaftlichen Erkenntnissen geröstet. Derzeit beschäftigt die Firma ca. 125 Mitarbeiter.

In der Albert-Schweitzer-Gasse 4 erwarb die Firma „Kodak G.m.b.H." ein 35 000 m^2 großes Grundstück. Das neue Kodak-

Haus konnte nach zweijähriger Bauzeit, im März 1969, bezogen werden. Der gesamte Komplex ist in drei Trakte gegliedert und mit großangelegten Grünanlagen aufgelockert. Hier sind Verwaltung, Labor und Lager untergebracht. Der Betrieb bietet 450 Personen Arbeitsplätze.

Seit 1949 werden auf dem österreichischen Markt Pharmazeutika der Firma „Schering" vertrieben, die ihr Stammwerk in Berlin hat. Im Jahre 1956 erfolgte in Wien die Gründung der Tochtergesellschaft „Schering Wien GmbH". Nachdem die alten Räumlichkeiten dieser Firma in der Schmalzhofgasse (Wien 6) zu eng geworden waren, übersiedelte das Unternehmen 1967 in das Industriezentrum Auhof. Sie war eine der ersten Firmen, die hier ihre Betriebsstätte (Scheringgasse 2) ansiedelte. Um die Versorgung der österreichischen Bevölkerung mit Schering-Präparaten zu verbessern, wurde der bisher reinen Vertriebsgesellschaft für Pharmazeutika und Industrie-Chemikalien eine eigene Produktionsstätte angeschlossen. 1971 wurde nach Zukauf eines Nachbargrundstückes mit dem Bau des Endfertigungsbetriebes und eines zweistöckigen Lagergebäudes begonnen. Das Werk hat derzeit 149 Angestellte und zeichnet sich durch einen hohen Mechanisierungs- und Automatisierungszustand aus.

In der Jacobsgasse 7 hat die Käsegroßhandlung „Eduard Bracharz KG" ihren Betrieb eingerichtet und beschäftigt heute 50 Mitarbeiter.

Der 14. Bezirk ist heute mit einer Fläche von 3 401,69 ha der viertgrößte Wiener Gemeindebezirk. Die öffentlichen Verkehrsflächen (Straßen, Gassen und Plätze des Bezirks) nehmen insgesamt 1 974 964 m² ein und haben eine Länge von 181 561 m. Die Hauptstraßen, die den Bezirk von Ost nach West durchziehen — wie die Linzer Straße, die Hütteldorfer Straße und die Hadikgasse —, sind alte Fernstraßen. Sie haben sich allerdings nie zu ausschließlichen Geschäftsstraßen entwickelt. Heute zählt der Bezirk 78 996 Einwohner. Mehr als die Hälfte von Penzing ist Waldgebiet, fast 4,5% des gesamten Areals werden landwirtschaftlich genutzt, über 8% sind Grünflächen. Vor allem ist man in letzter Zeit bemüht, durch Begrünung der Innenhöfe eine wesentliche Vergrößerung des Grünflächenareals zu erreichen und so für die Bevölkerung noch mehr Erholungsraum zu schaffen. Ein bereits ausgearbeitetes Erweiterungskonzept sieht auch die Einbeziehung einer ca. 4 860 ha großen Waldfläche im 14. Bezirk in den Wald-

und Wiesengürtel vor. Dabei wird besonderes Augenmerk auf die Ausgestaltung der neuen Erholungsgebiete gelegt, die in ihrem natürlichen Bestand erhalten werden, wie dies etwa beim Dehnepark der Fall ist. Dieses 11 ha große Gelände wurde von der Stadt Wien 1973 aus Privatbesitz erworben und zu einem Erholungsgebiet mit 3,5 km Wanderwegen, einer Lagerwiese und einer Spielwiese ausgestaltet. Penzing hat in seinem städtebaulichen Charakter die historische Vergangenheit zum guten Teil bewahrt und ist dennoch heute ein moderner Bezirk geworden. Altes und Neues finden sich zu einer glücklichen Symbiose, die „Penzing" zu einem beliebten Wohnbezirk macht.

Entwicklung der Häuser- und Bevölkerungszahlen

	Baumgarten Häuser	Baumgarten Einw.	Breitensee Häuser	Breitensee Einw.	Hütteldorf Häuser	Hütteldorf Einw.	Penzing Häuser	Penzing Einw.	Hadersdorf-Weidlingau Häuser	Hadersdorf-Weidlingau Einw.
1795	53	—	27	—	104	—	123	—	60	—
1831	57	372	30	269	122	1 099	194	3 127	82	579
1869	95	776	72	1 327	198	1 818	331	5 218	187	1 304
1890	237	3 526	247	5 962	248	2 642	533	17 685	270	1 749

Wohnverhältnisse 1869/70

	Baumgarten Anzahl	Baumgarten %	Breitensee Anzahl	Breitensee %	Penzing Anzahl	Penzing %
An einer Wohnung Teilnehmende	712	66,3	961	76,9	5 124	69,5
Aftermieter	267	24,9	150	12	1 193	16,2
Bettgeher	95	8,8	138	11,1	1 042	14,2

Gustav Adolf Schimmer, Die Bevölkerung von Wien und seiner Umgebung, Wien 1874, 23, 24

Personen mit bestimmten Erwerben 1869/70
(gewerbliche und industrielle Stände)

	Baumgarten Selbst.Pers.	Baumgarten Hilfsarb.	Breitensee Selbst.Pers.	Breitensee Hilfsarb.	Penzing Selbst.Pers.	Penzing Hilfsarb.
Tischler	3	8	6	21	11	60
Wachsleinwand-erzeugung	—	7	—	—	1	5
Drechsler	4	7	12	49	12	43
Eisenbahn-bedienstete	—	11	—	9	—	134
Weber	1	17	—	14	18	101
Fabrikanten ohne nähere Bezeichnung	—	37	—	26	3	172
Handarbeiterinnen, Weißnäher	2	42	—	67	4	400
Hutmacher	—	3	7	43	8	73
Schmiede	—	1	1	6	3	12
Wirte, Kostgeber	7	13	7	19	38	107
Milchmeier	4	10	10	20	23	86
Baumeister, Maurer	3	26	2	17	9	82
Zimmerleute	1	12	2	1	3	17
Lohnkutscher	—	4	—	—	6	80

Gustav Adolf Schimmer, Die Bevölkerung von Wien und seiner Umgebung, Wien 1874

Wohnbevölkerung des Bezirkes Penzing

1939	98 149
1951	83 319
1961	86 656
1971	81 132
1981	78 996

Statistisches Jahrbuch der Stadt Wien

Bewohner mit Rücksicht auf die Art des Wohnens 1890

	Baumgarten	Breitensee	Hadersdorf	Hütteldorf	Penzing
Gesamtzahl der Civilbewohner	3 526	5 962	20	2 642	17 685
Familienglieder	2 799	4 716	14	2 127	13 947
Dienstboten	125	185	3	148	692
Aftermieter	105	221	—	32	714
Bettgeher	198	335	1	39	1 206

Stephan Sedlaczek, Die Wohn-Verhältnisse in Wien. Ergebnisse der Volkszählung vom 31. Dezember 1890. Wien 1893, 270.

Entwicklung des Wohnungsbestandes im 14. Bezirk
(bewohnte und unbewohnte Wohnungen)

1951	32 357
1961	34 892
1971	39 152
1981	43 954

Statistisches Jahrbuch der Stadt Wien

Viehbestand im 14. Bezirk

	Pferde	Rinder	Schweine	Schafe	Ziegen	Hühner	Gänse	Enten
1971	8	33	705	15	6	1 037	24	260
1983	7	16	46	4	—	108	3	2

Alle Angaben: Statistisches Jahrbuch der Stadt Wien

IV. DAS KULTURELLE LEBEN

1. Das Theater in Penzing

Das Theaterspielen gehörte schon immer zum Bedürfnis der Menschen, die Freude am Spiel war in allen Bevölkerungsschichten zu finden. Deshalb gab es am kaiserlichen Hof, aber auch in den Vorstädten und Vororten, Schaubühnen und Schauspielertruppen. Nicht selten befanden sich die Theater in der Nähe von gesellschaftlichen Zentren.

Wo sich nämlich der kaiserliche Hof aufhielt, versammelten sich bei rauschenden Hoffesten auch der Adel, die vornehme Gesellschaft Wiens und der ganze Hofstaat. Daher entwickelte sich das kaiserliche Lustschloß Schönbrunn mit seinen weiten Gartenanlagen und seiner beherrschenden Lage zu einem gesellschaftlichen Mittelpunkt. Das ursprünglich kleine Schloß wurde von Maria Theresia weiter ausgebaut.

Natürlich profitierten von dieser Tatsache auch die in der Umgebung des Schlosses gelegenen Orte Hietzing, Meidling und Penzing. Sie wurden zu beliebten Sommerfrischen, und die Bautätigkeit nahm zu. Noch heute finden wir in Penzing jene vornehmen Häuser, die damals entstanden sind.

Hier mußten aber natürlich auch viele Handwerker und Bediente des Hofes Unterkunft finden. Sie erlebten die Hoffeste aus der Sicht der Dienenden oder waren vom Vergnügen völlig ausgeschlossen. Es ist daher verständlich, daß man versuchte, sich in den Vororten eine eigene Welt, frei von Etikette und Zwang, einzurichten, in der natürlich das Theater nicht fehlen durfte.

Wo in Penzing die erste Bühne errichtet wurde, wissen wir nicht, wir kennen aber jenen Mann, der als erster Theaterunternehmer seinen Thespiskarren in Penzing aufstellte und alle Theaterbegeisterten der Umgebung in „Thaliens Tempel" einlud. 1758 bekam Johann Schultz, ein deutscher Komödiant aus Prag, von der Penzinger Grundherrschaft die Erlaubnis, von Juni bis Ende Oktober „sittliche Schauspiele" darzustellen. Was tatsächlich gespielt wurde, ist nicht bekannt. Wahrscheinlich hatte ihm seine Tätigkeit nicht den gewünschten Erfolg gebracht, denn er kam nie mehr nach Penzing zurück. Johann Schultz starb 1764 in Baden bei Wien.

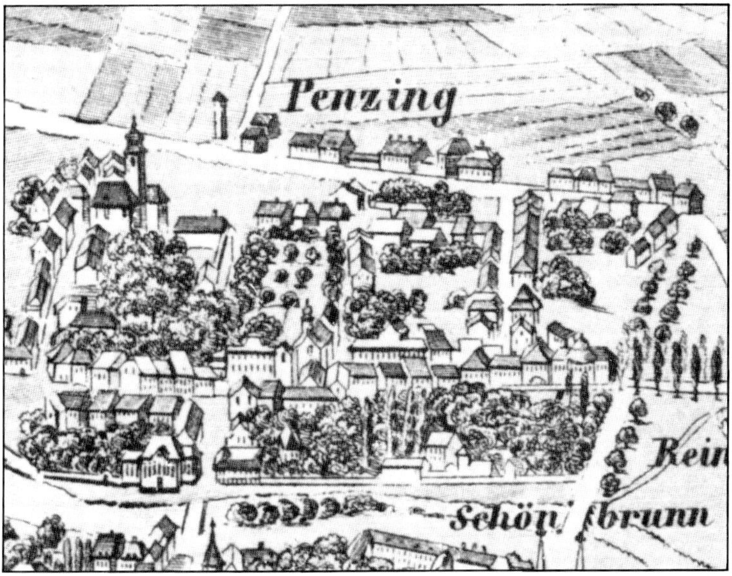

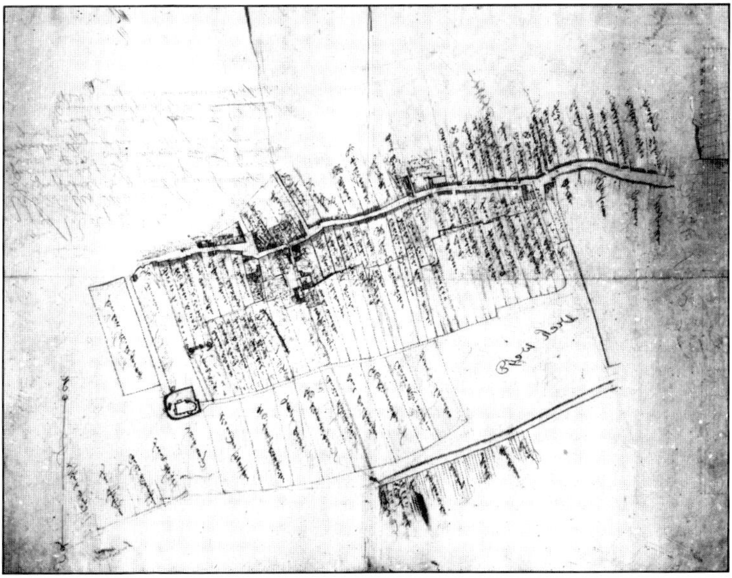

Franz Schweickhardt von Sickingen, Perspektiv-Karte des Erzherzogthums Oesterreich unter der Ens, um 1840 (Ausschnitt Penzing)

Mappa des Dorfes Penzing aus dem Jahre 1737

Ausschnitt aus dem Hochaltarbild der Pfarrkirche St. Jakob zu Penzing

Pfarrkirche von Penzing. Stich von Vinzenz Grüner

Töpfelhaus, Penzinger Straße 34

Butterfabrikation in der Apollo-Kerzen-Fabrik

Apollo-Kerzen-Fabrik in Penzing

1758 zeigten auch Johann Friedrich Fenckh und Wenzel Callantin ihre „Produktion physikalischer und mechanischer Wissenschaften". Sie erhielten für zwei Tage Spielerlaubnis. Der Richter von Penzing, Matthias Friesenegger, hatte dafür zu sorgen, daß in diesen Vorführungen „nichts ungebührlich noch feuerschädliches" produziert wurde. Leider fehlen uns auch hier nähere Angaben über die tatsächlichen Darbietungen.

Zehn Jahre später suchte am 24. Mai 1769 Felix Berner, der Prinzipal einer Kindergruppe, um eine Spielbewilligung für Penzing an. Sie wurde ihm auch gewährt. Er führte mit seiner Theatertruppe Pantomimen und Ballette und „sonstige theatralische Stücke" auf, und zwar „mit aller Ehrbarkeit, Gebühr und Bescheidenheit". Seine Aufführungen sollten an einem „bequemen Ort oder aber in einer neu zu errichtenden Hütte" sechs Wochen lang gezeigt werden. Man trug ihm außerdem auf, sich bei der Dorfobrigkeit zu melden. Irgend etwas scheint aber Berner davon abgehalten zu haben, diese Auflagen noch im Jahre 1769 zu erfüllen. Erst im folgenden Jahr erfahren wir, daß Berner, aus Wiener Neustadt kommend, mit seiner Kindertruppe nach Penzing anreiste und hier ein neues Haus errichtete. Dieses Theater war aus Holz gebaut und mit einer Galerie versehen und wurde von den vornehmsten Familien von Wien gerne aufgesucht. Es befand sich in der heutigen Beckmanngasse (früher Schmidtgasse). Dort spielte Berner bis zum Ende der Hofsaison, Ende Oktober ging er dann nach Krems. Die neuerbaute Theaterhütte muß auch auf andere Theaterunternehmer Anziehungskraft ausgeübt haben, denn 1771 setzte ein regelrechter „Ansturm" auf das Gebäude ein. Mit einem Gesuch vom 4. Juli dieses Jahres bewarb sich der Komödiant Josef Karl Schwertberger um die Spielerlaubnis in Penzing. Er wollte die Vakanz ausnützen, die dadurch entstanden war, daß Matthias Einzinger, der sich auch Bürger von Tyrnau nannte, von der Erlaubnis, in Penzing Theater zu spielen, keinen Gebrauch machte. Der dritte Bewerber war schließlich Josef Georg Müntzer, der mit seiner Truppe „in gehöriger Kleider-Pracht Comoedien mit Ballett" vierzehn Tage lang spielen wollte, was ihm auch erlaubt wurde.

Das Jahr 1772 brachte für die Penzinger Theatergeschichte eine Neuerung: sie bestand in einem „ordentlichen Commissarius", der von den Gemeindemitgliedern ausgewählt und eingesetzt wurde und „nicht nur auf die gut gesittete Vorstellung der Schauspiele", sondern auch „auf die geziemend sittliche Aufführung der spielenden Personen selbst beste Obsicht" haben sollte. Die Wahl fiel auf den Penzinger Gerichtsgeschworenen und Schustermeister Johann Georg Priestersperger. Priestersperger schien aber kein „Hans Sachs" gewesen zu sein. Denn es überstieg eindeutig seine geistigen Fähigkeiten, eine qualitative Beurteilung der Stücke abzugeben. Das geht aus einem Bericht hervor, der der Kreishauptmannschaft am 2. Jänner 1773 vorgelegt wurde und zu einer sofortigen Entlassung Priesterspergers führte. Als Nachfolger bestellte man den k. k. Wirklichen Rat und Vizekammerprokurator Herrn von Ertl, dessen Gewohnheit es war, den Aufführungen selbst beizuwohnen und so für einen guten Ablauf zu sorgen. Das Theatergeschehen von 1772 muß eher als ruhig bezeichnet werden, da wir nur über das Ansuchen der beiden Prinzipale Josef Hellmann und Friedrich Koberwein unterrichtet sind. Sie spielten viermal pro Woche (Montag, Dienstag, Donnerstag und Samstag). In einer sehr bombastisch klingenden Ankündigung versprachen sie „die Güte der Schauspiele", womit sie sich „den Beifall der Zuschauer sittsam zu verdienen" erhofften. Die Truppe hielt sich bis Ende Oktober 1772 in Penzing auf. Was nun der Grund war, daß man für das Jahr 1773 abermals Johann Georg Priestersperger als Theaterkommissar einsetzte, ist nicht bekannt. Jedenfalls bezogen Josef Hellmann und Friedrich Koberwein 1773, unter Aufsicht von Priestersperger, die Stätte ihres vorjährigen Wirkens mit der festen Absicht, in Zukunft in Penzing „Alleinherrscher" zu sein. Sie wollten hier auch ansässig werden, um dann jeweils in den Sommermonaten Theateraufführungen zu bringen. Ein Fürsprecher ihres Ansinnens war Hofrat Franz Sales Greiner, der Vater der Dichterin Karoline Pichler, welcher der Regentin Maria Theresia im Jahr 1773 einen Bericht vorlegte. Maria Theresia entschied dahingehend, daß die Theatergesellschaft sich „zu Penzing häuslich" niederlassen dürfe, aber jährlich um die Spielerlaubnis anzusuchen hätte. Dieser Erlaubnis sei aber nur stattzugeben, wenn gegen die Komödien keine Klagen geführt würden. Jedenfalls wurde die Spielbewilligung für 1773 erteilt.

Der Amtsweg dürfte aber den beiden Prinzipalen zu langsam gewesen sein, denn als sie von der Spielerlaubnis in Kenntnis gesetzt werden sollten, hatten sie Penzing bereits wieder verlassen, um als wandernde Truppe ihre Possen in anderen Städten und Orten aufzuführen. Aber Penzing schien durch die Nähe des Hofes in Schönbrunn doch immer verlockend gewesen zu sein, denn im

Jahre 1774 kehrten Hellmann und Koberwein wieder mit ihrer Truppe dahin zurück. Die Stücke, die man spielte, waren der Zensur unterworfen. Die Zuschauer fanden daran aber keinen Gefallen, da man während des Spiels auch den Vortrag derber Witze erwartete. So kamen zu den Vorstellungen weniger Zuschauer als erwartet, ein Umstand, der dem Direktor finanzielle Sorgen brachte. Daher verließ Hellmann mitten in der Spielzeit des Jahres 1774 Penzing, um 1775 gemeinsam mit dem früheren Schauspieler Sartori in nieder- und oberösterreichischen Städten Schauspiele aufzuführen. Aus einem Bericht des Vizedomamtes geht hervor, daß Hellmann das Theater gegen eine Abfindung Koberwein überlassen hatte und dieser dann die Vorstellungen bis Ende Oktober 1774 allein gestaltete. Auch Koberwein verließ Penzing wieder und reiste über Olmütz nach Sachsen, wo er 1775 in Dresden, Leipzig und Merseburg Vorstellungen gab. Seine Tätigkeit in Penzing schien für ihn aber recht zufriedenstellend gewesen zu sein, zumal er mit der „huldreichen Gnade" Maria Theresias bedacht wurde und er sie mit seinen Schauspielen in Schönbrunn und Laxenburg unterhalten durfte. Das geht aus einer von Koberwein verfaßten kurzen Lebensbeschreibung hervor. 1773 heiratete er in Penzing Franziska Sartori. Josef Hellmann, sein Gesellschafter, war Trauzeuge.

Für das Jahr 1775 hatte sich auch wieder Felix Berner, der Erbauer der „Comödien-Hütte", mit seine Truppe angemeldet. Er war seit 1770 nicht mehr in Penzing gewesen, und da ihm der Ruf von „untadelhaften" Aufführungen vorausging, wurde ihm die Spielerlaubnis erteilt. Zur Überwachung der Truppe bestellte man den Theaterkommissär Franz Jobst. Wie bereits 1770 mußte Berner auch diesmal an die Grundherrschaft eine Abgabe von drei Gulden entrichten. Berner wurde auch die Ehre zuteil, mit seiner Jugendtruppe vor Erzherzog Ferdinand und seiner Gemahlin Erzherzogin Elisabeth spielen zu dürfen. Das hohe Paar war selbst nach Penzing gekommen und sah sich die Opera pantomime „Arlequin disciple" an. Anschließend folgten noch „Bastienne" und das Ballett „Fledermaus". Über dieses besondere Ereignis wurde sogar in der „Erlanger Real-Zeitung" berichtet. Mit Ende der Spielzeit, am 14. Oktober 1775, zog Berner nach Krems.

Mit der neuen Schauspielertruppe unter Franz Scherzer erlebte Penzing im Jahre 1776 keine gute Theatersaison. Aus den keineswegs positiven Kritiken erfährt man, daß die Aufführungen „schrecklich“ und die Schauspieler „erbärmlich“ waren.

Scherzer, der für Späße sehr zugänglich war, suchte unter falschem Namen nochmals um die Spielerlaubnis an, und als „Impressarius Josef Blankenstein“ erhielt er sie auch. Dabei stellte sich aber heraus, daß ein „Blankenstein“ nie eine kaiserliche Bewilligung für die Aufführung von Schauspielen vorgelegt hatte. Diese kaiserliche Bewilligung war aber notwendig, um überhaupt Schauspiele aufführen zu dürfen. Man verzieh ihm schließlich und erteilte ihm trotzdem die Spielerlaubnis. Leider waren aber auch diesmal seine Darbietungen so schlecht, daß sein Wirken in Penzing ein rasches Ende fand, sehr zur Genugtuung des Theaterkommissärs Franz Jobst. Allerdings blieb die Schauspielhütte in Penzing nicht lange unbenützt, denn am 1. August 1776 zog wieder Felix Berner mit seinen jungen Schauspielern dort ein und rettete die durch die schlechten Aufführungen von Scherzers Theatertruppe beleidigte Ehre der Schauspielkunst. Allerdings blieb er nicht lange hier, sondern verlegte seine Tätigkeit in die Leopoldstadt.

Damit endete eine für die Penzinger Theatergeschichte sehr erfolgreiche Zeit. In den folgenden Jahren wurde weder ein ständiges Sommertheater noch eine eigene Theaterhütte betrieben. Auch die Quellen lassen uns für diese Jahre im Stich. Aus einzelnen Nachrichten wissen wir, daß eventuelle Vorstellungen nur im Gemeindehaus stattfanden. In den Jahren 1784 bis 1786 und 1789 mußten die Penzinger auf Theaterdarbietungen gänzlich verzichten. 1777 wollte der Seiltänzer Josef Nasely seine „Seil- und Drahttänzerkompagnie“ bewundern lassen, erhielt aber von der niederösterreichischen Regierung keine Spielerlaubnis.

Daß das Theater in Penzing zur „Dorfschmiere“ abgesunken war, läßt sich wohl mit dem Tode Maria Theresias erklären. Sie hatte im Sommer Schönbrunn als Wohnsitz bevorzugt, und mit ihr war jeweils der ganze Hof gekommen und hatte sich in der nächsten Umgebung des Schlosses, in Hietzing und Penzing, eingemietet. Kaiser Joseph II. verbrachte seine Sommer nicht wie bisher in Schönbrunn, sondern gab jetzt Laxenburg den Vorzug. Die Verlagerung des höfischen Lebens bekam Penzing natürlich zu spüren. Der Zuzug der Personen im Gefolge des Hofstaates blieb aus, und so konnte ein ständiges Sommertheater nicht mehr geführt werden. Einen neuen Aufschwung erlebte das Penzinger Theater erst zu dem Zeitpunkt, als Penzing und Hietzing von den

Wienern zu beliebten Sommerfrischenorten auserkoren wurden. Für die Unterhaltung der vielen Sommergäste mußte dann natürlich auch auf dem Theatersektor Sorge getragen werden.

Als Quelle für diese Zeit könnten die „Memoiren" des Theaterschriftstellers Adolf Bäuerle gelten. Von ihm aber schreibt der Heimatforscher Gustav Gugitz, daß er, „um nicht die Wahrheit" sagen zu müssen, „mehr oder minder drollige Geschichten" erfand. Die für das Jahr 1790 von Bäuerle aufgezeichneten Berichte — daß nämlich der Schauspieler Josef Kettner Direktor des Theaters in Penzing gewesen sei, daß Kaiser Leopold II. das kleine Theater besucht habe und dieses schließlich im Jahr 1791 einem Brand zum Opfer fiel — müssen alle in das Reich der Phantasie verwiesen werden. Nachweislich spielte Kettner im Jahr 1790 bei Schikaneder im Theater auf der Wieden (Theaterzettel vom 2. Jänner 1790) und übernahm 1791 die Direktion des Theaters auf der Landstraße, das er vom 25. April bis August dieses Jahres leitete. Auch der Theaterbrand kann sich nicht ereignet haben, da das Theatergebäude, in dem die Erstaufführungen stattgefunden haben müßten, wahrscheinlich erst später errichtet wurde. Auch scheint in den Bürgerspitalsgerichtsprotokollen kein Schauspieler Josef Kettner auf.

Wie aus den Quellen zu entnehmen ist, war es Johann Georg Bauernschober, der 1791 im Gemeindehaus und seit 1792 und auch in den folgenden Jahren „in der eigens erbauten Hütte zu Penzing" zensurierte Schauspiele darbot. Aus einem Bericht von 1804 erfahren wir ihre Lage: sie lag „neben dem Stege, welcher von Penzing über den Wienfluß nach Hietzing führt", heute Nisselgasse 1. Dabei handelte es sich um ein kleines, aus Holz erbautes, mit einer Galerie versehenes Theater, das aber schon 1803 seinen Betrieb wieder einstellte. Johann Georg Bauernschober junior wurde am 17. März 1748 in Mariahilf geboren. Er entstammte der kinderreichen Familie des Schneiders und Stadtguardisoldaten Johann Georg Bauernschober senior und seiner Gattin Klara. Wann und wo der Sohn Bauernschober den Schauspielerberuf erlernte, wissen wir nicht. Bekannt ist aber, daß er und seine Frau Katharina in den Jahren 1782/83 einer Wandertruppe vorstanden, die viele Jahre durch die Lande zog und in Horn, Perchtoldsdorf, Mödling, aber auch in Wien — und zwar hier in der Roßau, in Mariahilf, am Thury, im Sonnenhof zur Margareten und auf dem Graben — ihre Schauspiele zum besten gab.

1795 war es Bauernschober gelungen, für die Wandertruppe den Laienschauspieler Maximilian Sandersky zu gewinnen, der durch seine unbändige Lust am Theaterspielen und seine von ihm verfaßten Theaterankündigungszettel das Publikum aus allen Schichten in Scharen anlockte. Der erlernte Beruf dieses Mannes war Friseur, und jeder wollte sehen, wie sich ein Haarschneider — er war in den Jahren 1783 bis 1788 nachweislich in Altlerchenfeld als Friseur tätig gewesen — auf den Brettern, die seine Welt bedeuteten, als Schauspieler ausnahm. 1796 trat er in der Penzinger Theaterhütte im Trauerspiel „Agnes Bernauer" von Josef August Graf von Törring auf und gab Proben seines schauspielerischen Talents. Seine Auftritte kündigte er jeweils in äußerst überheblicher Art an. In Penzing aber trug sein Spiel in Shakespeares „Hamlet" dazu bei, daß durch Mißfallensäußerungen von Publikum und Schauspielern lautstarker Tumult entstand. Das Wesentliche sah er aber wohl darin, daß die Leute aus der Stadt herbeiströmten und sich die Kassa füllte. Auch ein zweites Auftreten als „Hamlet" verstand er wieder in grellen Farben anzupreisen: „um sein volles Magazin von Pantomimen, Aktionen und Deklamationen auszuschütten". Er beschränkte sich aber nicht nur auf seine abendliche Bühnentätigkeit, auch tagsüber konnte man ihn, als Hamlet gekleidet, in Penzing herumreiten sehen. In dem Stück „Rudolph von Felseck oder die Schwarzthaler-Mühle" von Josef von Korompay gab Sandersky seine letzten Darbietungen zum besten, die er ebenfalls in unwahrscheinlich überheblicher Selbstgefälligkeit ankündigte, indem er sich als „weltbekannter Liebling und Augapfel des Publikums" bezeichnete. Damit erlosch aber sein Ruhm. Er beendete seine Theaterlaufbahn im Jahre 1796 und kehrte zu seinem Beruf als Friseur zurück. Die Wiener waren um eine Unterhaltung ärmer, die Bauernschobersche Bühne aber hatte ihre Zugkraft verloren. Am 15. September 1797 starb Sandersky, vom Publikum vergessen, im Allgemeinen Krankenhaus und wurde am Währinger allgemeinen Friedhof in einem Schachtgrab beigesetzt.

Bauernschober spielte 1797 auch ohne Sandersky wieder in Penzing, wobei ihm aufgetragen wurde, nur ordentlich „zensurierte Schauspiele" aufzuführen und sich vor allem der „Zoten und des Extemporierens auf das Sorgfältigste zu enthalten habe".

1798 versuchte Bauernschober, für Penzing und Meidling wieder die Schauspielerlaubnis zu erhalten: sie wurde ihm aber nur für

Penzing bewilligt. Daß er in diesen Jahren bei der niederösterreichischen Regierung nicht mehr so viel Entgegenkommen fand, war wohl auf die Mißfallensäußerungen zurückzuführen, die das Auftreten Sanderskys hervorgerufen hatte. 1799 wurde Bauernschober die Bewilligung „auf dieses Jahr noch" gewährt. Zu diesem Zeitpunkt hatten sich die Gemüter bereits wieder beruhigt, und es herrschten geordnete Verhältnisse. Die Spielzeit im Jahre 1800 sollte für Bauernschober in „seinem Theater" in Penzing die letzte sein. Am 7. Juni 1800 starb er im Allgemeinen Krankenhaus in Wien an Nervenfieber und wurde wie Sandersky am Währinger allgemeinen Friedhof begraben. Damit blieben ihm aber auch jene Vorkommnisse erspart, die zum Eingreifen der Wiener Polizeidirektion führten: fünf Tage nach seinem Tode, am 12. Juni 1800, wurde in seinem Theater gegen die Vorschriften gespielt, und außerdem hielt der Penzinger Kasperl sittenwidrige Reden. Die niederösterreichische Regierung erteilte daher der Wandertruppe einen Verweis.

Wenn auch Bauernschober mit seiner Truppe keine überragenden Leistungen geboten hatte, so ist es doch ihm zu verdanken, daß in Penzing mit einer gewissen Regelmäßigkeit ein Sommertheater betrieben wurde und somit immerhin für geistige Anregung gesorgt war. Nun übernahm seine Witwe Katharina die Direktion und wurde von ihrem Sohn Franz dabei unterstützt. Aber ihrem bereits 1800 gestellten Ansuchen, 1801 in Penzing Theater spielen zu dürfen, wurde zunächst nicht entsprochen. Erst zu Beginn des Jahres 1801 wurde ihr die Spielerlaubnis erteilt. Auch Franz Scherzer, der seit 1776 als Schauspieler in Penzing war, suchte ergebnislos um eine Spielbewilligung für Penzing an. Die Ansuchen der Katharina Bauernschober für die Jahre 1802 und 1803, in ihrer Hütte spielen zu dürfen, wurden gleichfalls abgelehnt. Nach den Mißerfolgen versuchte sie es 1804 erst gar nicht, einen neuerlichen Antrag zu stellen. Sie lebte noch einige Jahre und ließ die einstige Theaterhütte abbrechen. Am 10. Dezember 1810 starb Katharina Bauernschober in Penzing und wurde auch hier begraben. Ihr Nachlaß gibt einen kleinen Einblick in die Lebensverhältnisse einer damaligen „Theaterprinzipalin". Die noch vorhandenen Gegenstände wurden versteigert. Es war ein sehr armseliges Inventarium, in dem sich als Glanzstück ein „Kistl mit mehreren angelegten beweglichen Figuren" fand. Wahrscheinlich handelte es sich um ein Puppentheater.

Der Nachfolger von Katharina Bauernschober war Franz Xaver Deutsch, ein Mitglied der Schauspielertruppe des Fürsten Alois Liechtenstein. Er hatte aber nur den Behörden gegenüber die Verantwortung zu tragen, die Bildung und Leitung der Schauspielertruppe hatte der Hofschauspieler Johann Heinrich Friedrich Müller übernommen. 1803, als die Truppe die Spielbewilligung erhielt, erfolgte eine großangelegte Ankündigung von den „theatralischen Belustigungen“, die nunmehr an der neuen Wirkungsstätte, im „Schreyerischen Hause Nr. 49“ (ehemaliges Schreysches Stiftungshaus, heute anstelle Hadikgasse 62), abgehalten werden sollten. Fürst Liechtenstein hatte den Saal in diesem Haus gemietet und sein Theater aus der Stadt hierher verlegt. Man wollte jedoch von der Dorfschmiere weg, also ein allen Anforderungen gerechtes Theater bieten, aufstrebende Talente fördern und den namhaften Dichtern eine Möglichkeit geben, auf einer Versuchsbühne ihre neuen Werke vorzustellen. Dieses Vorhaben fand aber keineswegs ungeteilte Zustimmung.

Dem neuen Penzinger Musentempel begegnete man mit Interesse. Im Gegensatz zum verhältnismäßig großen Saal, der 200 Personen faßte, war die Bühne sehr klein, da sie nur für sechs Schauspieler Platz bot. Das Theater besaß eine Galerie und drei Logen und soll — nach Berichten der Zeitgenossen — sehr elegant gewirkt haben. Die Eröffnung im Jahre 1803 war für viele Wiener ein Ereignis und fand auch in Theaterkreisen große Beachtung. Die ersten Vorstellungen waren ausverkauft und, wie uns Josef Richter, der populäre Wiener Journalist und Schriftsteller, noch bekannter als „der Eipeldauer“, berichtet, war es nicht möglich, „d'ersten Täg ein Billiet z'kriegen!“. In der zeitgenössischen Kritik allerdings wurde von den Aufführungen wenig Notiz genommen. Es gab nämlich auch viele Kritiker, die die Penzinger Bühne nur als Liebhabertheater ansahen und nicht sehr hoch einschätzten. Und doch war auch in der „Zeitung für die elegante Welt“ aus dem Jahre 1804 ein positives Echo zu finden. Es hieß dort, daß die Anfänger, die sich auf dieser Bühne ihre ersten Sporen verdient hatten, „seit ihrem ersten Beginnen das unverkennbare Gepräge des Fleißes und des harmonischen Geistes“ erkennen ließen und daß die Harmonie, die unter dieser Gesellschaft herrschte, „musterhaft“ war. Und als richtungweisend erscheint die Ansicht des Blattes: „Es sei sehr lobenswürdig und sollte von jeder Direktion nachgeahmt werden, daß nur solche Schauspieler aufzunehmen seien, die in Rücksicht ihrer wissenschaftlichen Kenntnisse auch für gebildete Menschen gelten können."

Leider sind die Anschlagzettel des Penzinger Theaters aus dieser Zeit nicht erhalten geblieben; nur die Zensurberichte geben Zeugnis von den aufgeführten Stücken. Dem Zensor Franz Karl Hägelin oblag die Begutachtung, und seine Äußerungen beweisen, wie man von Amts wegen das Publikum zu erziehen trachtete. Schon der Kuriosität wegen sollen hier einige Titel der zur Aufführung gelangten Theaterstücke aufgezählt werden: „Unser Fritz", „Die schlaue Witwe oder Die Temperamente", „Keine Post mehr", „Die komische Ehe oder Sie werden ihre eigenen Nebenbuhler", „Der schwarze Mann", „Der Bräutigam in der Irre", „Das Gespenst mit der Trommel oder Der Wahrsagende".

Aber das Penzinger Theater hatte nur kurzen Bestand; seit dem Jahre 1805 wurde nicht mehr gespielt. Der Förderer des Theaters, Fürst Alois Liechtenstein, starb, und die Schauspielertruppe löste sich auf. Es kam nicht mehr zu einer Reaktivierung. Wohl unterhielt die Sängerin Irene Tomeoni in ihrem Hause 1807 noch ein Privattheater, doch einen öffentlich zugänglichen Tempel Thalias gab es nicht mehr, und auch die Erinnerung daran verblaßte immer mehr.

Heute wird in Penzing eine andere Art Theatergeschichte gemacht. Es gibt hier eine Bildungsstätte, an der junge Menschen für ihren späteren Beruf als Schauspieler und Regisseur herangebildet werden. Es handelt sich um das berühmte Reinhardt-Seminar, das in einem Teil des einstigen Palais Cumberland (Penzinger Straße 9—13) untergebracht ist. Viele bedeutende Schauspieler sind aus diesem Institut hervorgegangen. Am 24. April 1929 hatte Max Reinhardt im Schönbrunner Schloßtheater dieses Seminar gegründet, als Fortsetzung der „Kurse für Rezitation", die bereits seit 1852 hier durchgeführt wurden. Im Jahre 1940 übersiedelte das Seminar in die Räume eines Teiles des Palais Cumberland. Nach dem Zweiten Weltkrieg erfolgte der Ausbau des gesamten Instituts. Max Reinhardt, der Mitbegründer der Salzburger Festspiele und große Theaterregisseur, durfte die Adaptierung eines Teiles des Palais Cumberland für sein Institut nicht mehr erleben, denn er verließ wegen der nationalsozialistischen Machtübernahme im Jahre 1938 Wien und starb am 30. Oktober 1943 im Exil in New York. Sein künstlerisches Vermächtnis lebt aber im Reinhardt-Seminar in Penzing fort.

Das „Theater Am Steinhof"

Selbst Kennern der Wiener Theatergeschichte war es bis vor kurzer Zeit kaum bekannt, daß sich innerhalb des Komplexes des Psychiatrischen Krankenhauses der Stadt Wien ein Theatergebäude befindet. Während die Planung der gesamten Anlage der Niederösterreichischen Landes-Heil- und Pflegeanstalt „Am Steinhof" und der Kirchenbau Otto Wagner vorbehalten blieb, wurde der Bau der Pavillons und somit auch die Errichtung des Theaterkomplexes dem Landes-Oberbaurat Franz Berger übertragen. Wenn dieser Theaterbau auch sicher nicht als große Architekturschöpfung des 20. Jahrhunderts angesehen werden kann, so ist er doch in seiner Geschlossenheit als einmalig zu bezeichnen.

In dem als „Gesellschaftshaus" geplanten Gebäude sollte ein Festsaal auch als Theaterraum Verwendung finden. Der Saal ist rund 29 Meter lang, 16 Meter breit und ca. 12 Meter hoch und bietet 600 Personen Platz. Eine Guckkastenbühne mit einer Breite von ca. acht Metern und einer Tiefe von sechs Metern wurde eingerichtet, die Galerie mit Logen versehen.

Die Innenausstattung des zwischen 1904 und 1907 entstandenen Gebäudekomplexes bildet eine glückliche Synthese von historisierenden Elementen mit Jugendstilmotiven. Es ist der so reizvoll wirkende „barocke Jugendstil". Dem Umstand, daß Theatersäle in Heilanstalten in früheren Jahren viel weniger Verwendung fanden, ist es zu danken, daß die gesamte Innenausstattung erhalten blieb.

Für die Anstaltsinsassen wurden immer wieder kulturelle Veranstaltungen abgehalten, wobei die Theatervorstellungen einer Laiengruppe oblagen, die sich aus Angestellten und Pfleglingen zusammensetzte. Kriegsbedingt wurde das Theaterleben unterbrochen, da der Festsaal während des Ersten Weltkrieges und noch ein Jahr danach als Reservelazarett verwendet werden mußte. Immerhin faßte er 300 Betten. In der Zwischenkriegszeit gab es wieder eine Theatergruppe, aus Angestellten und Arbeitern der Anstalt zusammengesetzt; sie führte hier meist ländliche Lustspiele auf, aber auch Operetten, wie z. B. „Der fidele Bauer" von Leo Fall. Diese Theatergruppe bestand bis zum Jahr 1964.

Seit März 1980 werden in diesem schönen Raum öffentlich zugängliche Konzerte veranstaltet.

2. Mariabrunn und seine Wallfahrten

Der berühmt gewordene Wallfahrtsort Mariabrunn liegt an der Bundesstraße 1, knapp bevor man das Wiener Stadtgebiet in Richtung Westen verläßt. Der Ort selbst ist bis heute klein geblieben. Im Jahre 1795 waren es zunächst zwei Häuser, 1822 sieben Häuser, 1831 acht Häuser, die, wenn man den Quellen glauben darf, 21 Bewohner zählten. 1880 erhöht sich die Zahl der Häuser auf zehn, die der Bewohner auf 86. Seit dem Jahre 1850 ist Mariabrunn mit Hadersdorf vereinigt.

Kirche und Kloster Mariabrunn sind eine Schöpfung der Gegenreformation, in der zahlreiche Marienheiligtümer entstanden. Noch heute sind Würde und Größe dieses Wallfahrtsortes am Rande des Wienerwaldes zu erkennen.

Das Kloster wurde im Jahre 1639 von den Augustiner-Barfüßern gegründet. Der Sage nach soll um die Mitte des 11. Jahrhunderts Königin Gisela nach dem Tod ihres Mannes, des Ungarnkönigs Stephan des Heiligen, an den Babenbergerhof geflüchtet sein.

Während einer Wanderung in der Gegend von Mariabrunn habe sie in einer Quelle eine Marienfigur mit dem Jesuskind entdeckt. Ein Trunk daraus soll sie von einem hartnäckigen Fieber befreit haben. Aus Dankbarkeit für die Heilung errichtete man für die Statue zuerst eine kleine Holzhütte und später eine steinerne Kapelle, die von vielen Menschen aufgesucht wurde, die Trost und Hilfe erflehten. Später war dieses Quellenheiligtum in Vergessenheit geraten, bis die Gegenreformation die Wallfahrten wieder neu belebte und das Wallfahrtswesen eine Hochblüte erfuhr. Der Zustrom der Wallfahrer wurde im Dreißigjährigen Krieg so groß, daß acht Wachsgießer für die Herstellung der wächsernen Weihegeschenke nicht mehr genügten. Auch noch im 18. Jahrhundert pilgerten zahlreiche Prozessionen aus den benachbarten Dörfern und aus Wien nach Mariabrunn. Selbst der Kaiser besuchte den heiligen Brunnen, um die heilige Jungfrau Maria zu verehren.

Damals zählte man pro Jahr 30 bis 50 Prozessionen, wobei die Teilnahme am Gottesdienst so zahlreich war, daß viele Menschen außerhalb der Kirche ihre Andacht verrichten mußten. Für die Abhaltung von Prozessionen gab es die verschiedensten Anlässe, so

z. B. Danksagungen nach überstandenen Krankheiten, Leiden und Gefahren. Die Menschen waren ständigen Unbilden ausgesetzt, die sich in unzähligen Naturkatastrophen, Überschwemmungen, Feuersbrünsten, Seuchen und verheerenden Kriegen äußerten. Bei den Bittprozessionen betete man um Bewahrung vor den genannten Übeln.

Die älteste urkundlich nachweisbare Wallfahrt nach Mariabrunn fand 1610 statt und ist als „Schottenwallfahrt" bekanntgeworden. Sie nahm ihren Ausgang von der Kapuzinerkirche und der St.-Ulrichs-Kirche, die schon seit 1302 zum Schottenkloster gehörte. Der Hauptgrund für diese Wallfahrten ist wohl in der Bekämpfung der „Lutherischen Ketzerey" zu suchen. In den folgenden Jahren wurde der Zustrom zu den Wallfahrten immer größer, sodaß für deren Abhaltung die offizielle Erlaubnis des Bischofs eingeholt werden mußte. Es ist anzunehmen, daß die „Schottenwallfahrten" auch in den nächsten 20 Jahren stattgefunden haben, wenn wir auch darüber keine Beweise besitzen.

1632 gründeten die Wallfahrtsteilnehmer eine Bruderschaft, die sich „Maria Heimsuchung" nannte. Im selben Jahr wurde auch noch die Bruderschaft „Mariä um ein glückliches Ende" gegründet. Für die Mitglieder der Bruderschaften war die Teilnahme an der Prozession nach Mariabrunn Pflicht. Beide Bruderschaften hatten ihren Sitz in der Schottenkirche. Der Abt des Schottenklosters, Johannes Walterfinger, schien aber über diese Entwicklung nicht sehr glücklich gewesen zu sein, da er 1632 für eine Vereinigung beider Bruderschaften eintrat, was vorerst aus statutenrechtlichen Gründen abgelehnt wurde. 1634 schlug man nochmals die Vereinigung beider Bruderschaften vor, die nach anfänglicher Ablehnung dann doch erfolgt sein muß.

Schon unter Maria Theresia war die Errichtung von Bruderschaften an eine „allerhöchste" Einwilligung gebunden, um verschiedenen Mißbräuchen vorzubauen und die Gewinnsucht hintanzuhalten, die für viele Bruderschaftsgründungen maßgebend war. Joseph II. hatte das Bruderschaftswesen gänzlich verboten, womit wohl auch viel altes religiöses Brauchtum in Vergessenheit geraten ist. Auch fürs Wallfahrten war die Zeit der Aufklärung nicht günstig. Es erging zunächst ein Verbot, daß Prozessionen nicht über die Grenzen der Erblande hinausgeführt werden durften. 1772 wurde den Prozessionsteilnehmern sogar untersagt, innerhalb der Erblande über Nacht auszubleiben. Zehn Jahre später wurden die vielen Prozessionen auf nur zwei im Jahr eingeschränkt. Lediglich „Vorbitten“ um Regen oder eine gute Ernte waren gestattet. Obwohl die Schottenwallfahrten von diesen Verboten und Einschränkungen nicht unmittelbar betroffen waren, wurde 1782 nur mehr eine Wallfahrt durchgeführt; sie sollte auch die letzte sein. Ab dem folgenden Jahr ist von Prozessionen oder Wallfahrten keine Nachricht mehr überliefert. 1789 erfolgte ein generelles Wallfahrtenverbot, das auch nach dem Tode Josephs II. (1790) aufrechtblieb. Die Einschränkungen und Verbote des Josephinischen Zeitalters dürften einige Jahre später aber doch eine Milderung erfahren haben, denn 1795 wurden wieder 34, 1796 32 und 1797 bereits 36 Wallfahrten veranstaltet, wenn auch nicht in so großem Umfang wie zur Zeit der Bruderschaften. Die Klosterchronik erwähnt 1791, daß der Abt der Schotten nur „in der Stille“ mit seinen Geistlichen und einigen Bürgern von Wien nach Mariabrunn kam, um die Andacht zu verrichten. Ähnlich wurde auch in den folgenden Jahren vorgegangen. Zu Beginn des 19. Jahrhunderts müssen diese Wallfahrten gänzlich aufgehört haben.

Nicht nur die Zahl der jährlichen Wallfahrten ist bekannt, man kennt aus Überlieferungen auch den genauen Hergang: Ursprünglich in schlichter Weise abgehalten, entwickelten sich die Wallfahrten bald zu einem richtigen Volksfest. Man engagierte Sänger und Musiker und feierte die hl. Messe mit großer Assistenz. Schon um fünf Uhr morgens setzte sich die Prozession vom Schottenkloster aus in Richtung Mariabrunn in Bewegung. Am Ziel der Wallfahrt hielten die Pilger ihre Andacht. Auf dem Rückweg machte man in Hütteldorf Mittagsrast, wohnte anschließend der Litanei und Vesper in Hietzing bei, wurde auf der Laimgrube nochmals mit einer Predigt empfangen, um dann zum Tedeum laudamus in die Schottenkirche zurückzukehren. Für die Gläubigen endete hier der Festtag. Die Geistlichen setzten sich aber noch zu einem kleinen Festmahl zusammen. Es gab Hühner- oder Lammfleisch mit Salat sowie Wein, was aus den Rechnungsbüchern des Schottenklosters hervorgeht.

Eine der ältesten bekannten Wallfahrten war die sogenannte „Käferwallfahrt der Ottakringer“. Der absonderliche Name kommt tatsächlich von einem Käfer, dem Rebenstecher, der Ende des 17. Jahrhunderts in großer Zahl die Ottakringer Weingärten heimsuchte und arg verwüstete. Im Volksmund wurde dieser Schädling in humorvoller Weise als „Zigarrenwickler“ oder „Stanitzelkäfer“ bezeichnet. Um Abhilfe gegen diese Katastrophe zu erflehen, zogen die Ottakringer in einer Bittprozession nach Mariabrunn. Sie fühlten sich mit diesem Wallfahrtsort sehr verbunden und stifteten sogar 1780 ein Votivbild, das sich trotz des „Bildersturms“ Kaiser Josephs II. bis heute erhalten hat.

Auch die Währinger hatten schon sehr früh Wallfahrten nach Mariabrunn unternommen. Ihr anfänglicher Beweggrund ist nicht bekannt. Im Jahre 1715 war es wohl eine Danksagung dafür, daß die Bewohner von der Pest verschont blieben. Seit 1698 pilgerte auch die Bruderschaft „Maria Verkündigung“ jährlich nach dem Gnadenort. 1731 entschloß man sich, nicht mehr nach Mariabrunn zu wallfahren. Der wirkliche Grund ist nicht bekannt. Wenn man einer Nachricht trauen darf, war den Gästen das Essen, das man ihnen in Mariabrunn bereitete, nicht „fein“ genug. Dafür wurde nunmehr das Gnadenbild Maria Pötsch in der Wiener Stephanskirche häufiger aufgesucht.

In den Jahren 1760 bis 1800 führten die Bewohner des kleinen Wienerwaldortes Laab im Walde mit ihrem Pfarrer jährlich eine Wallfahrt nach Mariabrunn durch, wo sie stets in feierlicher Weise empfangen wurden und den Vormittag nach der Messe im Ort verbrachten.

Von zwei Prozessionen berichtet uns noch die Klosterchronik: Am 24. Juni 1795, dem Tag Johannes des Täufers, kam zum 100. Male eine Wallfahrt aus „Neustift unter dem Kahlenberg“ und am 19. August 1800 eine Bittprozession „aus der Roßau in Wien“.

Neben den Berichten von Wallfahrten in der Klosterchronik sind es die Votivbilder, die in oft naiver, aber doch minuziöser Genauigkeit den Ablauf der Prozessionen eindrucksvoll wiedergeben. Beispiel dafür ist ein Bild neben der barocken Bühne des „Heiligen Theaters“ in der Wieskapelle, das eine Prozession nach Mariabrunn darstellt. Aus den Inschriften ist zu entnehmen, daß es sich dabei um eine Wallfahrt der Paulaner aus dem Jahre 1770 handelt.

Auch Einzelpersonen suchten die Gnadenstätte auf, um Heilung von einer Krankheit zu erbitten oder für eine Rettung zu danken. Hier bieten die Votivbilder oft eine persönliche, mitunter aber auch eine zeitgeschichtliche Schilderung. Eines der Votivbilder, die in der Kirche Platz gefunden haben, veranschaulicht in besonderer Weise den Hergang eines Unfalls. Es wurde aus Dankbarkeit für die Errettung eines Kindes gestiftet, das unter eine Dampftramway geraten war. Das Bild, auf dem der Beschauer die getreue Wiedergabe des Unfalls betrachten kann, stellt außerdem eine verkehrsgeschichtliche Dokumentation dar, denn es zeigt eine jener Dampftramways, die ab 1885 vom Westbahnhof nach Breitensee verkehrten.

Die Mariabrunner Wallfahrten waren nicht nur beim „Volk" sehr beliebt. Auch die Mitglieder des Kaiserhauses und des Adels fuhren immer wieder zur Gnadenmuttergottes, um Trost und Stärkung zu finden. Kaiser Karl VI. und seine Tochter Maria Theresia fanden sich oft hier ein, und Erzherzogin Ludovica dankte 1795 für den glücklichen Ausgang ihrer Blatternerkrankung. Im gleichen Jahr wohnten die Erzherzoginnen Maria Anna, Clementina und Amalia einer Andacht bei. Auch eine Prinzessin Maria Theresia aus Frankreich war im Gnadenort ein gern gesehener Gast.

Erst Anfang des 19. Jahrhunderts ist ein Rückgang des Wallfahrtswesens zu verzeichnen. Bereits 1836 setzte infolge der in der Gegend von Wien noch immer herrschenden Cholera eine regere Wallfahrtsbewegung ein. Aber es brauchte nur eine Schlechtwetterperiode zu kommen, wie das im folgenden Jahr der Fall war, um den Zustrom der Gläubigen zu den Prozessionen wieder einzuschränken. Nur mehr an zwei Marienfesttagen, zu Maria Himmelfahrt und Maria Geburt, zogen Tausende hinaus in den Wallfahrtsort; dann war die Ansammlung von Menschen so groß, daß alle Wirtshäuser in der Umgebung bald „ausgeleert" waren, sodaß nicht einmal ein Stück Brot zu bekommen war. Ein derartiger Ansturm ist im 20. Jahrhundert nicht mehr gegeben.

Mariabrunn war der bedeutendste Wallfahrtsort für die Orte des Wienerwaldes, des Tullnerfeldes und für Wien. Wenn heute pro Jahr etwa tausend Wallfahrer gezählt werden, so ist das wohl nur mehr ein geringer Prozentsatz jener Pilger, die vor zweihundert Jahren das Marienheiligtum besuchten.

Auch in Zukunft wird es Bittprozessionen geben, solange es Menschen gibt, die von Krankheit und Nöten geplagt werden; sie alle hoffen, bei der Gnadenmutter Trost und Stärkung zu finden.

3. Das „Heilige Theater" in der Wieskapelle zu Mariabrunn

Die Kirche von Mariabrunn besitzt ein kostbares Juwel aus der Barockzeit: das sogenannte „Heilige Theater", das sich in der Wieskapelle befindet. Die Wieskapelle selbst dürfte bereits um 1650 erbaut worden sein und gehört somit zum ältesten Baubestand des Gotteshauses. Zuerst verschiedenen Heiligen gewidmet, wie etwa der hl. Maria Magdalena, der hl. Notburga, dem hl. Nepomuk und der hl. Maria vom Trost, diente sie später als Andachtsraum der „Gürtler-Bruderschaft"; diese erhielt schließlich in der Kirche den Julianen-Altar, der auch die Gürtel-Darstellung zeigt. Die Kapelle ist etwa um 1760 dem „leidenden Heiland" geweiht worden; zu dieser Zeit wurde hier eine künstlerisch bedeutsame Holzplastik, Christus an der Geißelsäule, aufgestellt. Sie ist eine Nachbildung jener Plastik, die sich in der südbayerischen Wallfahrtskirche „in der Wies" befindet. Auch der Name der Mariabrunner Wieskapelle leitet sich von der Darstellung Christi in jener, als Hauptwerk des deutschen Rokoko geltenden Kirche ab, wobei die Plastik in Mariabrunn den Ruf genießt, künstlerisch wertvoller zu sein.

An der Ostseite des Raumes, links vom Chor, erblickt der Besucher der Kapelle eine andere Kostbarkeit: die barocke Bühne des Heiligen Theaters. Die Entstehung dieser Rarität geht auf das Jahr 1770 zurück. Auf der Bühne ist eine Reihe von Kulissen angeordnet. Durch eine barocke Säulengalerie auf beiden Seiten genießt der Beschauer einen Blick auf ein barockes Bauwerk, das in einem prächtigen Wald gelegen ist. Wahrscheinlich handelt es sich um die Darstellung des Mariabrunner Ursprungsbrunnens. Von der Decke hängen Wolken herab. Für die Anfertigung der Kulissen wurde Leinwand verwendet, die man bemalte. Da auch die Rückseite der Kulissen eine Bemalung aufweist, wird angenommen, daß diese Requisiten schon in früherer Zeit Verwendung fanden.

Auf dieser Bühne wurde aber niemals Theater gespielt. Wer die Raumverhältnisse einer näheren Betrachtung unterzieht, kann feststellen, daß der Bühnenraum in seiner Tiefe nur 6 Meter und an der breitesten Stelle 3,70 m mißt. Die Bühnenfläche beträgt daher insgesamt nur 22 m^2, die Breite der dem Zuschauerraum zugewandten Bühnenöffnung gar nur 2,50 m. Auch im Zuschauerraum hätten lediglich fünf bis sechs Bankreihen Platz gefunden. Früher hatte man angenommen, daß hier geistliche Spiele zur Aufführung gelangt waren, wie das in Heiligenkreuz, in Kremsmünster und bei den Schotten in Wien der Fall war. Doch sind die Ausmaße dieser Bühne einfach zu gering, um Aufführungen möglich zu machen. Hinzu kommt noch, daß die Ordensregeln der Augustiner-Barfüßer die Abhaltung auch von geistlichen Spielen untersagten.

Es hat sich herausgestellt, daß es sich bei der angeführten Bühne um eine sogenannte Jahreskrippe handelte, wo während des Kirchenjahres gemalte Szenen aus dem Leben Jesu aufgestellt wurden, vor allem zur Weihnachtszeit die Krippe und zu Ostern das Heilige Grab oder die Kreuzigungsgruppe am Berg Golgatha. Die dreiteilige Fastenkrippe aus dem Jahre 1770 hat sich bis heute erhalten. Sie zeigt die Szene des „letzten Abendmahls“, den Blutschweiß Jesu und den Judaskuß. Diese Szenen zum jeweiligen Austausch sind in Öl auf Bretter gemalt. Derartige religiöse Bilder, auf Bühnen gestaltet und aufgestellt, werden als „Heilige Theater“ bezeichnet, von denen heute in Österreich nur mehr wenige vorhanden sind.

4. Das Bezirksmuseum und das Wiener Ziegelmuseum

Neben dem in aller Welt bekannten Technischen Museum für Industrie und Gewerbe (Mariahilfer Straße 212) — siehe PMBll. 25, 1970; 27/28, 1971 —, das 1918 eröffnet wurde, besitzt Penzing noch zwei weitere Museen: das „Bezirksmuseum" und das „Wiener Ziegelmuseum" (beide Penzinger Straße 59).

Am 5. November 1963 öffnete das Bezirksmuseum Penzing seine Pforten und versuchte schon in seiner ersten Ausstellung „Verkehrsbahnen als Wegweiser der Geschichte" in anschaulicher Weise, den Bewohnern von Penzing die Geschichte ihres Bezirkes nahezubringen. Viele weitere Ausstellungen sollten folgen, die sich, leicht überblickbar, mit den verschiedensten Themen befaßten. Sein Entstehen verdankt das Bezirksmuseum einem der profundesten Kenner der Lokalgeschichte, Anton Scheiblin (1894—1967), der nicht nur ein unermüdlicher Forscher, sondern auch ein hervorragender Organisator war. Fünfzehn Jahre nach der Gründung konnte das Museum 1978 seine Räumlichkeiten erweitern und so die Sammeltätigkeit wesentlich ausdehnen. Eine einschlägige Bibliothek hilft bei der lokalgeschichtlichen Forschung. Seit 1963 erscheinen die „Penzinger Museumsblätter", die sich mit der Geschichte des Bezirks befassen und neue Forschungsergebnisse veröffentlichen.

Das Wiener Ziegelmuseum, seit 1980 ebenfalls Penzinger Straße 59, wurde 1978 ins Leben gerufen. Den Grundstock der Sammlung bildeten die von Anton Schirmböck (1898—1982) dem Museum überlassenen mehr als 1000 Ziegel samt den dazugehörigen Herkunftsplänen, Fotos, Dias und Karteien. Eine thematische Erweiterung bedeutete die Dachziegelsammlung von Dachdeckermeister Lorenz Lambrechter. Das Anschauungsmaterial wird systematisch ergänzt, wobei der Kontakt zur österreichischen Ziegelindustrie von besonderer Bedeutung ist. Forschungsergebnisse werden in der Zeitschrift „Wiener Ziegelmuseum" veröffentlicht. Das Ziegelmuseum findet große Anerkennung, weil es nicht nur wissenschaftlichen, sondern auch praktischen Zwecken dient. Univ.-Prof. Manfred Wehdorn bezeichnet es als „. . . in seiner Art in ganz Europa einzigartig".

V. BERÜHMTE PERSÖNLICHKEITEN

Die geographische Lage und die damit verbundene Naturnähe des Bezirkes Penzing waren Voraussetzung, daß viele bedeutende Künstler und Wissenschaftler dort ihr Domizil hatten oder gelegentlichen Aufenthalt nahmen. Musik und Dichtung fanden hier eine glückliche Heimstatt. War doch die unmittelbare Begegnung mit der Natur ein bestimmendes Element, das auf die Schaffenskraft so manchen Künstlers entscheidenden Einfluß nahm.

ABRAHAM A SANCTA CLARA (1644—1709)

Eine der profiliertesten Persönlichkeiten der Barockzeit hatte eine Zeitlang ihr Domizil in Penzing. Der aus Baden in Deutschland stammende berühmte Prediger Abraham a Sancta Clara, als Johann Ulrich Megerle am 2. Juli 1644 in Kreenheinstetten geboren (Eltern waren Leibeigene), trat — nach Besuch der Volksschule und des Jesuitengymnasiums in Ingolstadt und des Benediktiner-Gymnasiums in Salzburg — im Jahre 1662 in den Orden der Augustiner-Barfüßer im Kloster Mariabrunn bei Wien ein. In den Jahren 1662 bis 1666 legte er in Mariabrunn sein Noviziat ab. 1668 erhielt er in Wien die Priesterweihe. Schon 1677 ernannte man ihn zum kaiserlichen Hofprediger, sein Orden wählte den 1680 bereits weithin berühmten Prediger zum Prior. Er erwarb den Doktorgrad in Theologie und wurde schließlich Provinzial seines Ordens. Abraham a Sancta Clara erwies sich in seinen unzähligen Predigten als brillanter Redner, der mit dem Sprachschatz des Volkes Unmäßigkeit und Laster in dieser chaotischen Zeit mit Pest und Türkenkriegen geißelte. Abraham a Sancta Clara war ein Meister der Sprache in Wort und Schrift. 1680 hielt er seine Pest-Bußpredigt „Mercks Wien!" und 1683 verfaßte er seine Schrift „Auff, auff, Ihr Christen". Beide Traktate dienten Friedrich Schiller als Vorlage für die Kapuzinerpredigt in „Wallensteins Lager". Seine Wortgewandtheit und Schlagfertigkeit dokumentierten sich auch in der „Hütteldorfer Standespredigt". Das Hauptwerk Abrahams a Sancta Clara war die vierbändige Ausgabe „Judas, der Ertz-Schelm". Am 16. März 1709 bestieg er zum letzten Male die Kanzel, um eine seiner zündenden Predigten zu halten, am 1. Dezember 1709 starb er.

ANZENGRUBER Ludwig (1839—1889)

Der österreichische Klassiker des Volksstückes, Ludwig Anzengruber, erblickte am 29. November 1839 im Haus Kinderspitalgasse 1 das Licht der Welt. Der Vater, ein kleiner Beamter, der sich auch in der Dichtkunst versuchte, starb sehr früh, sodaß Ludwig Anzengruber die Realschule verlassen mußte. Nach einem Buchhandelspraktikum wurde er als Zwanzigjähriger Schauspieler und zog mit einer Wandertruppe durch Österreich-Ungarn. 1869 trat er als Polizeikanzlist in den Staatsdienst. Doch sein Hang zum Theater war stärker. Schon 1870 hatte er mit seinem Stück „Der Pfarrer von Kirchfeld" einen ersten großen Bühnenerfolg, der ihm Mut machte, fortan als freier Schriftsteller zu leben. Er war Herausgeber und Mitarbeiter der Zeitschrift „Heimat" und des Witzblattes „Figaro". Vom 26. Juni 1885 bis 12. September 1889 war Anzengruber Besitzer und Bewohner des Hauses Gyrowetzgasse 10 in Penzing. Hier schrieb er die Weihnachtskomödie „Heimg'funden", „Stahl und Stein" und sein erfolgreiches letztes Volksstück „Der Fleck auf der Ehr'", mit dem 1889 das neugegründete Deutsche Volkstheater in Wien eröffnet wurde. Wenige Wochen vor seinem Tode verließ er Penzing und starb am 10. Dezember 1889 im 6. Bezirk, Gumpendorfer Straße 56. Das Haus Gyrowetzgasse 10 erhielt eine Gedenktafel, die am 23. April 1902 mit einer Gedenkrede von Hermann Bahr feierlich enthüllt wurde.

BEETHOVEN Ludwig van (1770—1827)

Beethoven (geboren am 16. Dezember 1770) mietete im Jahre 1824 in Penzing eine Zeitlang eine Wohnung. Nachdem der Tondichter im Jahre 1792 endgültig von Bonn nach Wien übersiedelt war, verbrachte er ab 1802 den jeweiligen Sommer auf Anraten der Ärzte und aus seiner großen Naturliebe heraus in den Dörfern der Umgebung Wiens. Nach langen Beratungen und Besichtigungen in den verschiedensten Orten entschied sich Beethoven 1824 für sein Sommerdomizil in Penzing, und zwar für das Schreysche Haus, das Ecke Hadikgasse und Nisselgasse stand, nahe der heutigen Kennedybrücke (heute Hadikgasse 62/Nisselgasse 1—3). Der Name des bekannten Hauses stammt von der Familie Schrey. Als Beethoven im Jahre 1824 die Wohnung in diesem Hause mietete, war der Hausherr der Schneidermeister Johann Hörr. Aus den „Konversationsheften", welche der Sekretär Beethovens, Anton Schindler, mit großer Sorgfalt und Genauigkeit anlegte, erfahren wir, daß um die Höhe des Mietenpreises, wie immer, gefeilscht wurde. Man einigte sich schließlich auf den Sonderpreis von 180 Gulden, womit die Wohnung den ganzen Sommer über benützt werden konnte. Für Johann Hörr war es eine große Ehre, den berühmten Komponisten bei sich zu beherbergen. Der Schneidermeister schreibt schließlich in Schindlers Konversationsheft: „Mich erfreuet es so sehr daß der große v. Bethhoven mein Qua(r)tier bezieht." Beethoven geriet aber über die Höhe des Mietzinses in Zorn, und später schrieb er auf die Quittung für den bezahlten Mietzins mit Bleistift das Wort „Schurke".

Wahrscheinlich hat Beethoven die Räumlichkeiten des ersten Stockes bewohnt. Einer der ersten Besucher in Beethovens Penzinger Domizil war der Klavierbauer Matthäus Andreas Stein, der an der Gehörmaschine, die an Beethovens Broadwood-Flügel angebracht war, eine Reparatur vornahm.

In der Penzinger Wohnung arbeitete Beethoven an einem seiner letzten Werke, an dem Streichquartett Nr. 12 in Es-Dur, op. 127, das dem russischen Fürsten Nikolaus von Galitzin gewidmet ist.

Hatte Beethoven zuerst an der Penzinger Wohnung Gefallen gefunden, so änderte er bald seine Ansicht. Der Tondichter war es gewohnt, sich am Morgen am Fenster zu rasieren. Dies erregte die Aufmerksamkeit vieler Passanten, die über den Hietzinger Steg spazierten. So fanden sich bald viele Gaffer ein, denn von der etwas überhöhten Holzbrücke aus hatte man eine gute Sicht auf das Schreysche Haus, und Beethoven hatte in Wien und Umgebung bereits einen hohen Bekanntheitsgrad erreicht. Beethoven war darüber sehr verärgert und hatte nun in der Wohnung an allem etwas auszusetzen. Er befolgte den Rat des Arztes Dr. Staudenheim, der ihm aus gesundheitlichen Gründen einen Aufenthalt in Baden empfahl. Wie der Badener Kurliste vom Jahre 1824 zu entnehmen ist, erfolgte seine Ankunft in dem Kurort am 17. Juli. Der Auszug aus dem Schreyschen Haus in Penzing dürfte in der Zeit zwischen dem 8. und 16. Juli 1824 stattgefunden haben. Heute erinnert nichts mehr an dieses markante Objekt, in dem Beethoven eine Zeitlang wohnte. Der Tondichter starb im Schwarzspanierhaus zu Wien am 26. März 1827.

CASTELLI Ignaz Franz (1781—1862)

Einer der berühmtesten Dichter der Biedermeierzeit, Ignaz Franz Castelli, besaß ein Sommerhaus in Hütteldorf, Rettichgasse 2—4. Castelli wurde am 6. März 1781 in Wien geboren. Nach Vollendung seines Jusstudiums war er Beamter der Niederösterreichischen Stände. 1809 schrieb Castelli ein sogenanntes „Wehrmannslied" gegen Napoleon. Dies erregte das Mißfallen des Korsen, und der Dichter wurde geächtet. Castelli flüchtete für ein dreiviertel Jahr nach Ungarn. Später sehen wir ihn wieder als Beamten, aber seine ganze Liebe galt dem Theater. Er war Theaterdichter des Kärntnertortheaters, das er mit über 200 Stücken versorgte: Neben Lustspielen und Possen verfaßte er auch Operntexte; vor allem aber bearbeitete er viele französische Theaterstücke für das deutsche Theater. Seine zahlreichen Gedichte verfaßte er in niederösterreichischer Mundart. Der „österreichische Anakreon", wie man ihn gerne nannte, wurde von Goethe als „natürlich singende Lerche" bezeichnet. In seinen „Wiener Lebensbildern" erweist sich Castelli als aufmerksamer Beobachter wienerischen Lebens und weiß die einzelnen Typen treffend zu charakterisieren. Er gilt als Schöpfer der Wiener Lokalskizze. Seinem humanen Wesen entsprechend, war er Mitglied zahlreicher Gesellschaften und Vereine, Herausgeber und Mitarbeiter von vielen Zeitschriften und 1847 Gründer des Wiener Tierschutzvereins. Castelli liebte die Geselligkeit, was 1818 auch zur Gründung einer literarischen Tischgesellschaft geführt hatte, die er nach einem Theaterstück von Oehlenschläger „Ludlamshöhle" benannte. Ihr gehörten namhafte Persönlichkeiten, wie Deinhardstein, Korntheuer, Grillparzer, Anschütz und Saphir, an. 1826 wurde die Gesellschaft, die sich der Pflege des Witzes und des Humors verschrieben hatte, als staatsgefährlich polizeilich aufgelöst. Castelli starb am 3. Februar 1862 im Heiligenkreuzerhof, Wien 1, Schönlaterngasse 5.

DEHNE August (1795—1875)

August Dehne wurde im Jahre 1795 geboren. Sein Vater Ludwig Dehne, aus Württemberg stammend, gründete im Jahre 1776 am Michaelerplatz neben dem alten Burgtheater eine Konditorei, die sich wegen der besonders guten Qualität ihrer Süßwaren rasch allgemeiner Beliebtheit erfreute. Er starb jedoch schon 1799. August erlernte bei seiner Mutter das Konditoreigewerbe. Nach Rückkehr aus dem italienischen und französischen Feldzug von 1812 bis 1815 widmete er sich ganz der Konditorei. Er heiratete die reiche Anna Felbermayer, Tochter einer wohlhabenden Patrizierfamilie, die am Neuen Markt das später berühmte Wäschegeschäft „Zum Herrnhuter" gründete. August Dehne erwarb mit der Konditorei ein großes Vermögen und kaufte einen großen Teil der Gründe des einstigen Fürstlich Paarschen Landsitzes in Hütteldorf. Auf diesen Gründen befand sich eine herrliche Parkanlage. August Dehne ließ sich hier eine Villa erbauen und widmete sich der Jagd. Der k. k. Hofzuckerbäcker und Hoflieferant Dehne war auch liberaler Abgeordneter und Mitglied des Hütteldorfer Gemeinderates. 1857 verkaufte er die Konditorei an Christoph Demel, der in seinem Geschäft als Gehilfe gearbeitet hatte. Dessen Söhne Josef und Karl führten den Betrieb, der schließlich Weltruhm erlangte, unter dem Namen „Christoph Demels Söhne" weiter.

Als in den achtziger Jahren des vorigen Jahrhunderts das alte Burgtheater am Michaelerplatz sowie das Dehne-Haus der Demolierung anheimfielen, erwarb Karl Demel das palaisähnliche Gebäude am Kohlmarkt 14, in dem die berühmte Konditorei bis heute zu finden ist. August Dehne starb in seinem Haus in Hütteldorf am 12. Oktober 1875 (heute Wien 14, Dehnegasse 10). Der Besitz war in jüngerer Zeit vom Filmschauspieler Willi Forst erworben worden, später ging die Liegenschaft in das Eigentum der Stadt Wien über, und der Park wurde der Öffentlichkeit zugänglich gemacht.

DODERER Heimito von (1896—1966)

Der Dichter und Schriftsteller Heimito von Doderer — sein Urgroßonkel war Nikolaus Lenau — wurde am 5. September 1896 in Hadersdorf geboren. Er selbst erinnerte sich an Weidlingau als den Ort seiner frühesten Jugend, obwohl das Geburtshaus sich in Hadersdorf befand. Es war das ehemalige Laudonsche Forsthaus, das bis in die sechziger Jahre unseres Jahrhunderts in der Nähe des Laudongrabes, unterhalb der Türkensteine, stand. Vor dem Haus befand sich ein Teich, der nun zugeschüttet ist. Doderers Vater, Oberbaurat Wilhelm Ritter von Doderer, war maßgeblich am Bau der Stadtbahntrasse, an der Wienflußregulierung und der Errichtung der großen Staubecken westlich von Hütteldorf beteiligt. Seine Jugendjahre verlebte Heimito von Doderer in Wien, während des Ersten Weltkrieges war er Dragoneroffizier, von 1916 bis 1920 in russischer Kriegsgefangenschaft in Sibirien. Nach seiner Rückkehr in die Heimat widmete er sich den Studien der Geschichtswissenschaft und Psychologie an der Universität Wien, schlug aber nach der Promotion zum Dr. phil. die schriftstellerische Laufbahn ein. 1930 erschien sein erster Roman „Das Geheimnis des Reiches". Von 1939 bis 1945 war er Hauptmann der Luftwaffe. Nach dem Zweiten Weltkrieg war er als Verlagslektor tätig und absolvierte als freier Schriftsteller und Gelehrter noch das Institut für österreichische Geschichtsforschung an der Universität Wien. 1951 erschien der Roman „Die Strudlhofstiege", im Jahre 1956 „Die Dämonen". Weitere Romane, Erzählungen und Gedichtbände folgten. Doderer zeichnete meisterhaft die verschiedensten Menschentypen der Wiener Bevölkerung, vom Bürgertum über die Arbeiterschaft bis zu den untersten Schichten der Unterwelt und des Verbrechertums. Seine Werke wurden oft übersetzt. Seine Tagebücher, die er „Tangenten" nannte, erschienen 1964. Doderer ist am 23. Dezember 1966 im Rudolfinerhaus, Wien 19, gestorben.

FORSCHNERITSCH Alfred Eduard (1872—1917)

Forschneritsch wurde als Sohn eines Hutmachers am 2. April 1872 in Rudolfsheim geboren, besuchte die Realschule am Henriettenplatz (Wien 15) und wurde zunächst Buchhalter. Er wandte sich aber auch der Schriftstellerei zu, schrieb realistische Skizzen und Geschichten aus dem Wiener Volksleben und wurde zu einem der markantesten Schilderer und Erzähler des Wiener Alltagslebens zu Beginn unseres Jahrhunderts. Er wohnte zuletzt bis zu seinem Tode von 1909 bis 1917 im Haus Penzinger Straße 117. Er starb am 18. April 1917, erst 46 Jahre alt, an einem Herzleiden. In den Jahren 1922/23 erschienen seine gesammelten Werke, die auch seine Märchen enthalten, in zwei Bänden.

GIRANDONI Bartholomäus (1744—1799)

Der Erfinder der österreichischen Militär-Repetierwindbüchse, Bartholomäus Girandoni, wurde am 30. Mai 1744 in Cortina d'Ampezzo geboren und besaß hier eine ansehnliche Landwirtschaft, die ihm wahrscheinlich wirtschaftliche Unabhängigkeit sicherte. So konnte er sich seinen Erfindungen auf dem Gebiet der Mechanik und Optik widmen. Er führte den Titel eines „Inventions-Büchsenmachers" und bezeichnete sich als „k. k. Maschinist". Girandoni fertigte auch „ohne alle wissenschaftliche Bildung sehr künstlich hölzerne Taschenuhren" an. Im Feldzug gegen die Türken wurde das Tiroler Scharfschützenkorps mit Girandonischen Windbüchsen ausgerüstet. Ihre Wirkung war jedoch so schwach, daß diese Gewehre später nicht mehr verwendet wurden. Seine letzten Tage verbrachte Girandoni in Penzing, wo er am

21. März 1799 in seinem Haus Nr. 12 (heute Penzinger Straße 27) starb.

GLAWATSCH Franz (1871—1928)

Der bekannte Volksschauspieler Franz Glawatsch wurde am 16. Dezember 1871 in Graz geboren. Nach einer Setzerlehre in der Buchdruckerei Gutenberg war er ab 1891 Schriftsetzer bei der Buchdruckerei Withalm & Co. in Graz und arbeitete nebenbei in der Lokalredaktion des „Grazer Tagblatts". Er fühlte sich aber zum Schauspieler berufen und debütierte 1894 am Stadttheater Budweis als Adam in Carl Zellers Operette „Der Vogelhändler". Für Franz Glawatsch begann eine große Karriere als Schauspieler, Sänger und Komiker, zunächst an Grazer Bühnen. Auf Fürsprache des mit ihm befreundeten Alexander Girardi wurde Glawatsch im Jahre 1900 an das Carl-Theater in Wien berufen und feierte wahre Triumphe als Oberst Ollendorf in Millöckers „Bettelstudent". 1907 wurde Glawatsch zum Ober-Regisseur der sogenannten Karczag-Bühnen ernannt (Theater an der Wien und Raimundtheater). 1917 bezog Glawatsch mit seiner Familie das eben erworbene Haus Penzinger Straße 89. Er starb hier, im Alter von 57 Jahren, am 21. Juni 1928.

GRUBER Ludwig (1874—1964)

Gruber wurde als Sohn des Volksschauspielers und Sängers Anton Gruber und dessen Frau Anna, geb. Uhl, am 13. Juli 1874 in Lerchenfeld geboren. Frühzeitig der Musik zugewandt, verfaßte er schon im Kindesalter Singspiele für ein selbstgegründetes Liebhabertheater. Nach der Ausbildung am Konservatorium war er als Theaterkapellmeister in der Provinz tätig. Bald aber zog es ihn in seine Heimatstadt zurück, und er schrieb seine ersten Wiener Lieder als Textdichter und Komponist. Gruber komponierte Opern, Operetten, symphonische Orchesterstücke, Kammermusik sowie auch Chor- und Kirchenwerke und vor allem über 2 000 Wiener Lieder. „Mei Muatterl war a Weanerin", sein Opus 1 000, ist weit über die Grenzen unseres Heimatlandes bekanntgeworden. Am 18. Juli 1964 starb Ludwig Gruber im Haus „An der Niederhaid 26" in Hütteldorf.

GURK Eduard (1801—1841)

In der ersten Hälfte des vorigen Jahrhunderts fertigte Eduard

Gurk die sogenannten Guckkastenbilder an und wurde als der „Hofmaler des Kaisers" bezeichnet. Am 17. November 1801 in Wien geboren, war er der Sohn des Kunstsammlers und Bibliotheksbeamten Ignaz Gurk, eines vielseitig begabten Mannes, der im Dienste des Fürsten Nikolaus Esterházy stand, wo er ein von ihm gebautes Orgelwerk zur Vorführung brachte. Er hatte auch Talente auf dem Gebiet der Malkunst, die er seinem Sohn Eduard vererbt haben dürfte. Gemeinsame Kunstreisen durch Europa machten Eduard Gurk früh mit der englischen Aquarellmalerei bekannt; er studierte an der Akademie der bildenden Künste in Wien. Sein erster Sammelband „Wiens vorzügliche Gebäude und Monumente", eine Folge kleinformatiger handkolorierter Stiche, erschien 1823. Noch nicht vierzigjährig, starb der Künstler auf einer Orientreise am 31. März 1841 in Jerusalem. Ein Teil seiner Aquarelle ist leider verlorengegangen, und wenige Jahre nach seinem Tod war der Künstler vergessen. In den Jahren 1819 bis 1835 wohnte er im Hause seines Vaters, Linzer Straße 26. Außerdem besaß der Maler auch ein Haus in der Penzinger Straße 48.

HALM Friedrich (1806—1871)

Eligius Franz Josef Freiherr von Münch-Bellinghausen wurde am 2. April 1806 als Sohn eines Landrates in Krakau — das damals für kurze Zeit zu Österreich gehörte — geboren. Den Namen Friedrich Halm legte er sich im Jahre 1835 als Pseudonym zu. Bald zog die Familie nach Wien, wo der junge Münch nach dem Besuch des Melker Stifts- und des Wiener Schottengymnasiums an der juridischen Fakultät der Universität Wien seine Studien absolvierte. Früh schon hatte Friedrich Halm großes Interesse für Theater und Puppentheater gezeigt und schrieb nun Theaterstücke. Mit seinem am 30. Dezember 1835 am Wiener Hofburgtheater aufgeführten Werk „Griseldis" hatte er einen durchschlagenden Erfolg. 1845 wurde Halm zum Ersten Kustos der damaligen Hofbibliothek ernannt und somit Grillparzer vorgezogen, der diese Kränkung nie verwinden konnte. 1867 wurde er Hofbibliotheksdirektor und zum Generalintendanten der beiden Hoftheater bestellt.

Im Sommer weilte Friedrich Halm mit Vorliebe in der damaligen Sommerfrische Hütteldorf und wohnte in dem Haus, das heute mit Rettichgasse 2—4 bezeichnet ist. Es war jenes Sommerhaus, das sich früher im Besitz von Ignaz Franz Castelli befunden hatte. Dieses Sommerhaus erwarb die Schauspielerfamilie Karl und Julie

Rettich, die dem Dichter Friedrich Halm das Wohnrecht in diesem Objekt einräumte. Mit Julie Rettich, der berühmten Tragödin des Wiener Hofburgtheaters, verband Halm eine langjährige Freundschaft. Halm starb am 22. Mai 1871 und fand seine letzte Ruhestätte auf dem Friedhof in Hütteldorf. 1895 wurde sein Leichnam exhumiert und in einem Ehrengrab auf dem Wiener Zentralfriedhof bestattet.

HASSREITER Josef (1845—1940)

Haßreiter wurde am 30. Dezember 1845 als Sohn eines Chortänzers des Kärntnerthortheaters in Wien geboren. Nach der Ausbildung durch berühmte Ballettmeister (Colinelli) und Solotänzer (Carey) sowie Absolvierung von Engagements in München und Stuttgart kam er 1870 an die Hofoper in Wien, wo er bis 1890 Erster Solotänzer war. Außerdem leitete er ein eigenes Tanzinstitut und war Tanzmeister der Hocharistokratie. Auch die berühmten Wohltätigkeitsfeste der Fürstin Pauline Metternich arrangierte er. Bei einem dieser Feste gelangte sein Erstlingswerk „Die Puppenfee" zur Aufführung, das vom Publikum mit großer Begeisterung aufgenommen wurde; vor allem fand man an der Komposition des Werkes durch den Hofballdirigenten Joseph Bayer besonderen Gefallen. Aufgrund des großen Erfolges der „Puppenfee" erhielt Josef Haßreiter im Jahre 1890 die vakant gewordene Stelle eines Hofballettmeisters. Er reformierte das Wiener Ballettwesen und legte großen Wert auf ein bodenständiges Ensemble. Haßreiter wurde damit zum Gründer des Hofopernballetts. Von 1890 bis 1919 schuf er über 50 Choreographien und Ballette. Hochgeehrt und mit vielen Orden ausgezeichnet, zog er sich 1919 aus dem Berufsleben zurück. Josef Haßreiter war der Schwiegersohn des Breitenseer Bürgermeisters Johann Amort und wohnte im heutigen Haus Breitenseer Straße 86. Seinen Lebensabend verbrachte er in seiner Villa in Wien-Mauer, Valentingasse 5, wo er auch am 8. Februar 1940 verstarb. Sein Grab befindet sich auf dem Penzinger Friedhof.

HEBBEL Friedrich (1813—1863) und HEBBEL-ENGHAUS Christine (1817—1910)

Im Haus Einwanggasse 29 wohnte in den vierziger Jahren des vorigen Jahrhunderts die Familie Hebbel mit der Schwiegermutter Henriette Sophie Enghaus. Friedrich Hebbel wurde am 18. März

1813 in Wesselburen in Dithmarschen (Holstein) geboren und stammte aus ärmlichen Verhältnissen. Im Jahre 1840 erschien sein erstes Drama „Judith". Es folgten „Genoveva" und „Maria Magdalena". 1845 kam er nach Wien und lernte hier die Burgschauspielerin Christine Enghaus kennen; mit ihr schloß er 1846 den Bund fürs Leben. Für den Dichter war es die entscheidende Wende hinsichtlich seines späteren Schaffens.

Christine Enghaus wurde am 9. Februar 1817 in Braunschweig geboren. Ein Gastspiel am Wiener Hofburgtheater im Jahre 1840 war Anlaß, sie auf Lebenszeit an dieses ehrwürdige Theater zu verpflichten. Hier hatte sie auch die vielen Frauengestalten der Dichtungen Friedrich Hebbels in höchster Vollendung verkörpert und so manchem seiner Dramen zum Durchbruch verholfen. Unter der Direktion von Heinrich Laube kreierte sie auch Rollen des heiteren Faches. Ihr letzter Auftritt erfolgte 1875. Friedrich Hebbel starb am 13. Dezember 1863 in Wien. Christine überlebte ihn fast um ein Menschenalter. Sie war in dieser Zeit um die Bewahrung der Werke Hebbels sehr bemüht. Christine Hebbel-Enghaus starb 93jährig am 29. Juni 1910 in Wien.

HESCH Wilhelm (1860—1908)

Der Hofopernsänger Wilhelm Hesch wurde am 3. Juli 1860 in Elbeteinitz in Böhmen geboren. Er war am Böhmischen Landes- und Nationaltheater Prag als Bassist engagiert. Bei einem Gastspiel dieses Theaters an der Wiener Hofoper mit Smetanas „Verkaufter Braut" fand der damalige Operndirektor Wilhelm Jahn besonderen Gefallen an dem Darsteller des Heiratsvermittlers Kezal und holte den Bassisten an die Wiener k. k. Hofoper, wo er als Rocco in „Fidelio", als „Falstaff" in Verdis gleichnamiger Oper sowie im gesamten Repertoire des Baßfaches große Triumphe feierte. Auch unter dem folgenden Direktor, Gustav Mahler, konnte Wilhelm Hesch seine Erfolge fortsetzen. Seit 1901 war er k. k. österreichischer Kammersänger. Von diesem Jahr bis zu seinem Tode, am 4. Jänner 1908, war er Besitzer und Bewohner des Hauses Hütteldorfer Straße 220. Dieses Haus wurde von der Bevölkerung gerne als „Hesch-Villa" oder „Hesch-Hof" und, in Beziehung auf seine Rolle in der „Verkauften Braut", auch als „Kezal-Burg" bezeichnet. Der Sänger wurde in einem Ehrengrab auf dem Baumgartner Friedhof bestattet. Seine Grabplastik schuf der Bildhauer Hugo Kühnelt. Auch in einem Straßennamen wird des Sängers gedacht, im sogenannten „Heschweg“, der die wunderschöne Landschaft des Rosentals erschließt.

KLIMT Ernst (1864—1892)

Er wurde am 3. Jänner 1864 in Wien 14, im Hause Linzer Straße 189, geboren und am 6. Jänner 1864 in der Pfarrkirche St. Jakob zu Penzing getauft. Als Maler schuf er viele Öl- und Aquarellbilder und war mit seinem Bruder Gustav Klimt und Franz Matsch in einer Dreiergemeinschaft tätig. Erst 28jährig starb er am 9. Dezember 1892.

KLIMT Gustav (1862—1918)

Einer der Hauptvertreter des Jugendstils, Gustav Klimt, wurde am 14. Juli 1862 in Baumgarten, Linzer Straße 247, geboren. Er studierte in den Jahren 1875 bis 1880 an der Wiener Kunstgewerbeschule. Besonders beeinflußt wurde der junge Maler von Ferdinand Laufberger und dem damals schon weithin berühmten Hans Makart. Schon in der Studienzeit schloß sich Gustav Klimt mit seinem Bruder Ernst und Franz Matsch zu einer Ateliergemeinschaft zusammen. Es entstand eine Reihe von dekorativ-allegorischen Malereien, unter anderem 1888 die herrlichen Deckengemälde in den seitlichen Stiegenhäusern des Wiener Burgtheaters und einige Jahre später die Zwickelfelder und Interkolumnien des Stiegenhauses des Kunsthistorischen Museums. 1897 war Gustav Klimt einer der Mitbegründer der „Wiener Secession“, deren erster Präsident er wurde. Im Jahre 1902 schuf er den berühmten Beethovenfries für den linken Seitensaal des Secessions-Gebäudes. In der Folge entstanden viele Gemälde und die Illustrationen für die Zeitschrift „Ver sacrum“. Seine Werke stießen aber bei seinen Auftraggebern und im allgemeinen auch beim Publikum auf schroffe Ablehnung. 1905 spaltete sich die sogenannte „Klimt-Gruppe“ von der „Secession“ ab und veranstaltete im Jahre 1908 ihre erste eigene Ausstellung. Gustav Klimt hatte großen Einfluß auf die „Wiener Werkstätte“. Eines seiner bekanntesten Gemälde „Der Kuß“ entstand im Jahre 1911, das beispielhaft für das dekorativ-figurale Element des Jugendstils ist. Klimts Kunst trug wesentlich dazu bei, in der internationalen Kunstbewegung neue Maßstäbe zu setzen. Er starb am 6. Februar 1918 im Allgemeinen Krankenhaus zu Wien.

KRAUS Karl (1874—1936)

Karl Kraus, einer der bedeutendsten österreichischen Satiriker, wurde am 28. April 1874 in Jičín in Böhmen geboren. Er entstammte einer Kaufmannsfamilie, die bereits im Jahre 1877 nach Wien übersiedelte. Die Familie hatte draußen in Weidlingau ein kleines Landhaus, wo der junge Karl Kraus in den Sommermonaten eine glückliche Kindheit verbrachte. Er faßte zu dieser Landschaft eine tiefe Liebe, die er bis ins Alter bewahrte.

In zahlreichen Vorträgen und Vorlesungen, wo sein schauspielerisches Talent beredten Ausdruck fand, bekämpfte er die Verfälschung und Verzerrung ästhetischer Werte. Im Jahre 1899 gründete er die satirisch-kritische Zeitschrift „Die Fackel", die er bis zu seinem Tode leitete und die sein Bekenntnis zu stilistischer und sprachlicher Reinheit war. Von seinen Werken seien vor allem die neunbändige Gedichtsammlung „Worte in Versen" sowie sein im Jahre 1919 erschienenes dramatisches Werk „Die letzten Tage der Menschheit" erwähnt. Er trat in seinen Vorträgen auch für die Werke Shakespeares und Nestroys ein, war ein Förderer von Detlev von Liliencron, Arno Holz, Gerhart Hauptmann und Georg Trakl. Karl Kraus starb am 12. Juni 1936 in Wien 4, Lothringerstraße 6.

LAUDON Ernst Gideon Freiherr von (1717—1790)

Laudon wurde am 2. Februar 1717 in Tootzen in Livland als Sohn eines Gutsbesitzers geboren. Das Geschlecht läßt sich viele Generationen zurückverfolgen. Laudon war zuerst Kadett und Offizier in russischen Diensten. Im Jahre 1742 fand er Aufnahme in dem berühmten österreichischen Pandurenkorps von der Trenck. Als Offizier und Heerführer machte er sich bei dieser Truppe verdient und erwarb sich so die Sympathie des späteren Kaisers Joseph II. Er begleitete den Habsburger bei den Zusammenkünften mit König Friedrich II. von Preußen in den Jahren 1769 und 1770. Dabei hatte Laudon den Preußen in den Schlachten bei Kunersdorf und Landshut schwere Verluste zugefügt. Durch einen kühnen Handstreich war es ihm gelungen, die Festung Schweidnitz im Jahre 1761 zu nehmen. Für seine Verdienste wurde Laudon bereits 1759 in den österreichischen Freiherrnstand erhoben. 1788 führte er die österreichischen Truppen im Türkenkrieg zu einem triumphalen Sieg und eroberte Belgrad. Wenige Zeit später, am 14. Juli 1790, starb Laudon im Hauptquartier Neutitschein. Mit dem 14. Bezirk ist der berühmte Heerführer durch den Erwerb des Schlosses Hadersdorf im Jahre 1776 verbunden. Bei dem Kauf fand er kräftige Unterstützung durch Regentin Maria Theresia, die dem Feldherrn sehr gewogen war. Die Grabstätte des berühmten Feldherrn befindet sich im einstigen Park des Schlosses, im heutigen Hadersdorfer Wald.

LENAU Nikolaus (1802—1850)

Nikolaus Lenau wurde am 13. August 1802 in Csadát im damals ungarischen Komitat Torontal (heute Rumänien) geboren. Nikolaus Lenau, eigentlich Nikolaus Franz Niembsch von Strehlenau, besuchte in Budapest das Piaristengymnasium. Aus wirtschaftlichen Erwägungen willigte die Mutter schließlich ein, die Erziehung ihres Sohnes den Großeltern in Stockerau zu überlassen. Lenau kehrte aber wieder zu seiner Mutter nach Preßburg zurück. Seine Studien in Philosophie, Rechtswissenschaft, Medizin und Landwirtschaft führte er aufgrund seines unsteten Wesens nicht zu Ende. 1829 starb seine über alles geliebte Mutter und 1830 die Großmutter in Stockerau, die ihm ein kleines Vermögen hinterließ. Eine Reise nach Stuttgart im Jahre 1831 brachte ihn mit dem schwäbischen Dichterkreis in enge Beziehung. Uhland, Mayer, Kerner, Alexander von Württemberg und Reinbeck waren sein Freundeskreis. Gustav Schwab stellte die Vermittlung zum Verlag „Cotta" her, bei dem die ersten Gedichte Lenaus in Druck erschienen. Eine Neigung Lenaus zur Nichte der Familie Schwab, Lotte Gmelin, dem sogenannten „Schilflottchen", ließ die „Schilflieder" entstehen, die zum kostbarsten Gut der deutschen Lyrik gehören. Der Dichter verfaßte in dieser Zeit auch politische Gedichte, galten doch seine Sympathien den schwer geprüften Polen. 1832 reiste er nach dem Land seiner Sehnsucht, nach Amerika. Er erwarb dort eine Farm, jedoch sagten ihm die amerikanischen Verhältnisse nicht zu, und verbittert kehrte er wieder in seine Heimat zurück. In Wien erfaßte ihn eine tiefe Leidenschaft zur Gattin seines Freundes Max von Löwenthal, Sophie geb. Kleyle, die ihn in tiefste Depression stürzte. Um die unglückliche Liebe zu Sophie von Löwenthal zu überwinden, verlobte er sich 1844 mit der Sopranistin Karoline Ungar. Die Verbindung kam jedoch nicht zustande. Noch im gleichen Jahr gab er die Verlobung mit der Frankfurterin Marie Behrends bekannt. Bald danach kam es zum Ausbruch der Paralyse. Lenau wurde in die Württembergische Landesirrenan-

Das „Heilige Theater“ in der Wieskapelle in Mariabrunn

Jean Etienne Liotard. Das Schokoladenmädchen, um 1770
(Maria Anna Fürstin von Dietrichstein, geb. Baldtauff)

Julie Rettich nach einer Lithographie von Kriehuber

Friedrich Halm

stalt gebracht, auf Wunsch seines Schwagers Xaver Schurz 1847 jedoch nach Wien überstellt. Hier starb er am 22. August 1850 in der Ober-Döblinger Irrenanstalt des Dr. Görgen. Lenau verfaßte neben seiner Gedichtsammlung auch dramatisch-epische Werke. Im Christalnigschen Haus (heute Beckmanngasse 14), in dem Nikolaus Lenau Sommer und Herbst des Jahres 1836 verbrachte, arbeitete er an „Savonarola". Der Dichter fand seine letzte Ruhestätte auf dem Friedhof von Weidling.

LEOPOLDI Hermann (1888—1959)

Hermann Leopoldi (eigentlich Ferdinand Kohn) wurde am 15. August 1888 in Wien-Meidling geboren. Er stammte aus einer hochmusikalischen Familie, sein Vater spielte 10 Instrumente. Er war es auch, der ihm aufgrund seines Talentes das erste Engagement als Pianist vermittelte. Es folgten Tourneen, die Leopoldi in viele Provinzen der österreichischen Kronländer führten. Schließlich debütierte er im Varieté Ronacher als Klavierhumorist. Seine Couplets und Lieder sind satirisch angelegt, tragen aber immer dem gemütsvollen echt wienerischen Empfinden Rechnung. Im März 1938 wurde Leopoldi in das Konzentrationslager Dachau gebracht. Nach seiner Entlassung gelang ihm die Emigration nach den Vereinigen Staaten von Amerika, wo er sich 1939 eine neue Existenz aufbaute. In New York lernte er seine spätere Partnerin und Ehefrau Helly Möslein kennen. 1947 kehrte Leopoldi wieder nach Wien zurück, wo er seine einstige Popularität erfolgreich fortsetzen konnte. Hermann Leopoldi hatte im Laufe seines Lebens ein umfangreiches Repertoire an Liedern geschaffen, die er in unnachahmlicher Weise interpretierte, z. B. „Die Überlandpartie", „In einem kleinen Café in Hernals", „Schön ist so ein Ringelspiel", „Die schöne Adrienne" u. v. a. Im Jahre 1949 bezog Hermann Leopoldi in der Diesterweggasse 8 sein Domizil, das er bis zu seinem Tod bewohnte. Er starb am 28. Juni 1959 in Wien.

MUCH Matthäus (1832—1909)

Der berühmte österreichische Prähistoriker Matthäus Much wurde am 10. Oktober 1832 in Göpfritz an der Wild (NÖ.) geboren. Nach Ablegung seiner Studien promovierte er in Graz zum Doktor der Rechtswissenschaften. Er trat in den Staatsdienst, den er aber 1860 verließ. Ein beträchtliches Vermögen erlaubte es ihm, sich ungehindert seiner wissenschaftlichen Forschungstätigkeit zu widmen. In Niederösterreich führte er zahlreiche Ausgrabungen durch. Vor allem aber war Much auf dem Gebiet der Pfahlbauuntersuchungen, wie z. B. in Mondsee, bahnbrechend. Seine umfangreiche prähistorische Sammlung wurde für die urgeschichtliche Forschung von unschätzbarem Wert. 1912 wurde sie vom Unterrichtsminsterium angekauft. Sie ist bis heute der Grundstock des Lehr- und Forschungsapparates des Urgeschichtlichen Instituts an der Universität Wien geblieben. Matthäus Much kann als erster Nestor der österreichischen Urgeschichtsforschung angesehen werden. Er wohnte bis zu seinem Tode am 17. Dezember 1909 im Haus Penzinger Straße 84, in dem sich auch seine prähistorische Sammlung befand.

ODILON Helene (1865—1939)

Die Schauspielerin Helene Odilon (eigentlich Helene Petermann) wurde am 31. Juli 1865 in Dresden geboren. Sie stammte aus ärmlichen Verhältnissen, der Vater war Dienstmann. In Dresden empfing Odilon den ersten Schauspielunterricht, sie debütierte in Chemnitz. Ihr Aufstieg in Berlin begann am Wallner-Theater, setzte sich fort am Viktoria-Theater und endete am königlichen Hoftheater, wo sie wegen ihres skandalumwitterten Privatlebens entlassen wurde. Direktor Bukovic holte sie schließlich im Jahre 1891 an das Deutsche Volkstheater in Wien, wo sie das Wiener Publikum bezauberte. Der Höhepunkt ihres Erfolges war die Aufführung der „Madame sans Gêne". 1893 ging sie die Ehe mit dem beliebten Volksschauspieler Alexander Girardi ein, die jedoch sehr unglücklich verlief und 1898 geschieden wurde. Im Jahre 1903 erlitt sie einen Schlaganfall und war von da an linksseitig gelähmt. Sie verarmte und verbrachte ihre letzten Lebensjahre im Altersheim in Baden, von allen vergessen. Nur die Schauspielerin Adele Sandrock kümmerte sich um die Vereinsamte. Am 9. Februar 1939 ist Helene Odilon in Baden gestorben. In Hinterhainbach, Sophienalpenstraße 16, hatte Helene Odilon ein Sommerhaus besessen.

PEVETZ Georg (1893—1971)

Der Maler und Graphiker Georg Pevetz wurde am 6. März 1893 in Pettau, dem heutigen jugoslawischen Ptuj, geboren. Die Studien an der Akademie der bildenden Künste mußte er wegen Ausbruchs des Ersten Weltkrieges unterbrechen, 1921 promovierte er zum Doktor der Kunstgeschichte. Er schuf zahlreiche Gemälde im

Stil des neuen österreichischen Kolorismus. Seine Beziehungen zu den berühmten Koloristen des Nötscher Kreises, wie etwa Franz Wiegele, Anton Faistauer und Anton Kolig, waren für seinen künstlerischen Werdegang von wesentlicher Bedeutung. Georg Pevetz schuf Holzschnitte, Lithographien, figurale Kompositionen und große malerische Tuschzeichnungen. 1929 nahm der Künstler Aufenthalt in Paris und hatte Kontakte zu dem Kunstmäzen Ambroise Vollard sowie zu den Expressionisten Maurice Vlaminck und Henri Matisse. Georg Pevetz war der Vollender der malerischen Graphik des Wiener Expressionismus. Er wohnte im Hause Diesterweggasse 2/9 und starb am 9. Mai 1971.

RETTICH Julie (1809—1866) und
RETTICH Karl (1805—1878)

Die Burgschauspielerin Julie Gley, verheiratete Rettich, wurde am 17. April 1809 in Hamburg geboren. Sie wurde in Dresden durch Ludwig Tieck ausgebildet und war ab 1825 am Dresdner Hoftheater tätig. Im Jahre 1830 holte man die Schauspielerin an das Wiener Burgtheater. Nach Zerwürfnissen mit dem Intendanten Graf Czernin verließ sie das Haus und heiratete am 9. April 1833 den Burgschauspieler und Regisseur Karl Rettich. 1835 erfolgte die Rückkehr ans Wiener Burgtheater, dem sie bis zu ihrem Tode als Mitglied angehörte. Sie zählte zu den großen Tragödinnen des vorigen Jahrhunderts. Direktor Laube sagte von ihr: „Sie war eine starke Stütze des Theaters und hatte Rollen, die ihr nie nachgespielt werden können." Die großartige Interpretation der Titelrolle durch die Tragödin Rettich in Friedrich Halms Drama „Griseldis" verhalf diesem zum Durchbruch als gefeierter Dichter. Zu Halm verband das Ehepaar Rettich eine lebenslange Freundschaft. Die Familie Rettich besaß in Hütteldorf ein Sommerhaus, in der heutigen Rettichgasse 2—4, in dem der Dichter Friedrich Halm ein ständiger Gast war. Julie Rettich starb am 11. April 1866 in Wien, Karl Rettich am 18. November 1878.

REUMANN Jakob (1853—1925)

Jakob Reumann wurde am 31. Dezember 1853 in Wien-Margareten geboren. Er besuchte die im 4. Wiener Gemeindebezirk gelegene „Taubenschule" und trat im Jahre 1867 als Drechslerlehrling in eine Meerschaumpfeifenfabrik ein. Er gründete die erste Gewerkschaft in seiner Berufssparte. Die Gesellenprüfung zum Drechsler absolvierte er 1871. Nach dem Hainfelder Parteitag wurde Jakob Reumann zum ersten Sekretär der Sozialdemokratischen Partei bestellt, beim ersten Parteitag im Jahre 1890 hatte er den Vorsitz. 1900 wurde er in den Wiener Gemeinderat und 1907 in den Reichsrat gewählt. 1917 gelang es ihm, als einziger Sozialdemokrat in den erweiterten Stadtrat einzuziehen. 1918 wählte man ihn in den Gemeinderat als einen der drei Vizebürgermeister. Am 22. Mai 1919 wurde er zum Bürgermeister der Stadt Wien bestellt. In seiner Amtszeit hatte er ein fachlich großartiges Team an seiner Seite, so unter anderem die Stadträte Dr. Julius Tandler (Gesundheits- und Fürsorgewesen), Hugo Breitner (Finanzwesen) und den Magistratsdirektor Dr. Karl Hartl. Nach dem Ersten Weltkrieg galt es vor allem, die Lebensmittel- und Energieversorgung ständig zu verbessern und für die Wirtschafts- und Finanzsanierung Sorge zu tragen. Im Jahre 1923 wurde die zweckgebundene Wohnbausteuer eingeführt und das erste Wohnbauprogramm beschlossen. Jakob Reumann starb am 29. Juli 1925 in Kärnten. Er wohnte in den Jahren 1909 bis 1913 in Wien 14, Satzberggasse 10, und in den Jahren 1913 bis 1917 in der Dehnegasse 7.

SCHMIDT Franz (1874—1939)

Franz Schmidt bewohnte in den Jahren 1909/10 das Haus Nr. 140 in der Hadikgasse. Der aus Preßburg gebürtige Komponist (geboren am 22. Dezember 1874) erhielt seine musikalische Ausbildung u. a. von Joseph Hellmesberger in Wien. Ab 1896 war er Cellist im Wiener Hofopernorchester, 1925 bereits Direktor bzw. 1927 bis 1931 Rektor des Wiener Konservatoriums (der späteren Musikakademie). Franz Schmidt schuf vier Symphonien, in denen er viel slawische und ungarische Elemente verwob. Seine Vorbilder sah er in Brahms und Bruckner. 1914 entstand die Oper „Notre Dame“, wobei das Intermezzo vor dem 3. Akt als musikalisches Glanzstück in die Musikgeschichte Eingang gefunden hat. Das Oratorium „Das Buch mit den sieben Siegeln“ (Die geheime Offenbarung des Johannes) hatte Schmidt im Jahre 1938 vollendet. Am 15. Juni des gleichen Jahres fand die Uraufführung des Werkes in Wien statt. Franz Schmidt starb am 1. Februar 1939 in Wien-Perchtoldsdorf.

SCHÖNTHAL Otto (1878—1961)

Otto Schönthal wurde am 10. August 1878 in Wien geboren.

Seine Studien absolvierte er an der Wiener Akademie. Er war Schüler Otto Wagners und schließlich dessen Mitarbeiter. Schönthal wirkte am Bau der Wiener Stadtbahn, des Postsparkassengebäudes sowie der Steinhofkirche mit. Seine Werke zeigen die stilistischen Grundsätze seines Lehrers Otto Wagner. Er entwarf im Jahre 1905 zusammen mit dem Bildhauer Karl Wollek den Mozartbrunnen im 4. Bezirk. Weiters schuf Schönthal die Bauten des Wiener Trabrennvereines, die Zentralbank der Deutschen Sparkassen in Wien 1, Am Hof, sowie zahlreiche Wohnhausanlagen der Gemeinde Wien, unter anderem in den Jahren 1924 bis 1928 die große Anlage Sandleiten (zusammen mit Emil Hoppe) in Wien 16. Ganz im Stil der Wagner-Schule erbaute Otto Schönthal im Alter von 24 Jahren (1902) das Haus des Arztes Dr. Vojcsik in der Linzer Straße 375. Dieses markante Jugendstilhaus wurde unter Denkmalschutz gestellt und gehört heute — von Boris Podrecca originalgetreu erneuert — immer noch der Familie Vojcsik.
Schönthal emigrierte im Jahre 1938 in die Schweiz und dann nach Jugoslawien. Nach Kriegsende kehrte er nach Wien zurück. Er wohnte im Haus Penzinger Straße 123 und starb am 31. Dezember 1961.

STIFTER Adalbert (1805—1868)

Adalbert Stifter wurde am 23. Oktober 1805 in Oberplan im Böhmerwald als Sohn eines Leinwebers geboren. Er besuchte das Stiftsgymnasium in Kremsmünster, wo auch die ersten literarischen und zeichnerischen Versuche entstanden. In Wien studierte Stifter Rechtswissenschaft, aber seine Neigungen galten den Naturwissenschaften, vor allem der Mathematik und Astronomie. Er schloß die Studien aber nicht ab und verdiente sich seinen Lebensunterhalt als Privatlehrer bei vornehmen Familien. Erst im Alter von 35 Jahren trat er mit seinen literarischen Arbeiten an die Öffentlichkeit. Treuer Freund und Förderer wurde ihm der Verleger Heckenast in Budapest. Stifter fand nicht nur als Literat Anerkennung, sondern auch als Maler. 1850 wurde er zum Schulrat und provisorischen Inspektor der Volksschulen in Oberösterreich ernannt. Im Jahre 1867 trat er mit dem Titel Hofrat in den Ruhestand. In den letzten Jahren widmete er sich ausschließlich dem literarischen Schaffen. Zu seinen wichtigsten Werken zählen die Sammlung „Studien“ (z. B. „Feldblumen“ und der „Hochwald“) und die Sammlung „Bunte Steine“ („Bergkristall“), dann „Die Narrenburg“, „Aus der Mappe meines Urgroßvaters“ sowie die

GGK Wien Werbeagentur – siehe Bildteil vor Seite 217

Romane „Witiko“ und „Nachsommer“. In seinen letzten Lebensjahren machten Stifter zusehends körperliche Krankheiten zu schaffen, die auch einen depressiven Zustand zur Folge hatten. Aus Verzweiflung über seine unheilbare Krebserkrankung machte er in der Nacht zum 26. Jänner 1868 einen Selbstmordversuch und starb am 28. Jänner 1868. Adalbert Stifter nahm im Jahre 1835 im Haus Nr. 3 in Hinter-Hainbach (heute Sophienalpenstraße 15) Aufenthalt und arbeitete an den „Feldblumen“. Heute erinnert an Stifters Aufenthalt ein Gedenkstein am Straßenrand.

WAGNER Otto (1841—1918)

Der Wegbereiter der „modernen Architektur“, Otto Wagner, wurde am 13. Juli 1841 in Penzing geboren. In Wien studierte er am Polytechnischen Institut. Hier lehrte Stummer von Traunfels, dessen Vorlesungen über Baukonstruktionen Wagner besuchte. Nach Studienjahren an der Berliner Bauakademie kam er im Jahre 1861 wieder nach Wien. Hier waren es zwei Lehrer, die großen Eindruck auf ihn ausübten: Van der Nüll und Sicardsburg. 1863 beendete Otto Wagner sein Studium und gewann in diesem Jahre seinen ersten Wettbewerb. Viele Wettbewerbe sollten nun folgen, viele Projekte und Pläne blieben leider unausgeführt. Es entstanden Villen, Mietshäuser und Bürogebäude, die bereits eine vom Herkömmlichen abgewandte und den Erfordernissen der damaligen Zeit entsprechende Neuorientierung aufwiesen. Eines der Hauptwerke Otto Wagners war die architektonische Ausgestaltung der Wiener Stadtbahn. Der Baubeginn dieses großen Unternehmens fällt in das Jahr 1894, abgeschlossen wurden die Arbeiten erst sieben Jahre später. Zur Ausgestaltung gelangten neben der Vorortelinie die Wiental-, Donaukanal- und die Gürtellinie. Der Baubeginn der Wientallinie fällt mit der allgemeinen Wienflußregulierung zusammen. In den Stadtbahnstationen schuf Wagner verschiedene Typen, vor allem waren es pavillonartige Stationsgebäude. Wesentlich ist aber die Abkehr von der sonst üblichen Ziegelbauweise und die Verwendung von Stahlkonstruktionen. Erstmals wird die Skelettbauweise aufgenommen. Mit dem Stadtbahnbau wurde die Anlage des Donaukanals erneuert. Otto Wagner fungierte dabei als künstlerischer Beirat bei den Bauwerken der Donau-Regulierungskommission. Den Entwicklungsgang Wagners in seinem Bauschaffen können wir vielleicht am schönsten an zwei in Penzing nicht weit voneinander liegenden Häusern erkennen: die sogenannten „Wagner-Villen". Die erste Villa in der Hüttelbergstraße 26 baute Wagner in den Jahren 1885/86 für seine Familie. Bei diesem Objekt finden wir noch viele Schmuckelemente, wie sie bei den Ringstraßenbauten Verwendung fanden. Noch dominiert hier das klassische Stilelement. Diese Villa wurde dann später an den Varietékönig Ben Tiber verkauft. Heute ist sie im Besitz des bekannten Malers Ernst Fuchs. In ganz anderer Gestalt präsentiert Wagner die in den Jahren 1912/13 geschaffene kleinere Villa in der Hüttelbergstraße 28, die als Witwensitz für seine Gattin vorgesehen war. Hier finden wir ganz moderne Elemente vor. Die Villa wird von einem Flachdach abgeschlossen. Ganz neu wirken die hohen, schmalen Fenster und vor allem die großen Flächen. Dieser Bau beweist, daß gut angewandte Flächenverteilung ästhetisches Feingefühl voraussetzt. Andere Beispiele für Wagners Wohnhausarchitektur sind die Wohnhäuser Wien 6, Köstlergasse 3 und 1 sowie Linke Wienzeile 38 und 40. Die zielführende Architektur, den Erfordernissen der neuen Zeit entsprechend, gipfelte in Otto Wagners Ansichten als Stadtplaner. Er sah die städtebaulichen Probleme in dem Sinne, daß die Stadt eine Funktion zu erfüllen habe, er hatte die Vision der „unbegrenzten Großstadt". Wagner war in den Jahren 1899 bis 1905 auch Mitglied der Secession. Danach löste er sich und ging in seinem Gedankengut weit über die Erkenntnisse des Jugendstils hinaus. Wagners berühmtester Sakralbau ist die Kirche „Am Steinhof", über die unter der Rubrik „Penzinger Kirchen" ausführlich berichtet wird. Otto Wagner starb am 12. April 1918 in Wien.

WAGNER Richard (1813—1883)

Richard Wagner (geboren am 22. Mai 1813 in Leipzig) wohnte in den Jahren 1863/64 während seines fünften Wiener Aufenthaltes im Hause Hadikgasse 72. Wagner war zu dieser Zeit in Wien kein Unbekannter mehr. Bereits 1832 war er in Wien gewesen. Am 12. Mai 1863 mietete Wagner mehrere Räumlichkeiten des ersten Stockes der Villa in der Hadikgasse 72. Der Eigentümer des Hauses war Baron Rackowitz, der es mit Vergnügen sah, daß ein so berühmter Komponist in seinem Hause Einzug hielt. Die Wohnung bestand aus einem Wohn-, einem Musik-, einem Eß- und aus einem Schlafzimmer. Dies alles verschlang natürlich viel Geld, und Wagner mußte hohe Kredite aufnehmen. Eine recht anschauliche Beschreibung über den luxuriösen Aufwand in der Wohnung des

Meisters vermittelt Bertha Goldwag, eine Wiener Putzmacherin, die für Wagner arbeitete. So hatte sie in einem Jahr nicht weniger als 24 Seidenschlafröcke in prachtvollen Farben für den Meister zurechtgeschneidert. Sie beschreibt das Arbeitszimmer wie folgt: „Die Wände wurden mit Seide ausgeschlagen und ringsherum wurden Guirlanden angebracht. Vom Plafond herab leuchtete eine wundervolle Ampel mit gedämpftem Licht. Den ganzen Boden bedeckten schwere, ungemein weiche Teppiche, in denen der Fuß förmlich versank. Das Möblement bestand aus einem kleinen Sofa, einigen Fauteuils und einem kleinen Tisch. Alle diese Sitzgelegenheiten waren mit kostbaren Decken und Kissen, die er zumeist zum Aufstützen benutzte, bedeckt ..." In dem Penzinger Domizil in der Hadikgasse arbeitete Richard Wagner an dem Musikdrama „Die Meistersinger von Nürnberg", wobei er von Peter Cornelius unterstützt wurde, der ihm aus der Wiener Hofbibliothek Jakob Grimms Schriften über den Meistergesang brachte. Die Erstaufführung der „Meistersinger" erfolgte im Hoftheater zu München am 21. Juni 1868. In dieser Zeit entstanden bereits die ersten Richard-Wagner-Vereine. Es kam der Begriff des „Wagnerianers" auf. Gleichzeitig setzte eine Anti-Wagner-Kampagne ein. Einer ihrer ersten Wortführer war der Wiener Musikkritiker Eduard Hanslick. Aus einer anfänglichen Freundschaft war Feindschaft entstanden, die wohl auch teilweise darin begründet lag, daß Wagner in seinem Prosa-Entwurf der „Meistersinger" von 1862 die Rolle des Beckmesser, des Stadtschreibers und Merkers, mit dem Namen Veit Hanslich versah. Hanslick wußte, wer damit gemeint war. Auf der Gedenktafel, die am Hause Hadikgasse 72 angebracht ist, steht zu lesen, daß Wagner „während der trübsten Zeit seines Lebens" hier gewohnt hat. Wagners Sorgen waren vor allem finanzieller Art. Es bestand auch keine Aussicht für die Aufführung seines vollendeten „Tristan" oder für seine im Entstehen befindlichen „Meistersinger". Wagner hatte weder durch die Theater Wiens noch durch die Presse eine Förderung erfahren, obwohl er in mehreren Konzerten große Erfolge erzielte. In überstürzter Eile, um der Schuldhaft zu entgehen, verließ Richard Wagner am 23. März 1864 sein Penzinger Heim und Wien fluchtartig. Er floh zuerst nach München und dann nach Zürich. In einem Brief an Peter Cornelius hofft er auf ein „gutes, wahrhaft hilfreiches Wunder". Dieses Wunder offenbarte sich recht bald in der Gestalt des Bayernkönigs Ludwig II. In ihm fand er den wahren Freund

und Gönner, und auch die finanziellen Sorgen hatten ein Ende. Wagner konnte im selben Jahr für kurze Zeit nach Wien zurückkehren und seine Schulden zahlen. Wien sollte für die Verbreitung der Werke Wagners von großer Bedeutung werden, vor allem durch die Interpretation des Dirigenten Hans Richter. Richard Wagner war noch in den Jahren 1872, 1875 und 1876 in Wien. Nach Penzing kehrte er nicht mehr zurück. Am 13. Februar 1883 starb Richard Wagner im Palazzo Vendramin in Venedig.

ZATZKA Hans (1859—1945)

Hans Zatzka wurde am 8. März 1859 in Wien geboren. Er studierte an der Wiener Akademie. Für seine Gemälde wählte er vorwiegend religiöse Themen. Eines seiner Bilder befindet sich in der Breitenseer Pfarrkirche. Zatzkas Wohnung befand sich im Haus Breitenseer Straße 4. In der Breitenseer Straße 2 hatte er sein Atelier. Hans Zatzka starb am 17. Dezember 1945 in Wien. Sein Bruder war der bekannte Architekt und Baumeister ZATZKA Ludwig (1857—1925), dem Breitensee viele Bauschöpfungen verdankt, u. a. die prächtige Breitenseer Kirche.

ABKÜRZUNGSVERZEICHNIS

Abb.	Abbildungen
Abh.	Abhandlungen zur Geschichte und Quellenkunde der Stadt Wien
Bl. LKNÖ	Blätter für Landeskunde von Niederösterreich
BM	Berichte und Mittheilungen des Alterthums-Vereines zu Wien
Diss.	Dissertation
Jb. VGStW	Jahrbuch des Vereins für Geschichte der Stadt Wien
Jb. LKNÖ	Jahrbuch des Vereins für Landeskunde von Niederösterreich
Jg.	Jahrgang
Mbl.	Monatsblatt des Alterthums-Vereines zu Wien
Mitt.	Mitteilungen des Vereines für Geschichte der Stadt Wien
MÖIG	Mitteilungen des Österreichischen Instituts für Geschichtsforschung
N. F.	Neue Folge
PMBll.	Penzinger Museumsblätter
Sign.	Signatur
UH	Unsere Heimat
WGBll.	Wiener Geschichtsblätter
WStLA	Wiener Stadt- und Landesarchiv

BILDNACHWEIS

Bezirksmuseum Penzing: 5, 18, 21, 34, 35, 36, 70, 71, 72, 105, 106, 108, 142, 143, 144, 177 unten, 176, 179, 180, 213, 214, 215, 216

Bundesdenkmalamt: 107

Koller, Karl: 21

Watzinger, Hertha: 103

Wiener Stadt- und Landesarchiv: 33, 69, 141, 169, 177 oben

QUELLENVERZEICHNIS

A) Ungedruckte Quellen:

Wiener Stadt- und Landesarchiv
Grundbücher:
Bistum Wien über Penzing, Sign. 5/3, 4, 5a
Predigerkloster über Penzing, Sign. 8/8, 16—18
Minoriten über Penzing, Sign. 26/1—3
Herrschaft Penzing über Penzing und Baumgarten, Sign. 180/1—17
Bürgerspital Gesamtbesitz über Penzing und Nußdorf, Sign. 6/2, 3, 13, 24—26
St.-Andreas-Kapelle über Penzing, Sign. 181/1
Kloster St. Jacob über Penzing, Sign. 182/1
Kloster Mauerbach über Penzing, Sign. 183/1
St.-Pauls-Kapelle zu Erdberg über Penzing, Sign. 116/1, 2
St.-Niklas-Kapelle im Holz bei Hütteldorf, Sign. 191/1
Katastralpläne der Gemeinden: Baumgarten, Breitensee, Hadersdorf, Penzing, Weidlingau, 1819
Gedenkbuch der Gemeinde Penzing
Nachlaß Hans Rotter
Akten aus dem Bestand Gemeinden XIV/1 Penzing, 2 Breitensee, 3 Baumgarten, 4 Hütteldorf, 5 Hadersdorf-Weidlingau
Matriken Pfarre Penzing

Niederösterreichisches Landesarchiv
Theresianische Fassion
Josephinische Fassion

Hofkammerarchiv
NÖ. Herrschaftsakten, P 17

B) Gedruckte Quellen:
Statistisches Jahrbuch der Stadt Wien
LOHRMANN Klaus und OPLL Ferdinand, Regesten zur Frühgeschichte Wiens. In: Forschungen und Beiträge zur Wiener Stadtgeschichte, Bd. 10, Wien 1981
Quellen zur Geschichte der Stadt Wien, 1895 ff.
UHLIRZ Karl, Urkunden und Regesten aus dem Archiv der Stadt Wien. In: Jb. der kunsthistorischen Sammlungen, Bd. XVIII
WEIGL Heinrich, Historisches Ortsnamenbuch von Niederösterreich, Bd. 1—7, Wien 1964—1975
WINTER Gustav, Niederösterreichische Weistümer, Wien 1866 f.

LITERATURVERZEICHNIS

ABEL Othenio, Wien, sein Boden und seine Geschichte, Wien 1924

ALTMANN Michael, Das Wiener Bürgerspital, Wien 1860

ARNBERGER Erik und WISMEYER Rudolf, Ein Buch vom Wienerwald, Wien 1952

Ausstellungskatalog: Abraham a Sancta Clara, Karlsruhe 1982

BLÜMML Emil Karl und GUGITZ Gustav, Alt-Wiener Thespiskarren. Die Frühzeit der Vorstadtbühnen, Wien 1925

BOBEK Hans und LICHTENBERGER Elisabeth, Wien. Bauliche Gestaltung und Entwicklung seit der Mitte des 19. Jahrhunderts, Graz — Köln 1966

BRUNNER Otto, Die Finanzen der Stadt Wien. In: Studien aus dem Archiv der Stadt Wien, 1/2 (1929)

BUTZ Hans Ernst, Die Grundlagen der älteren Besiedlung im westlichen Wien und der Stadtplan. In: UH 17. Jg. (1946), 198 ff.

CALVI Primo, Darstellung des politischen Bezirkes Hietzing-Umgebung, Wien 1901

CALVI Primo, Der Gerichtsbezirk Liesing, Wien 1904

CASTELLI Ignaz F., Aus dem Leben eines Wiener Phäaken 1781—1862. Die Memoiren des J. F. Castelli, Stuttgart ^{2}1912

CTYROKY Wilfried, Die Herkunft der Siedlungsnamen auf dem Boden Wiens (phil. Diss. Wien 1952)

CZEIKE Felix, Das „Burgrecht" in Wien im 15. Jahrhundert. In: Jb. VGStW, Bd. 10 (1952/53), 119 f.

CZEIKE Felix, Das große Groner Wien Lexikon, Wien — München — Zürich 1974

ELLMERICH Ilse (Hg.), Das Buch vom Wienerwald, Wien 1967

ENGEL Ferdinand, Zur Geschichte des Wiener Weinbaues. In: WBGll. 2 (1947), 55 ff.

Festschrift. 75 Jahre Pfarre Wien-Breitensee 1898—1973, Wien 1973

Festschrift 1783 — 1908 — 1983 der Pfarre St. Anna-Baumgarten, Wien 1983

Festschrift. 300 Jahre Wiederaufbau. 200 Jahre Pfarre. Mariabrunner Pfarrnachrichten, Sondernummer Mai 1984 (Pfarrer Dr. Franz Weninger)

Festschrift. Erste Oesterr. Seifensieder-Gewerks-Gesellschaft „Apollo", 1839—1899, Wien 1899

FRANZ-FERRON Jaro, Neu Wien. Ein Rückblick auf die Geschichte der am 21. Dezember 1891 zur Commune Wien einverleibten Vororte Gemeinden, Korneuburg 1892

FRIESS Edmund und GUGITZ Gustav, Zur Pestperiode 1679—80 in Wien. In: MBl. 1937, 119 ff.

GAHEIS Franz, Wanderungen und Spazierfahrten in die Gegenden um Wien. Bd. 6, Wien ^{2}1804

GEYER Rudolf, Handbuch der Wiener Matriken, Wien 1929

GRUND Alfred, Die Veränderungen der Topographie im Wiener Walde und Wiener Becken. In: Geographische Abhandlungen VIII/1/1, Leipzig 1901, 125

GUGLIA Eugen, Penzing. In: Alt-Wiener Kalender 1922, 176 ff.
HASELBACH Karl, Ueber Johann Rasch's Weinbuch und die Weinkultur in Niederösterreich, vornehmlich im 16. Jahrhundert. In: Bl. LKNÖ 15 (1881), 161 ff.
HASELBACH Karl, Niederösterreich zur Zeit des 30jährigen Krieges. In: Bl. LKNÖ 22 (1888), 81 ff.
Hietzing — Ein Heimatbuch des 13. Wiener Gemeindebezirkes, hg. v. d. Arbeitsgemeinschaft für Heimatkunde in Hietzing, 2 Bde., Wien 1925/1932
HOSSINGER Theodor, Ein Beitrag zur Ersten Türkenbelagerung Wien 1529 (phil. Diss. Wien 1896)
HYMPAN Albert, Der Satzberg und seine Umgebung, Wien 1929
Industrie, Die Groß- — Österreichs. Festgabe zum glorreichen fünfzigjährigen Regierungs-Jubiläum Kaiser Franz Josephs I. Bd. I—VI, Wien 1898
JAHNE Josef, Heimatkunde des politischen Bezirkes Hietzing-Umgebung, Wien 1911
100 Jahre neue Pfarrkirche Hütteldorf — Eine Gemeinde stellt sich vor, Wien 1982
JANKO Wilhelm, Laudons Leben, Wien 1869
KILLIAN Herbert, Mariabrunner Trilogie. In: Mitteilungen d. Forstlichen Bundes-Lehr- und Versuchsanstalt, Wien 1968/69
KLAAR Adalbert, Die Siedlungsformen Niederösterreichs. In: Jb. LKNÖ 23 (1930)
KLAAR Adalbert, Die mittelalterlichen Siedlungsformen im Wiener Stadtgrundriß. In: Geschichte der bildenden Kunst in Wien, I., Wien 1944, 218
KLAAR Adalbert, Altstraßennetz in Wien. In: Jb. LKNÖ N.F. 37 (1965—1967), 13 ff.
KLAAR Adalbert, Die Siedlungsformen Wiens. In: Wiener Geschichtsbücher 8, Wien — Hamburg 1971
KLEBEL Ernst, Zur Frühgeschichte Wiens. In: Abh. 4 (1932)
KOLLER Karl, Vor 110 Jahren wurde die Westbahn eröffnet. In: PMBll. 18 (1968), 314 ff.
KOLLER-GLÜCK Elisabeth, Otto Wagners Kirche Am Steinhof, Wien 1984
KOPALLIK Josef, Regesten zur Geschichte der Erzdiözese Wien, Wien 1890
KOSTAL Josef, Zusammenstellung der Gesetze, Verordnungen, Kundmachungen und Gemeinderatsbeschlüsse, betreffend die Änderungen der Wiener Stadt- und Bezirksgrenzen von 1850 bis 1960, Wien 1961
KRETSCHMAYR H., Die Türken vor Wien. Stimmen und Berichte aus dem Jahre 1683, München 1938
KUNISCH Johannes, Feldmarschall Laudon — Jugend und erste Kriegsjahre. In: Österreichische Akademie der Wissenschaften, phil.-hist. Klasse, Bd. 128/3 (1972)
LECHNER Karl, Die Babenberger. Markgrafen und Herzoge von Österreich 976—1246. In: MÖIG XXIII (1976)
LENTSCH Brigitte, Vorortebildung im Westen Wiens (phil. Diss. Wien 1970)

LENZ Franz, 600 Jahre Pfarre Hütteldorf, Wien 1956
LOHRMANN Klaus, Die alten Mühlen an der Wien. In: Wiener Bezirkskulturführer 26 (1980)
LORENZ Reinhold, Türkenjahr 1683, Wien ³1933
MARUNA Roland, Geschichte der Ortsgemeinde Hadersdorf-Weidlingau (phil. Diss., Wien 1978)
MAY Heinrich, Breitensee in alter und neuer Zeit, Wien 1933
MAYER Anton, Das Denis-Denkmal an der neuen Kirche in Hütteldorf. In: BM 22 (1883), 211 ff.
MAYER Wolfgang, Territoriale Veränderungen im Raume Wien 1938—1954. In: WGBll. 30 (1975), 286—294.
MAYER Wolfgang, Die nationalsozialistische Gebietsreform. In: Wien 1938. Forschungen und Beiträge zur Wiener Stadtgeschichte 2, Wien 1978, 77—87
MEISSL Gerhard, Industriearbeit in Wien 1870—1913. Die zeitgenössische Industriestatistik als Quelle für die Analyse industriebetrieblicher Standortentwicklungen und Arbeitsorganisation. In: Jb. VGStW 36 (1980), 174 ff.
MESSNER Robert, Die Josefstadt im Vormärz. Historisch-topographische Darstellung der westlichen Vorstädte (nördliche Hälfte) und westlichen Vororte Wiens auf Grund der Katastralvermessung, Wien 1973
MISSONG Alfred, Heiliges Wien. Ein Führer durch Wiens Kirchen und Kapellen, Wien ³1970
MOLECZ Martin, Baumgarten an der Wien, eine Pfarrgeschichte (phil. Diss., Wien 1981)
OETTINGER Karl, Das Werden Wiens, Wien 1951
OLEGNIK Felix, Historisch-statistische Übersichten von Wien, Wien 1956—1958
OTRUBA Gustav, Industrietopographie Niederösterreichs vom Zeitalter des Merkantilismus bis zum ersten Weltkrieg. In: Der niederösterreichische Arbeiter 5/III, Wien 1956
PALETZ Emanuel, Denkschrift zur Erinnerung an die Erbauung der neuen Pfarrkirche zum hl. Apostel Andreas in Hütteldorf, Wien 1883
Pfarrgründungen in Wien, Josephinische —. In: Katalog der 92. Sonderausstellung des Historischen Museums der Stadt Wien, Wien 1985
RODT Norbert, Kirchenbauten in Wien 1945—1975. Auftrag, Aufbau und Aufwand der Kirche von Wien. In: Veröffentlichungen des Kirchenhistorischen Instituts der kathol.-theolog. Fakultät der Universität Wien, Bd. 19 (1976)
ROTTER Hans, Penzing, eine geschichtliche Studie, Wien 1920
ROSCHITZ Karlheinz, Das Wiental, Wien — München 1983
SAILER Leopold, Das Jahr 1529 im Spiegel der Wiener Grundbücher. In: Mitt. 9/10 (1929/30)
SAUER Franz, 25jähriges Kirchweih-Jubiläum am Wolfersberg 30. Oktober 1949 — 30. Oktober 1974, Wien 1974
SCHACHINGER Anton, Die Türkeneinfälle von 1529 und 1532 und ihre Auswirkungen in der Topographie des Wienerwaldes. In: Jb. LKNÖ N.F. 22 (1929)
SCHACHINGER Anton, Der Wienerwald. Eine landeskundliche Darstellung. In: Forschungen zur Landeskunde von Niederösterreich, 1/2, Wien 1934

SCHACHINGER Anton, Das kaiserliche Waldamt und die Herrschaft Purkersdorf im letzten Viertel des 17. Jahrhunderts. In: Jb. LKNÖ 29 (1948), 167 ff.
SCHACHINGER Anton, Das große Reorganisationswerk im kaiserlichen Wienerwald, die sogenannte Neueinrichtung des niederösterreichischen Waldamtes unter Kaiser Leopold I. und seine Modifikation im ausgehenden 17. Jahrhundert. In: Jb. VGStW 10 (1952/53), 201 ff.
SCHEIBLIN Anton, Die Wandlungen des Wienerwaldes. In: Kleinbuchreihe „Österreich" 5 (1947)
SCHEIBLIN Anton, Die Schlössel-Saga von Penzing. In: WGBll. 17 (1962), 97 ff.
SCHEIBLIN Anton, Der Flötzersteig. In: UH 33 (1962), 52 ff. (s. 1964, 73).
SCHEIBLIN Anton, Zur Frühgeschichte des 14. Wiener Gemeindebezirkes. In: Jb. VGStW 21/22 (1965/66), 81 ff.
SCHEIBLIN Anton, Das vergessene Dorf. Zur Geschichte Breitensees. In: PMBll. 9 (1966), 149 ff.
SCHEIBLIN Anton, Die Gründungs- und Baugeschichte der Pfarrkirche in Penzing (1267—1967). In: PMBll. 13 (1967), 213 ff.
SCHIESSL Hermann, Der Wallfahrtsort Mariabrunn (phil. Diss., Wien 1946)
SCHINNER Hans, Breitensee — Vom Dorf zur Großstadtpfarre. In: Veröffentlichungen des Kirchenhistorischen Instituts der kathol.-theolog. Fakultät der Universität Wien, Bd. 18 (1976)
SCHMIDL Adolf, Wiens Umgebung auf zwanzig Stunden im Umkreis. 3 Bde., Wien 1835—1839
SCHOLZ Gottfried, Geschichte der Pfarre Hütteldorf (phil. Diss., Wien 1964)
SCHWEICKHARDT Ritter von SICKINGEN Franz, Darstellung des Erzherzogthums Oesterreich unter der Enns, Bd. 1—3, Wien 1831, Bd. 5, Wien 1832, Bd. 6, Wien 1833
SEIDL Johann Gabriel, Wiens Umgebung. Ein Wegweiser für Freunde der schönen Natur, Wien 1826
SENFELDER Leopold, Das niederösterreichische Sanitätswesen und die Pest im 16. und 17. Jahrhundert. In: Bl. LKNÖ 33 (1899)
STEINHAUSER Walter, Zur Herkunft, Bildungsweise und siedlungsgeschichtlichen Bedeutung der nö. Orts- und Flurnamen. In: Jb. LKNÖ 25 (1932), 44 ff.
TIETZE Hans, Die Denkmale der Stadt Wien (XI.—XXI. Bezirk), Österr. Kunsttopographie, Bd. 2, Wien 1908
Topographie, Kirchliche —. Historische und topographische Darstellung der Pfarren, Stifte, Klöster, milden Stiftungen und Denkmähler im Erzherzogthume Oesterreich, Wien 1824
Topographie von Niederösterreich, hg. vom Verein für Landeskunde von Niederösterreich, Bd. 1—8, Wien 1877—1913
TRAUNER Karl, Die Flurnamen des 14. und 16. Wiener Gemeindebezirkes (phil. Diss., Wien 1959)
Der Wald- und Wiesengürtel und die Höhenstraße, Wien 1905
WATZINGER Hertha, Die sozialen, wirtschaftlichen und besitzgeschichtlichen Wandlungen des Dorfes Penzing von seinen Anfängen bis zu Beginn des 19. Jahrhunderts (phil. Diss., Wien 1949)

WEIDMANN Franz-Carl, Wiens malerische Umgebung, Wien 1824
WEIGL Heinrich, Zur Siedlungsgeschichte des Wiener Raumes. In: Jb. VGStW 21/22 (1965/66)
WIEDEMANN Theodor, Geschichte der Reformation und Gegenreformation im Lande unter der Enns, Bd. 1 u. 2, Prag 1879 und 1880
WINKLER Arnold, Hezingen — Hietzing und Pancingen — Penzing, Wien 1901
WINKLER Arnold, Hietzing. Ein Führer durch die Gegenwart und Vergangenheit des XIII. Wiener Gemeindebezirkes und des k. k. Lustschlosses Schönbrunn, Wien 1911
ZÖLLNER Erich, Zur Bedeutung der älteren Otakare für Salzburg, St. Pölten und Wien. In: Jahrbuch Adler 3/1 (1945/46), 7 ff.

REGISTER (zum historischen Teil)

Die Zahlen am Zeilenende bezeichnen die Seiten

GEOLOGISCHER AUFBAU UND ERDGESCHICHTE DES 14. WIENER GEMEINDEBEZIRKS, PENZING

von Friedrich Brix

Geologische Vorbemerkungen

Penzing ist mit 3 422 ha der viertgrößte Wiener Gemeindebezirk. Durch seine West-Ost-Erstreckung findet man ausgedehnte und bergige Waldgebiete im Westen, locker verbaute Siedlungsflächen im Mittelteil und dicht verbaute Bereiche im flacheren Osten. Die Unterschiede von Geländeformen und Besiedlungsdichte haben ihre Ursache im verschiedenartigen geologischen Unterbau des Bezirkes.

Zunächst soll der überregionale Rahmen geschildert werden. Die Alpen verändern im Wiener Raum ihre Hauptstreichrichtung von West-Ost nach Südwest-Nordost. Die Fortsetzung der Alpen nördlich der Donau sind die Karpaten. Gerade an dieser Umbiegungsstelle ist innerhalb des Alpen-Karpatenbogens das Wiener Becken eingebrochen. Der westliche Rand dieses Beckens wird im engeren Wiener Stadtgebiet von der Flyschzone (Sandsteinwienerwald) im Norden und den Kalkalpen (Kalksteinwienerwald) im Süden gebildet.

Der genannte bergige und waldreiche Westteil Penzings gehört vom Stadtrand bis zur Linie Waidäckergasse (Einmündung Flötzersteig) — Baumgartenbrücke am Wienfluß zur Flyschzone, einschließlich der Schottenhofzone, und der kleinere östliche Teil zum Wiener Becken.

Einige allgemeine Hinweise sollen das Verständnis der folgenden Kapitel erleichtern. Träger und Übermittler der Erdgeschichte sind die Gesteine, wobei man als Hauptgruppen Erstarrungsgesteine (Vulkanite und Plutonite), Umwandlungsgesteine (Metamorphite) und Ablagerungsgesteine (Sedimentite) unterscheidet. In Penzing kommen weit überwiegend Sedimentgesteine vor, wie z. B. Sandsteine, Tonmergel, Kalkmergel, Schiefertone, Schotter, Sande, Lehme usw. An Erstarrungsgesteinen findet man das seltene Vorkommen von Pikriten, einem sehr basischen vulkanischen Gestein. Nur an wenigen Stellen tritt der Gesteinsuntergrund offen zutage (Aufschlüsse, wie in Bachbetten, Steinbrüchen, Wegböden), zumeist ist er durch die Verwitterungszone bzw. durch Bodenbildungen verhüllt.

Das relative Alter der Sedimentgesteine konnte durch Fossilfunde geklärt werden. Das absolute Alter ist der Schichtentabelle zu entnehmen, es wurde im weltweiten Vergleich durch natürliche radioaktive Vorgänge in den Gesteinen ermittelt.

Innere und äußere Kräfte haben im Laufe der viele Jahrmillionen dauernden Erdgeschichte das Bild und die Zusammensetzung unserer Erdkruste verändert. Einen kleinen Ausschnitt davon, sowohl zeitlich wie räumlich, stellt die Geologie von Penzing dar.

Für das Verständnis der nachfolgenden Kapitel ist es sehr zweckmäßig, sich die beigegebene Schichtentabelle gut einzuprägen. In dieser Tabelle sind alle in Penzing bekannt gewordenen Schichten eingezeichnet. Alle im Text genannten geographischen Bezeichnungen sind der Österreichischen Karte 1 : 50 000 entnommen (Blätter 40 und 58). Die Arbeiten der im Text genannten Autoren sind im Literaturverzeichnis zitiert.

Flyschzone und Schottenhofzone

Wir wissen bereits, daß der westliche und mittlere Teil Penzings dem Sandsteinwienerwald angehört. Geologisch gesehen unterscheidet man nach dem Gesteinsbestand und der Position innerhalb des Gebirgsbaues die eigentliche Flyschzone mit zwei Bereichen (der Flyschnord- und der Flyschsüdzone) und dann die Schottenhofzone (F. Brix und K. Götzinger 1964), die zwischen Flyschnord- und -südzone liegt. Das geologische Kärtchen veranschaulicht diese Verhältnisse.

Die drei genannten Bereiche sollen nun von West nach Ost erläutert werden. Die *Flyschnordzone* findet sich im Raum von der westlichen Grenze Penzings (Stadtgrenze) bis zur Überschiebungslinie Rieglerhütte-Hochbruckenberg — Gideon-Laudon-Grab — Waldandacht bei Weidlingau. Der größte Teil dieser Fläche wird von *Kahlenberger Schichten* eingenommen, die altersmäßig der Campan-Stufe der Oberkreidezeit angehören. Gesteinsmäßig (lithologisch) besteht diese Serie aus einer Wechsellagerung von feinkörnigen Kalkareniten (Sandsteine, bei denen die Körnchen aus Kalk sind, das Bindemittel ist ebenfalls kalkig), Kalkmergeln (Mergel mit hohem Kalkgehalt), Tonmergeln und kalkigen, feinkörnigen Quarzareniten (die Komponenten bestehen aus feinen Quarzkörnchen, das Bindemittel ist kalkig). Diese Gesteinsfolge ist in tieferen Meeresteilen und küstenfern sedimentiert worden. Nicht selten findet man in den 0,5—1,0 m dicken Quarzareniten eine Gradierung (Geopetalschichtung), die darin besteht, daß im unteren Teil der Schicht die Körnchen etwas gröber, im oberen Teil aber deutlich feiner sind. Diese Eigenschaft wird auf Trübungsströme zurückgeführt, die entstehen, indem wassergesättigte Sedimentmassen des Meeres durch Erdbeben mobilisiert werden, dann den Schelfabhang mit großer Geschwindigkeit hinuntergleiten und in tieferen Meeresteilen wieder zur Ruhe kommen. Bei der Sedimentation werden die gröberen Teile zuerst abgelagert, dann folgen die feineren, und nach diesem sehr kurzen, oft nur Stunden oder Tage dauernden Vorgang beginnt die viele Jahrtausende anhaltende, ruhige Tonmergelablagerung aus feinem Schlamm, bis ein neuer Trübungsstrom die Bildung der nächsten Sandsteinbank veranlaßt. Die Tonmergellagen werden meist nur 0,1 bis 0,5 m mächtig.

Diese Art der Sedimentation ist typisch für viele Schichten der Flyschzone, man spricht von einer Flyschfazies. Für diese Kahlenberger Schichten charakteristisch sind auch viele Lebensspuren von den Meeresboden bewohnenden Tieren. Diese Spuren sind auf den Schichtflächen recht häufig zu finden (Kriech-, Fraß- und Kotspuren) und sind besonders gut im Steinbruch Exelberg zu sehen (Achtung, Schießplatz!).

Im Raum nordöstlich der Sophienalpe sind den Kahlenberger Schichten muldenförmig *Gablitzer Schichten* des Untereozäns aufgelagert. Diese Schichten bestehen vorwiegend aus kieselig gebundenen Quarzareniten (d. h. sowohl die Körnchen als auch das Bindemittel bestehen aus Quarz). Tonige Gesteine treten zurück. Leider kann man diese Gesteine fast nur in Form von Lesesteinen im Wald- und Wegboden beobachten.

Von Untermauerbach über das Lebereck verläuft eine scharfe geologische Grenze, hier sind die Kahlenberger Schichten entlang einer Überschiebungslinie auf Gablitzer Schichten aufgeschoben. An dieser Linie treten in einem schmalen Streifen rote und grüne Schiefertone auf, die den Waldboden deutlich färben. Die Gablitzer Schichten in der vorhin beschriebenen Art finden sich meist als Lesesteine im Steinbachtal und in den Wäldern beiderseits des Baches wieder.

Im nördlichen Zipfel von Penzing (nordwestlich Schutzengelberg, südlich Scheiblingstein) tauchen unter den eozänen Gablitzer Schichten wieder Kahlenberger Schichten des Campan auf.

Die Flyschnordzone grenzt, wie erwähnt, mit einer Überschiebungslinie erster Ordnung gegen Südosten an die *Schottenhofzone,* die in der Literatur auch die Bezeichnung Hauptklippenzone (G.

Götzinger und H. Becker 1932) hat, doch decken sich diese Begriffe nicht völlig. Diese Schottenhofzone hat ihre Bezeichnung nach dem Schottenhof an der Amundsenstraße (Grenze zum XVII. Bezirk).

Die etwa 2,5 bis 3 km breite Schottenhofzone setzt sich aus einer Vielzahl von Gesteinstypen zusammen, die zum größten Teil nicht in Flyschfazies entwickelt sind. Die ältesten Sedimente dieser Zone stammen hier aus der Unterkreidezeit, es sind sehr feinkörnige oder „dichte" Kalksteine (d. h. die Gesteinskörner sind auch mit einer Lupe nicht mehr zu erkennen), weiters Fleckenmergel, Mergelkalke und bunte Tonmergel. Reste von Belemniten und Verschlußdeckel von Ammoniten (Aptychen), das sind fossile Reste von Kopffüßern sowie Klein- und Kleinstfossilien sind gefunden und für die Alterseinstufung herangezogen worden. Diese Gesteinsfolge wird Bartbergschichten (W. Grün et al. 1972) oder *Salmannsdorfer Schichten* (F. Brix und K. Götzinger 1964) genannt. Vorkommen sind z. B. im Halterbachbett südlich der Rieglerhütte, im Gebiet südlich Hochbruckenberg, in der Kordonsiedlung westlich vom Satzberg und von der Salzwiese nördlich von Hadersdorf gemeldet worden.

Besonders charakteristisch für die Schottenhofzone sind die *blaßrosa Mergel* im Waldgebiet südlich Schottenhof, die aus der Campanzeit stammen und überaus reich an kalkschaligen Foraminiferen (Einzeller mit Kalkgehäuse) und Nannofossilien (sehr kleinen Resten von Kalkalgen; Kleinstfossilien) sind.

Eine umstrittene Position nehmen die *Sieveringer Schichten* (Maastricht) ein, da sie in typischer Flyschfazies entwickelt sind (S. Prey 1974). Sie sind in unserem Bezirk am besten im Steinbruch am Südfuß der Steinernen Lahn zu studieren. Es sind dickbankige, zum Teil gradierte, blaugraue, mittel- bis grobkörnige Quarzarenite mit gelbbrauner Verwitterungsrinde, die auf den Schichtflächen Pflanzenhäcksel, Kohlensplitter und helle Glimmerblättchen zeigen. Diese Sandsteine alternieren mit dünnen Lagen von splittrigen, hellgrauen Kalkmergeln und grauen, dünnblättrigen Schiefertonen. Die bucklige Oberfläche der Sandsteine an der linken, nordwestlichen Steinbruchseite ist die Schichtunterseite, d. h. die Schichten lagern hier überkippt.

In der Hüttelbergstraße, am Südende der Kordonsiedlung, wurden Sandsteine und bunte Schiefermergel des Paleozäns gefunden.

Ein erheblicher Teil der Schottenhofzone wird von den Ablagerungen des Untereozäns, den *Schottenhofschichten,* eingenommen. Es handelt sich um Konglomerate, die Komponenten aus gerundeten Quarzen, Gneisen und älteren Sandsteinen enthalten. Daneben treten Mergel, kalkige und glaukonitische Quarzarenite auf. Glaukonit ist ein dunkelgrünes, eisenhältiges Silikatmineral, das sich vorwiegend im Schelfbereich des Meeres bildet. Nicht selten wurden in den Quarzareniten Nummuliten gefunden, alttertiäre Leitfossilien aus der Gruppe der Großforaminiferen.

An der Linie Auhof — Wolfersberg — West Jubiläumswarte taucht die Schottenhofzone unter die von Südosten herangeschobene *Flyschsüdzone.* Den Rand gegen die Schottenhofzone bilden, etwa 700 bis 800 m breit, die uns schon von der Flyschnordzone her bekannten *Kahlenberger Schichten,* die gut im ehemaligen Steinbruch im Kinderheim Hüttelbergstraße aufgeschlossen sind und denen Reste untereozäner *Laaber Schichten* in Form von Grobsandsteinen aufgelagert sind. Die Kahlenberger Schichten werden gegen Südosten von den *Hütteldorfer Schichten* unterlagert. Es sind hellgraue und blaugraue mittel- bis grobkörnige Quarzarenite, die gelegentlich Kristallingesteinsbröckchen führen, daneben kommen dünnplattige, sandige, glimmerreiche Mergellagen mit Pflanzenhäcksel auf den Schichtflächen vor, wie in den Steinbrüchen im Rosental zu beobachten ist. Bunte Schiefertone begleiten diese Schichten. Die Hütteldorfer Schichten haben Turonalter und werden mit dem Reiselsberger Sandstein weiter im Westen Österreichs verglichen (S. Prey 1968).

Das ganze Areal von der Ostseite des Rosentales stadtwärts bis zum Ostrand der Flyschsüdzone am Wiener Becken wird von Schichten des Cenomans eingenommen, die bei der Verbreiterung des Flötzersteiges, in der Gartensiedlung Flötzersteig, im Baumgartner Friedhof und im Anstaltsgelände „Am Steinhof" und „Baumgartnerhöhe" immer wieder auftraten. Rote und grüne Schiefertone und Tonmergel, sowie grüngraue bis dunkelgraue, harte, fein- bis mittelkörnige Quarzarenite setzen diese Schichtgruppe zusammen, für die hier die neue Bezeichnung *Baumgartner Schichten* vorgeschlagen wird (nach Baumgarten in Wien-Penzing).

Eine Besonderheit ist das gangförmige Auftreten von vulkanischen Gesteinen in diesem Gesteinskomplex. Es handelt sich um ein sehr basisches Gestein, das aus den Mineralen Olivin, Augit, Biotit, Magnetit und Apatit besteht und den Namen Pikrit führt.

Ein basisches Erstarrungsgestein ist dunkel und besitzt weniger als 52% SiO_2 (Kieselsäure). Die Vorkommen beiderseits der Spiegelgrundstraße wurden zum Naturdenkmal erklärt. Der Zeitpunkt der Eruption ist nicht genau bekannt, doch ist möglicherweise turones Alter anzunehmen, wenn es auch Indizien für eine Tätigkeit noch in jüngeren Zeitabschnitten gibt.

Die Gesteine von Flysch- und Schottenhofzone setzen sich unter den jungtertiären Ablagerungen des Wiener Beckens weiter gegen Nordosten fort.

Wiener Becken

Der Raum von der Ostgrenze der Flyschzone bis zur östlichen Bezirksgrenze von Penzing im Bereich Winckelmannstraße — Beckmanngasse — Breitenseer Straße wird von den Sedimenten des Jungtertiärs eingenommen, die am Westrand des Wiener Beckens abgelagert wurden.

Die ältesten Schichten, die nur in einem schmalen Streifen von den ehemaligen Wiener Radiowerken (Braillegasse, heute Philips) über das Hanusch-Krankenhaus zur Stadtbahnstation Unter-St. Veit ziehen, sind der *Badener Stufe* (Badenien, früher Torton genannt) des Mittelmiozäns zuzurechnen. Es sind wenig verfestigte Grobschotter und Sande aus umgelagerten und in der Brandungszone abgerollten Flysch-Hartgesteinen, die aus der inzwischen landfest gewordenen Flyschzone vom Westen her durch Flüsse herantransportiert wurden. Die Badener Ablagerungen sind hier also Küstensedimente eines Meeres, das von Osten her in das absinkende Wiener Becken eingedrungen war.

Die nächstjüngere Schichtgruppe, das *Sarmat* (Obermiozän), ist in Penzing in zwei Ausbildungsarten vertreten. Im Gelände der Biedermann — Huth — Raschke-Kaserne und von hier gegen die Altebergenstraße findet man unter den Bodenbildungen das ältere Sarmat in Form von zu Konglomeraten (runde Komponenten) und Breccien (eckige Komponenten) verfestigten groben Schottern und Schutt, vorwiegend wieder aus Flyschmaterial. In den Sandlagen treten gelegentlich typische Fossilreste auf. Die nächstjüngere Sarmatserie schließt im Osten bis zur Bezirksgrenze von Fünfhaus an. Es sind Sande und Tonmergel („Hernalser Tegel"), die recht häufig Muschel- und Schneckenreste beinhalten. Ein

Großteil der Ablagerungen des Baden und Sarmat ist von nacheiszeitlichen (holozänen) Lehmen und Bodenbildungen (Humuszone) bedeckt und kann nur bei tieferen Aufgrabungen beobachtet werden.

Am Zusammenlauf von Schanzstraße und Hütteldorfer Straße treten unter den Bodenbildungen grobe Quarzschotter auf, die der *Laaerberg-Terrasse* zugerechnet werden (Ältestpleistozän).

Im Wiental sind *junge (holozäne) Schotter* vorhanden, die, dem Einzugsgebiet dieses Flusses entsprechend, fast nur aus Flysch-Hartgesteinen bestehen. Diese nacheiszeitlichen Schotter werden einige Meter mächtig und liegen auf eiszeitlichen Lehmen, Sanden und schottrigem Blockwerk. Die Sohle dieser *jungpleistozänen* Ablagerungen ruht in 7—8 m Tiefe auf Flyschgesteinen. Knapp südlich des Umspannwerkes Auhof (schon im XIII. Bezirk) wurde in 5,6 m Tiefe ein Stoßzahn eines Mammuts gefunden (F. Bachmayer 1954). Ältere Funde von Backenzähnen solcher fossiler Rüsseltiere wurden auf der Pulverstampfwiese knapp südlich Mariabrunn in 5 m Tiefe während Aushubarbeiten für die Wienflußregulierung gemacht (F. Karrer 1899).

Die Erdgeschichte von Penzing

In den vorhergehenden Kapiteln wurde jener geologische Bauzustand geschildert, der sich heute an der oberen Erdkruste im Gebiet von Penzing darbietet. Im folgenden soll nun in stark geraffter und vereinfachter Form der Versuch gemacht werden, den erdgeschichtlichen Ablauf in der geologischen Vergangenheit zu rekonstruieren, wie er zum heutigen Zustand geführt hat.

Grundlage für so eine Rekonstruktion sind die Gesteine selbst in ihrer faziellen Entwicklung und Ausbildung, die Lagerungsverhältnisse der Gesteinskomplexe mit ihren Lagerungsstörungen und die geologische Erfahrung in bezug auf die weitere Umgebung. Diese Erfahrung stammt z. T. aus Tiefbohrungen, z. T. aus besser aufgeschlossenen Gebieten.

Im Erdmittelalter (Mesozoikum) breitete sich dort, wo heute die Alpen liegen, ein Meeresarm aus, der ungefähr West-Ost-Erstreckung hatte. Die Nordbegrenzung dieses Tethysmeeres bildeten die kristallinen Gesteine (Gneise, Granite, Marmore, Graphitschiefer) der Böhmischen Masse, die schon im Erdaltertum

(Paläozoikum) entstanden waren. Sedimente der Trias- und Jurazeit füllten langsam den Meerestrog und verfestigten sich. Erste Gebirgsbildungsphasen bildeten aus diesen Gesteinen landfeste Hügelketten. Das Meer wich nach Norden aus. Zur Unterkreidezeit wurden die Salmannsdorfer Schichten der heutigen Schottenhofzone in der östlichen Fortsetzung des sogenannten Helvetischen Troges (Schottenhoftrog) gebildet. Weiter im Süden, im eigentlichen Ablagerungstrog der Flyschsedimente, bildeten sich dann die bunten Baumgartner Schichten in der Cenomanzeit. Diese Schichten dürften ihre roten Tonmergel von den tropischen Verwitterungsböden der weiter im Norden liegenden kalkigen Jura- und Unterkreidegesteine bezogen haben.

Im Flyschtrog folgte dann die Ablagerung der turonen Hütteldorfer Schichten, die mit ihren Sandsteinen in Flyschfazies wohl schon etwas tiefere Beckenteile anzeigen. Später, in der Campanzeit, wurden in einem seichten, warmen Meer im Norden (Helvetischer Trog) die blaßrosa Mergel abgelagert, die von überaus günstigen Lebensbedingungen für Klein- und Kleinstlebewesen (Plankton) zeugen. Weiter im Süden entstanden zur gleichen Zeit in tieferen Meeresteilen die kalkreichen Kahlenberger Schichten im Flyschtrog.

In der Maastrichtzeit wurden im Ablagerungsbereich der Schottenhofzone die Sieveringer Schichten gebildet, die nach Meinung des Autors eher landnäher gelegen waren. Im südlich anschließenden Flyschtrog bildeten sich gleichzeitig die Altlengbacher Schichten, die aber in Penzing offenbar nicht vorkommen.

Im oberen Paleozän des Schottenhoftroges treten wieder bunte Schiefer auf, denen im Untereozän die küstennahen Konglomerate und Grobsandsteine der Schottenhofschichten folgen. Im Flyschtrog dagegen wurden, wohl meist aus Trübungsströmen, die feinkörnigen bis mittelkörnigen Sandsteine der Gablitzer Schichten abgelagert.

Mit dem Mitteleozän, das aus Penzing bis jetzt nur aus wenigen Aufschlüssen bekannt ist, schließen die Schichtserien des Schottenhof- und Flyschtroges ab. Nun folgen, nach bereits vorausgegangenen Phasen, jene Gebirgsbildungsvorgänge, durch die mit den Alpen auch die Flyschzone nach Norden geschoben wird. Im Oligozän und Miozän ist die Tethys wieder weiter nach Norden gerückt, es wurden die Sedimente der Molassezone (z. B. im Tullnerfeld) gebildet.

Zur Zeit des unteren Miozäns spielte sich dabei ein entscheidender Vorgang ab. Die Flyschzone ist nämlich schon völlig über die Schottenhofzone geschoben worden und überschiebt auch die südlichen, bereits landfest gewordenen Teile der Molassezone. Damit ist im wesentlichen jene tektonische Position (Gestaltung des Gebirgsbaues) erreicht, die die Flyschzone auch heute noch innehat. Durch die viele Kilometer weite Überschiebung jedoch vollzogen sich im Flyschkörper selbst zahlreiche Zerreißungen, Verfaltungen und Schuppungen (kleinräumige Überschiebungen). Hebungen tieferer Erdkrustenteile werden in einigen Fällen auch gravitative Abgleitungen (Bewegungen von Schichtpaketen durch die Schwerkraft auf abwärts geneigten Bahnen) verursacht haben.

Dort, wo heute die Schottenhofzone zwischen Flyschnord- und Südzone verläuft, ist ein für die spätere Erosion und Abtragung besonders günstiger Bereich anzunehmen, sodaß in den Jahrmillionen, die diesen Überschiebungsvorgängen und Abgleitungen folgten, reichlich Zeit vorhanden war, um diese „Schwächezone" teilweise auszuräumen. Das heutige Ergebnis dieser Vorgänge ist die erosive Freilegung der Schottenhofzone unter der Flyschdekke, man spricht von einem tektonischen Fenster. Wie die Bohrung Mauerbach 1a der ÖMV AG gezeigt hat, liegt ein Teil der jüngeren Molassezone heute unter der älteren Flyschzone. Unter der Molassezone folgt Jura und dann bei 3 457 m Bohrtiefe das Kristallin der Böhmischen Masse. Die Vorstellung von den gewaltigen Überschiebungen großer Gesteinskörper ist also keine Phantasie, sondern längst auch durch mehrere andere Tiefbohrungen belegt. Die Flyschnordzone selbst ist bei der Bohrung Mauerbach 1a insgesamt 2 364 m mächtig (Mächtigkeit = Schichtdicke).

Im mittleren Miozän, zur Zeit der Ablagerung der Badener Schichten, beginnt das Wiener Becken in seiner heutigen Form an den Bruchlinien einzusinken, das Meer kann von Osten eindringen und das Becken füllen. Doch schon zur Sarmatzeit ist diese Meeresbucht zum Teil vom Weltmeer abgeschnürt, und am Ende des Miozäns (Pont) ist dieses Meer schon verschwunden, es ist verlandet. Dieser Prozeß von der vollmarinen Wasserbedeckung zur Badener Zeit über die Bildung eines Brackwassersees zur Sarmatzeit bis zur Entstehung eines Süßwassersees im Pont mit allen daraus resultierenden Änderungen der Tierwelt in diesen Gewässern, macht die Ablagerungen des Wiener Beckens mit seinen reichen

Fossilfundstätten zu klassischen Studienobjekten der Geologie.

In Penzing haben wir nur einen kleinen Ausschnitt dieser Ereignisse vor uns. Ohne Kenntnis der größeren Zusammenhänge ist aber ein Verständnis für diese Vorgänge nicht möglich.

Weiter oben wurde von Bruchvorgängen gesprochen. In Penzing wird die Grenze zwischen Flyschzone und Badener Ablagerungen durch den Flötzersteigbruch gebildet (H. Küpper 1965), bei dem die stehengebliebene Flyschzone westlich des Bruches die Hochscholle darstellt, während der östlich davon liegende Teil abgesunken ist und daher die Tiefscholle repräsentiert.

Schließlich sollen noch einige Bemerkungen den jüngsten Ereignissen zur Quartärzeit gewidmet werden. Die Laaerbergschotter wurden während des Ältestpleistozäns von der Donau abgelagert, die damals in einer wesentlich höheren Lage durch das Wiener Becken floß. Im engeren Wiener Raum gab es während der Kaltzeiten des Pleistozäns niemals eine Vergletscherung, wohl aber sehr strenge, schneereiche Winter und kühle, feuchte Sommer. Die nächsten richtigen Gletscher gab es erst im Schneeberggebiet. Ein Großteil der während der Kaltzeiten von der Donau auf den einzelnen Terrassen abgelagerten Schotter- und Sandmassen ist längst wieder abgetragen worden.

Für Penzing ist neben kleineren Bächen vor allem der Wienfluß von Bedeutung, der sich tief in die jungtertiären Schichten eingeschnitten hat, inzwischen aber die Tiefe des Einschnittes zum Teil durch seine eigenen Schottersedimente wieder verringert hat.

Die gewaltigen Klimaänderungen mit starken Niederschlägen während der Kalt- und Warmzeiten des Pleistozäns haben die Oberflächenformen sowohl durch gesteigerte Abtragung als auch durch Ablagerung an anderen Stellen geschaffen, worüber dann im nächsten Kapitel noch Näheres gesagt wird.

Ein interessantes Phänomen soll noch kurz erwähnt werden. Beim Bau des Sanatoriums knapp westlich vom Mühlberg bei Weidlingau wurden geringe Erdgasausströmungen beobachtet. Von Bedeutung ist, daß dieser Punkt in der südlichen Verlängerung einer Querstörung (Blattverschiebung) liegt. Solche Querstörungen werden im Bereich der Flysch- und Schottenhofzone recht häufig festgestellt (geologisches Kärtchen), sie sind ein Zeichen für die Versetzungserscheinungen, wie sie beim Richtungswechsel des Gebirges von der alpinen West-Ost-Richtung in die karpatische

Nordost-Südwest-Richtung auftreten (G. Götzinger et al. 1952 und G. Götzinger 1954).

Oberflächenformen und Gewässer

Der Bezirk Penzing weist in seiner West-Ost-Erstreckung beachtliche Höhenunterschiede auf, die naturgemäß durch geologische Vorgänge entstanden sind. Der höchste Punkt des Bezirkes liegt im Bereich des Schutzengelberges mit über 500 m Seehöhe, der tiefste Punkt ist die Straßenkreuzung Winckelmannstraße — Linke Wienzeile an der Südostecke des Auer-Welsbach-Parks mit rund 189 m, d. h. der größte Höhenunterschied beträgt mehr als 310 m.

Im *Sandsteinwienerwald* treten ganz typische Geländeformen auf, die auf die relativ leichte Verwitterbarkeit vieler Gesteine zurückzuführen sind. Es überwiegen flache Hügel, steilere Abhänge sind selten. Die Gipfelpartien der Berge haben meist keinen markanten „höchsten Punkt", sondern sind abgeflacht. Die Täler dagegen sind im Oberlauf oft bis zu mehreren Metern tief eingeschnitten, es bilden sich „Tobel", wie das hier genannt wird. Im Mittel- und Unterlauf dagegen ändert sich der Charakter sehr deutlich, die Talböden werden breit und flach, die Bäche neigen, wie z. B. der Mauerbach, zum Mäandrieren, worunter man schlangenartige Krümmungen des Bachlaufes versteht.

Die Tobel zeigen häufig überhängende Ränder und sind während der trockenen Jahreszeit meist wasserfrei. Bei stärkeren Regenfällen jedoch tritt im Sandsteinwienerwald durch den oft nur gering oder gar nicht durchlässigen Untergrund ein rasches Abfließen der Niederschlagswässer ein. Die obersten Bodenhorizonte dagegen sind wassergesättigt und neigen dadurch zum Rutschen und Abgleiten, auch wenn die Hangneigung nur gering ist. So wird auch der Begriff „Flysch" verständlich, der aus dem Schweizerischen stammt und „Fließen" bedeutet.

Im Bereich des *Wiener Beckens* sind infolge der weniger verfestigten Sedimente und der flachen Lagerung derselben die Verwitterungsbedingungen andere als im Sandsteinwienerwald. Verwitterung und Abtragung greifen hier flächig an, weshalb auch die Geländeformen entsprechend weniger akzentuiert sind, wenn man vom relativ steilen Abhang zum Wiental absieht. Die anderen

Bachtäler sind nur schwach eingeschnitten, außerdem sind heute die früher offenen Gerinne im verbauten Stadtgebiet in das Kanalsystem eingebunden.

Seit etwa 2 000 Jahren wird die natürliche Entwicklung der Penzinger Landschaft in zunehmendem Maß durch die Tätigkeit der Menschen gebremst oder aufgehalten. Die teilweise Verbauung oder Kanalisierung der Bäche, die Straßen- und Wegebauten, die Siedlungsanlagen, die Hangabstützungen, die Dränagen usw. zielen alle in dieser Richtung.

Fassen wir unsere Betrachtungen zur Entstehung der Oberflächenformen in Penzing zusammen, so erkennen wir, daß im Sandsteinwienerwald die Ausprägung schon im Miozän begonnen hat und die letzte große Ausräumungsphase während des Pleistozäns stattfand. Im Wiener Becken dagegen konnte erst ab dem Pliozän eine großräumige Erosion wirksam werden, im Pleistozän aber trat ein Wechsel von Schotterablagerungen (z. B. Laaerbergterrasse) und deren Ausräumung in mehreren sich wiederholenden Phasen ein.

Aus den Oberflächenformen und der Art der Verwitterbarkeit der Gesteine lassen sich unmittelbar Hinweise für die *Gewässerverhältnisse* gewinnen. Die meisten Quellen im Sandsteinwienerwald fließen nur dann, wenn unmittelbar vorher Niederschläge gefallen sind.

Echtes, stetig fließendes und auch mengenmäßig bedeutendes Grundwasser ist im *Sandsteinwienerwald* nur in den mit Bachschutt gefüllten Tälern der Wien und des Mauerbaches zu finden. In allen anderen Tälern ist die Wasserführung in den Alluvionen (nacheiszeitlicher Bachschutt) stark schwankend. An den Talhängen oder in den Gipfelbereichen ist kaum mit Grundwasser zu rechnen. An einigen Stellen im Wienerwald kommt es allerdings zur Bildung von sogenannten „Naßgallen", das sind ständig feuchte, mit Hangschutt gefüllte Mulden mit wasserstauendem Untergrund. Ein Beispiel dafür ist das Vorkommen am Osthang des Hainbachtales etwa 400 m südlich des Adalbert-Stifter-Denkmals.

Die Hauptentwässerung von Penzing erfolgt über den Wienfluß, sein wichtigster Nebenfluß ist der Mauerbach. In letzteren münden Steinbach, Hainbach und Kasgrabenbach. In die Wien selbst fließen dann noch der Wurzbach, der Halterbach, der Rosenbach und, allerdings schon unterirdisch in den linken Wienfluß-Sammelkanal, der Ameisbach. Die rechtsseitig in die

Wien mündenden Bäche kommen alle aus dem XIII. Bezirk.

Diese Funktion des Wienflusses bringt es mit sich, daß das Verhältnis Niederstwasser zu Hochwasser etwa 1 : 2 000 ist. Dies bedeutet, daß nach starken Regenfällen sehr rasch große Wassermengen abtransportiert werden müssen, da in der Flyschzone bekanntlich der Großteil der Niederschlagswässer an der Oberfläche abrinnt. Diese Tatsache, die in der Vergangenheit große und verheerende Überschwemmungen am damals unregulierten Unterlauf der Wien verursachte (z. B. 1741, 1785, 1819, 1851), bewirkte zum einen die Regulierung des Flußlaufes von Weidlingau bis zur Urania (ab 1897) und zum anderen die Errichtung der Hochwasserschutzbauten zwischen Mariabrunn und oberhalb Hütteldorf. Schon vorher (bis 1894) waren die beiden Sammelkanäle, die den Wienfluß beiderseits begleiten, zwischen Gürtelstraße und der Einmündung des Haltertales fertiggestellt worden.

Die Grundwassersituation im Bereich des *Jungtertiärs* im Ostteil Penzings ist zwar nicht wesentlich besser als im Wienerwald, die Anlage von Brunnen im Bereich der sarmatischen Schichten ist jedoch eher erfolgversprechend. Doch auch hier ist die Schüttung meist niederschlagsabhängig, da die am Beckenrand herauskommenden und das Wasser aufnehmenden basalen Sarmatschichten sehr nahe sind und die natürliche Speicherkapazität daher gering ist. Diese Verhältnisse bessern sich aber, je weiter man gegen Osten, d. h. in das Becken hinein, geht.

Eine Besonderheit ist das Auftreten von Schwefelwasserstoff führenden Wässern im Wienflußbett südlich des Auer-Welsbach-Parkes (etwa 300 m östlich der Schloßbrücke) und direkt unterhalb der Schönbrunner Brücke. Bei letzterer wurde 1835 ein „Nymphenstein" gefunden, der darauf hinweist, daß etwa in den Jahren von 40 bis 100 n. Chr. hier eine Quelle von den Römern benutzt wurde (A. Kieslinger 1936). Die genannten Quellen liegen an einer Störungszone, die von Heiligenstadt über Hernals nach Meidling und Hetzendorf führt.

Die in Penzing vorkommenden Grund-, Quell- und Bachwässer sind mit Ausnahme der oben genannten Schwefelwässer nur wenig mineralisiert, fast alle schwach basisch (pH-Wert 6,8—8,6), die deutsche Gesamthärte schwankt zwischen 16,8 und 36,6, der Chlorgehalt von 14—32 mg pro Liter (5 Analysen aus „Naturgeschichte Wiens", Bände 2 und 4).

Die Bodenbildungen

Die Böden sind jenes Substrat an der Erdoberfläche, das dem Betrachter unmittelbar vor Augen tritt. Sie verhüllen zwar vielfach den älteren geologischen Gesteinsuntergrund, hängen aber bezüglich ihrer Herkunft und Entstehung weitgehend von diesem Untergrund ab. Es sind aber daneben noch die klimatischen- und Grundwasserbedingungen, Art und Gestalt der Geländeformen, Einflüsse von Pflanzen, Tieren und Menschen, die an der oft längere Zeit dauernden Bodenbildung mitwirken.

In Penzing kommen 5 Hauptbodentypen vor (J. Fink 1960). Zur Erläuterung sei bemerkt, daß der humushaltige Oberboden als A-Horizont, der darunter folgende Unterboden im Verwitterungs- bzw. Oxydationsbereich (kann fehlen) als B-Horizont und der mehr oder weniger veränderte geologische Untergrund als C-Horizont bezeichnet wird. Auf spezielle, lokale Entwicklungen sowie Übergangsbereiche wird hier nicht näher eingegangen. In Kurzform sind zu nennen:

Lehmiger, vergleyter Schwemmboden: im Wiental und im Unterlauf des Mauerbachtales; junge Bildungen auf wassergesättigtem Schutt- und Schlickmaterial. Bei hohem Grundwasserstand Ausfällung von wasserhältigem Eisenoxyd, das eine feste „Gleylage" bildet. Der A-Horizont ist oberhalb des Grundwasserspiegels meist braun, der B-Horizont führt die braunrote Gleylage, der C-Horizont ist meist grau bis graublau, schwach oder nicht oxydiert und grundwasserdurchströmt. Eignung nur für Wiesen; erst nach Dränage ist Acker- oder Obstbau möglich.

Pseudogley aus Flyschmaterial: der überwiegende Teil der Waldböden Penzings innerhalb der Flyschzone gehört dazu. Pseudogley bezeichnet Böden, die relativ hohen Niederschlägen ausgesetzt sind, hohen Ton- und Schluffgehalt besitzen und unterlagernde Gesteine haben, die Staunässe bewirken. A-Horizont humos, braun, mehrere dm mächtig; B-Horizont ist ein durch Eisenabfuhr heller Auswaschungsbereich; C-Horizont ist der undurchlässige, tonreiche Staukörper. Nicht sehr günstiger Standort, da Bodenfeuchte direkt von Niederschlägen abhängt, daher Trockenrisse im Waldboden während heißer Sommer.

Braunerden: im Flyschwienerwald; A-Horizont etwas nährstoffverarmt, B-Horizont etwas nährstoffangereichert. Braunfärbung durch sauerstoffgesättigte Eisenverbindungen; C-Horizont ist ein wasserdurchlässiges Gestein. Relativ günstiger Standort für guten Pflanzenwuchs.

Rendsinen auf kalkig-silikatischem Ausgangsmaterial: auf kalkreichem Untergrund (z. B. Kahlenberger und Salmannsdorfer Schichten); flachgründiger kalk- und humusreicher A-C-Boden, A-Horizont recht fruchtbar.

Braunerden auf tertiären Substraten: im Bereich des Ostteiles Penzings auf Jungtertiär. Untergrund aus Sanden, Tonmergeln und in einem schmalen Streifen aus Flyschschottern. Bodentyp der Trokkenlandschaft mit Übergängen zum oben genannten Braunerde-Waldboden, aber mit günstigerem Nährstoffangebot, daher hier Weinbau möglich. Vor Rodungswelle des Frühmittelalters von einem Eichen/Buchen-Mischwald bestanden.

Literaturverzeichnis

Abschließend sei darauf hingewiesen, daß es zur Geologie Penzings in der Fachliteratur für einzelne spezielle Fragen und Bereiche auch andere Deutungen gibt, als hier dargestellt wurden, z. B. die von G. Götzinger oder S. Prey.

Ganz allgemein ist noch zu sagen, daß ausführlichere geologische und hydrologische Angaben sowie eine detaillierte Beschreibung von Wetter, Klima, Fauna und Flora neben geographischen und paläontologischen Abhandlungen mit einer sehr umfangreichen Bibliographie in den vier Bänden der „Naturgeschichte Wiens" enthalten sind, die im Verlag Jugend und Volk in den Jahren 1970 bis 1974 erschienen sind.

Die im geologischen Abschnitt dieser Penzinger Heimatkunde genannten Literaturzitate werden neben einigen ergänzenden Arbeiten zur Geologie und Geographie Penzings nachfolgend angegeben.

BACHMAYER Friedrich, Fund eines Mammutstoßzahnes im Gelände des Lainzer Tiergartens bei Auhof (Hütteldorf). In: Verhandlungen der Geologischen Bundesanstalt (GBA), Wien 1954, 236—237.

BECKER Anton und LAUZENSKY Herta, Das Gebiet des Wienflusses. In: Wien um die Mitte des XX. Jahrhunderts, Wien 1958, 173—183.

BRIX Friedrich, Beiträge zur Stratigraphie des Wienerwaldflysches auf Grund von Nannofossilfunden. In: Erdoel-Zeitschrift, Heft 3, Wien — Hamburg 1961, 89—100.

BRIX Friedrich, Der Raum von Wien im Lauf der Erdgeschichte — Die Entstehung der Gesteine und der Landschaft. In: Naturgeschichte Wiens, Band I, Wien — München 1970, 27—190.

BRIX Friedrich, Die Waldlandschaft — Hydrologie, Geologie und Bodenkunde. 51—86; Die Trockenlandschaft — Hydrologie, Geologie und Bodenkunde. In: Naturgeschichte Wiens, Band II, Wien — München 1972, 373—382.

BRIX Friedrich, Geologische Karte der Stadt Wien, 1 : 50 000, mit Erläuterungsheft. In: Naturgeschichte Wiens, Band III, Wien — München 1972.

BRIX Friedrich, Geologie, Hydrologie, Bodenkunde und die Entwicklung der Wiener Stadtlandschaft. In: Naturgeschichte Wiens, Band IV. Wien — München 1974, 1—57.

BRIX Friedrich und GÖTZINGER Karl, Die Ergebnisse der Aufschlußarbeiten der ÖMV AG in der Molassezone Niederösterreichs in den Jahren 1957—1963, Teil I: Zur Geologie der Beckenfüllung, des Rahmens und des

Untergrundes. In: Erdoel-Zeitschrift, Heft 2, Wien — Hamburg 1964, 57—76.

FINK Julius, Bemerkungen zur Bodenkarte Niederösterreichs. In: Mit. d. Österr. Bodenkundlichen Gesellschaft, Heft 4, Wien 1960, 45—58.

GÖTZINGER Gustav, Die Flyschzone. In: Erläuterungen zur geologischen Karte der Umgebung von Wien, GBA, Wien 1954, 43—93.

GÖTZINGER Gustav und BECKER Helmut, Zur geologischen Gliederung des Wienerwaldflysches. In: Jahrbuch der GBA, 82, Wien 1932, 343—396.

GÖTZINGER Gustav, GRILL Rudolf, KÜPPER Heinrich, VETTERS Hermann, Geologische Karte der Umgebung von Wien 1 : 75 000, GBA, Wien 1952.

GRÜN Walter, KITTLER Günter, LAUER Gerhart, PAPP Adolf, SCHNABEL Wolfgang, Studien in der Unterkreide des Wienerwaldes. In: Jahrbuch der GBA, 115, Wien 1972, 103—186.

HARLAND W. B. und and., A geologic time scale, Cambridge 1982.

KARRER Felix, Geologische Studien in den tertiären und jüngeren Bildungen des Wiener Beckens. In: Jahrbuch der GBA, 49, Wien 1899, 493—516.

KIESLINGER Alois, Neue und alte Schwefelquellen im Wiener Stadtgebiet. In: Bohrtechnikerzeitung, Jg. 1936, Wien 1936, 24 S.

KÜPPER Heinrich, Geologie von Wien, Wien — Berlin 1965, 194 S.

LETTMAYER Ferdinand, WAISSENBERGER Robert, STEINDL Josef, Die Laaerberg-Wiener Berg-Terrasse mit den anliegenden Gebieten. In: Wien um die Mitte des XX. Jahrhunderts, Wien 1958, 139—150.

PREY Siegmund, Probleme im Flysch der Ostalpen, In: Jahrbuch GBA., 111, Wien 1968, 147—174.

PREY Siegmund, Der südöstlichste Teil der Flyschzone in Wien, ausgehend von der Bohrung Flötzersteig 1. In: Verhandlungen GBA, Heft 1, Jg. 1973, Wien 1973, 67—94.

PREY Siegmund, Die Flyschzone des Wienerwaldes. In: B. Plöchinger und S. Prey, Der Wienerwald, Band 59 der Sammlung geologischer Führer, Berlin—Stuttgart 1974.

RÖGL Fred und STEININGER Fritz, Vom Zerfall der Tethys zu Mediterran und Paratethys. In: Annalen des Naturhist. Museums in Wien, Band 85, Wien 1983, 135—163.

SCHAFFER Franz Xaver, Geologie von Wien, I. Teil, Wien 1904, II. Teil, Wien 1906, III. Teil, Wien 1906.

SCHEIBLIN Anton, Der Wienerwald. In: Wien um die Mitte des XX. Jahrhunderts, Wien 1958, 151—163.

THENIUS Erich, Der Raum von Wien im Lauf der Erdgeschichte — Die Tier- und Pflanzenwelt des Wiener Raumes von einst. In: Naturgeschichte Wiens, Band I, Wien — München 1970, 191—234.

THENIUS Erich, Niederösterreich im Wandel der Zeiten. In: Katalog des NÖ. Landesmuseums, Neue Folge 144, Wien 1983.